改訂版 **アメリカ証券取引法入門**

Introduction to U.S. Securities Regulation

基礎から学べるアメリカのビジネス法

山本雅道 ニューヨーク州弁護士・法学博士
Masamichi Yamamoto

第一法規

はしがき

本書は，米国証券取引法について概説したものである。

米国証券取引法の大家である米国デューク大学のジェームス・コックス教授によれば，証券取引法の面白さは，その時代時代の政治・経済・社会等様々な状況にあわせて常に変化しているところにある。

日本語で米国証券取引法について書かれたものとしては，黒沼悦郎先生がお書きになった『アメリカ証券取引法』（弘文堂）や，米国の定評ある概説書を翻訳した『アメリカ証券法』（レクシスネクシス・ジャパン）がある。どちらも，同法の基礎について大変わかりやすくまとめられており，筆者も，同法を勉強し実務で使う上で大いに参考にさせていただいた。残念ながら前者は2004年の第2版以降，後者は2006年版の翻訳から，改訂が行われていないが，2004年以降も，金融危機や技術革新をはじめ，米国証券取引法を取り巻く環境は大きく変化している。

そこで，本書では，従来からの議論に，2004年以降の証券取引法改正，重要判例の解説及び最近の話題に関するコラム等を加えるとともに，実務家としての視点からメリハリをつけた記述を試みている。本書が，国際企業法務に携わる実務家や，米国証券取引法を学ぼうとしている学生にとって，少しでも役立つものとなれば幸いである。

本書を執筆するにあたり，多くの方々から心強い励ましや，大変有益なアドバイスを頂いた。特に，筆者の恩師である高田晴仁先生，証券取引等監視委員会の吉田正之委員，米国法律事務所時代のボスであったブラッドリー・エドミスター弁護士，同僚や後輩である，安間弁護士，阿部さん，倉嶋さん，そしてこの本を世に出すために尽力して下さったレクシスネクシス・ジャパンの小幡さん，漆崎さん，新川さん，池田さんをはじめ，お世話になった方々は数え切れず，全員の名前を挙げることはできないが，この場を借りてお礼を申し上げたい。

なお，本書の内容については著者のみが責任を負うものである。また，本書において意見にわたる部分は著者の個人的見解であり，著者の所属する又は所属した組織の見解を代表するものではない。

2015年8月26日

山本雅道

改訂版はしがき

　本書の初版を発行してから，約4年が経過した。そんな短期間で入門書を改訂する必要があるのか，と思う方もいらっしゃるかもしれない。しかし，初版のはしがきでも述べたように，米国証券取引法は，「その時代時代の政治・経済・社会等様々な状況にあわせて常に変化」しており，この4年間でも大きな変貌を遂げている。

　そこで本版では，全般的な訂正・加筆を行うとともに，以下のトピックを含む新たな項目やコラムを追加している。

- クラウドファンディングの規制
- ドッド・フランク法改正
- インサイダー取引に関する最新判例
- 高速取引の規制
- ICO（イニシャル・コイン・オファリング）の規制
- 行政手続の合憲性に関する連邦最高裁判例

　第一法規株式会社の稲村さん・西村さんの御尽力，同僚の齋藤弁護士による改訂原稿のレビュー，そしてその他多くの方々からの励ましやアドバイスなくして，本版を発行することはできなかった。この場を借りてお礼を申し上げたい。本書が引き続き，国際ビジネス法務に携わる実務家や，米国ビジネス法を学ぼうとしている学生にとって，少しでも役立つものとなれば幸いである。

　なお，本書の内容については著者のみが責任を負うものである。また，本書において意見にわたる部分は著者の個人的見解であり，著者の所属する又は所属した組織の見解を代表するものではない。

2019年6月10日

山本雅道

本書の使い方

　本書では，**第Ⅰ章**で米国法，**第Ⅱ章**で証券取引法の基礎について概説し，**第Ⅲ章**以降で，発行市場の規制，取引の規制，不公正取引，法執行，クロスボーダー取引規制の各論について述べている。また，各章の冒頭には，各章の要約を記載している。

　1ページ目から順番に読んでいくことが理想ではあるが，たとえば，米国法に初めて接する読者は，**第Ⅰ章**から始め，各章のまとめを読むことにより，全体像をつかむことができよう。また，初めてグローバル・オファリング（国際的な証券発行）に携わる若手実務家にとっては，各章のまとめを読んでから，**第Ⅶ章**を精読するという方法もある。さらに，米国ロースクールに留学する実務家にとっては，付録の**重要判例解説**や，脚注に掲げた判例について本文中又は脚注内の要約を通読することが，授業の一助になるであろう。

　本書では，できるだけ使い勝手のよさを心がけ，索引，用語集，判例索引などを充実させるように試みた。是非とも使った感想をお聞かせいただきたい。

目次

Contents

はしがき ·· i

改訂版はしがき ·· ii

本書の使い方 ·· iii

I. 米国法の基礎 ·· 1

1. コモンローとシビルロー ··· 2
- コラム　J.D.とLL.M. ··· 3

2. 連邦法と州法 ··· 4
- コラム『アメリカン・ロイヤーの誕生』 ··· 5

3. 裁判制度 ·· 6
（1）連邦の裁判制度 ··· 6
（2）州の裁判制度 ··· 8
- コラム　憧れのクラークシップ ·· 8

II. 証券規制の構造 ··· 11

1. 証券取引法の目的 ·· 11
- コラム　セクション, ルール, レギュレーション, フォーム ················ 12

2. 証券市場 ·· 13
（1）発行市場と流通市場 ··· 13
①発行市場 ·· 13
②流通市場 ·· 13
③非上場証券取引特権と全米市場システム ··· 14
（2）証券市場の参加者 ·· 15
（3）証券市場の機能 ··· 16
（4）証券市場の規制 ··· 16
（5）証券市場の効率性 ·· 17

iv

|（6）新技術の影響 | 17 |

■ コラム　HFTとアルゴリズム … 17

3.　証券規制の歴史 … 19
（1）1900年代初頭 … 19
（2）1933年証券法 … 19
（3）1934年取引所法 … 20
（4）その他の証券取引法 … 20
①グラス・スティーガル法とグラム・リーチ・ブライリー法 … 20
②1940年投資会社法 … 21
③1940年投資顧問法 … 21
④NSMIA法 … 21
⑤SLUSA法 … 22
⑥JOBS法 … 22

4.　SEC … 22
（1）組織 … 22
（2）権限 … 23
（3）SECファイリング … 24
■ コラム　プレイン・イングリッシュ … 24
（4）SECの免除権 … 25
（5）開示義務の意義 … 26

5.　証券規制の新展開 … 27
（1）エンロン事件とSOX法 … 27
①社外監査人が会計不正を見逃した … 28
②社外監査人が監査以外の業務を行ったり，監査先の取締役と緊密な関係になったりすることにより独立性が失われた … 28
③取締役の会計専門知識が不足しており，社外監査人を監視できなかった … 28
④取締役が届出書の正確性を担保せず，監査人に問題を指摘しないよう圧力をかけた … 29
⑤公開会社が正しい財務状況を報告しなかった … 29
⑥公開会社としての倫理観や責任感が欠けていた … 29
⑦取締役が，会計不正を知りながら，自社株の売買をする一方で企業年金での取引を禁止した … 29
⑧社外弁護士が，不正取引をサポート又は黙認した … 29
⑨証券会社のアナリストが，取引先の調査報告書に手心を加えた … 30

⑩多くの不正行為は, 内部告発がなければ発覚しなかった ⋯⋯⋯⋯⋯⋯ 30

⑪会社の役員や社外監査人が, 不正隠ぺいのため書類を処分した ⋯⋯⋯ 30

⑫会社役員に対する抑止策が不十分であった ⋯⋯⋯⋯⋯⋯⋯⋯⋯⋯⋯ 30

（2） 金融危機とドッド・フランク法 ⋯⋯⋯⋯⋯⋯⋯⋯⋯⋯⋯⋯⋯⋯⋯ 30

■コラム　金融危機 ⋯⋯⋯⋯⋯⋯⋯⋯⋯⋯⋯⋯⋯ 30

①株主の議決権拡大 ⋯⋯⋯⋯⋯⋯⋯⋯⋯⋯⋯⋯⋯⋯⋯⋯⋯⋯⋯⋯⋯ 32

②取締役の報酬 ⋯⋯⋯⋯⋯⋯⋯⋯⋯⋯⋯⋯⋯⋯⋯⋯⋯⋯⋯⋯⋯⋯⋯ 32

③SOX法からの免除 ⋯⋯⋯⋯⋯⋯⋯⋯⋯⋯⋯⋯⋯⋯⋯⋯⋯⋯⋯⋯⋯ 32

④公益通報制度 ⋯⋯⋯⋯⋯⋯⋯⋯⋯⋯⋯⋯⋯⋯⋯⋯⋯⋯⋯⋯⋯⋯⋯ 32

⑤仲介者に対する規制 ⋯⋯⋯⋯⋯⋯⋯⋯⋯⋯⋯⋯⋯⋯⋯⋯⋯⋯⋯⋯ 32

⑥SECの法執行権の強化 ⋯⋯⋯⋯⋯⋯⋯⋯⋯⋯⋯⋯⋯⋯⋯⋯⋯⋯⋯ 33

⑦洗練された投資家 (sophisticated investor) の保護 ⋯⋯⋯⋯⋯⋯⋯⋯ 33

⑧ブローカー・ディーラーの規制 ⋯⋯⋯⋯⋯⋯⋯⋯⋯⋯⋯⋯⋯⋯⋯⋯ 33

■コラム　トランプ大統領と法改正 ⋯⋯⋯⋯⋯⋯⋯ 33

Ⅲ. 証券の発行市場の規制 ⋯⋯ 35

1. 証券の定義 ⋯⋯⋯⋯⋯⋯⋯⋯⋯⋯⋯⋯⋯⋯⋯⋯⋯⋯⋯⋯⋯⋯⋯⋯⋯⋯ 36

（1） 意義 ⋯⋯⋯⋯⋯⋯⋯⋯⋯⋯⋯⋯⋯⋯⋯⋯⋯⋯⋯⋯⋯⋯⋯⋯⋯⋯⋯ 36

（2） 判例 (Howey Test) ⋯⋯⋯⋯⋯⋯⋯⋯⋯⋯⋯⋯⋯⋯⋯⋯⋯⋯⋯⋯ 37

■コラム　ブルーブッキングとジャーナル ⋯⋯⋯⋯ 38

（3） 様々な証券 ⋯⋯⋯⋯⋯⋯⋯⋯⋯⋯⋯⋯⋯⋯⋯⋯⋯⋯⋯⋯⋯⋯⋯ 39

①不動産 ⋯⋯⋯⋯⋯⋯⋯⋯⋯⋯⋯⋯⋯⋯⋯⋯⋯⋯⋯⋯⋯⋯⋯⋯⋯⋯ 39

②事業体の持分 ⋯⋯⋯⋯⋯⋯⋯⋯⋯⋯⋯⋯⋯⋯⋯⋯⋯⋯⋯⋯⋯⋯⋯ 39

③株式 ⋯⋯⋯⋯⋯⋯⋯⋯⋯⋯⋯⋯⋯⋯⋯⋯⋯⋯⋯⋯⋯⋯⋯⋯⋯⋯⋯ 40

④預金証書 ⋯⋯⋯⋯⋯⋯⋯⋯⋯⋯⋯⋯⋯⋯⋯⋯⋯⋯⋯⋯⋯⋯⋯⋯⋯ 41

⑤約束手形 ⋯⋯⋯⋯⋯⋯⋯⋯⋯⋯⋯⋯⋯⋯⋯⋯⋯⋯⋯⋯⋯⋯⋯⋯⋯ 41

■コラム　ビットコインは証券か? ⋯⋯⋯⋯⋯⋯⋯ 42

（4） ICOに関する法執行 ⋯⋯⋯⋯⋯⋯⋯⋯⋯⋯⋯⋯⋯⋯⋯⋯⋯⋯⋯ 43

2. 重要性 ⋯⋯⋯⋯⋯⋯⋯⋯⋯⋯⋯⋯⋯⋯⋯⋯⋯⋯⋯⋯⋯⋯⋯⋯⋯⋯⋯ 44

（1） 重要性の意義 ⋯⋯⋯⋯⋯⋯⋯⋯⋯⋯⋯⋯⋯⋯⋯⋯⋯⋯⋯⋯⋯⋯ 44

（2） 重要性の定義 ⋯⋯⋯⋯⋯⋯⋯⋯⋯⋯⋯⋯⋯⋯⋯⋯⋯⋯⋯⋯⋯⋯ 45

①TSC Industries事件 ⋯⋯⋯⋯⋯⋯⋯⋯⋯⋯⋯⋯⋯⋯⋯⋯⋯⋯⋯⋯⋯ 45

②Levinson事件 ⋯⋯⋯⋯⋯⋯⋯⋯⋯⋯⋯⋯⋯⋯⋯⋯⋯⋯⋯⋯⋯⋯⋯ 46

| | （3） 重要性と開示義務の関係 | 46 |

3. 証券の発行 48

（1） 公募の目的と方法 48

（2） 公募価格の決定 49

①価格決定メカニズム 49

②IPOにおける問題点 49

■ コラム　グーグルによる奇抜な（quirky）IPO 50

（3） 公募に関する書類 51

①意見表明書（letter of intent） 52

②登録届出書 52

③コンフォート・レター, リーガル・オピニオン 52

④引受契約書 52

■ コラム　美しい契約書? 53

4. 証券の登録 54

（1） 証券法5条による登録義務 54

（2） 登録届出書と目論見書 54

（3） フォームの種類 55

①フォームS-1 55

②フォームS-3 56

③その他のフォーム 56

④一括登録（shelf registration） 56

（4） 発行体の種類 57

（5） SECによる登録届出書の審査過程 58

（6） ガン・ジャンピング・ルール 59

（7） 届出前期間 60

①禁止行為 60

②可能な行為 61

（8） 待機期間 62

①禁止行為 62

②可能な行為 63

（9） 効力発生後期間 64

（10） まとめ 65

5. 登録の免除 66

（1） 総説 66

（2）免除証券（exempt securities） ················· 67

①政府証券 ················· 67

②コマーシャルペーパー ················· 67

③他の法規制の対象となる証券 ················· 67

④非営利組織の発行する証券 ················· 67

（3）免除取引（exempt transactions） ················· 68

①総論 ················· 68

②通算（integration） ················· 68

（4）4条（a）（2）の私募（private placements） ················· 69

①私募の意義 ················· 69

②判例理論 ················· 69

③一般的勧誘と転売の禁止 ················· 70

（5）小規模募集 ················· 71

①レギュレーションA ················· 71

②レギュレーションA＋ ················· 71

③小規模会社の株式報酬プラン ················· 72

④レギュレーションE ················· 72

（6）レギュレーションD ················· 72

①総説 ················· 72

②インテグレーションとアグリゲーション ················· 73

③一般的勧誘の禁止 ················· 74

④適格投資家 ················· 74

■コラム　レギュレーションDに関するSEC委員の対立 ················· 75

（7）クラウドファンディング ················· 76

（8）発行体による資本調整取引 ················· 77

（9）州内募集 ················· 77

（10）組織再編に伴う証券発行 ················· 78

6. 転売規制 ················· 78

（1）発行体，引受人，ディーラーの定義 ················· 79

（2）制限証券と支配を及ぼす者に関する免除 ················· 80

①ルール144 ················· 80

②4条（a）（1½）免除 ················· 81

7. 民事責任 ················· 81

（1）総説 ················· 81

（2）**不実表示とデュー・デリジェンスの抗弁** 82
①11条の要件 82
②原告と被告 82
③デュー・デリジェンスの抗弁 83
④BarChris事件 84

（3）**将来指向記載 (forward-looking statements)** 85
①ルール175（証券法），ルール3b-6（取引所法） 86
②注意表示の法理 (bespeaks caution doctrine) 86
③証券民事訴訟改革法 86

（4）**登録義務違反** 87

（5）**公募における不正手段** 87

（6）**クラウドファンディングに関する責任** 88

（7）**詐欺防止条項** 88
■コラム アメリカ法律映画ベスト10 88

Ⅳ. 証券取引の規制 91

1. 取引所法 91

2. 流通市場の規制 92
（1）**取引所等の規制** 92
■コラム フラッシュ・クラッシュ 93
（2）**相場操縦の規制** 94
①取引所法9条（a） 94
②ルール10b-5 95
③自社株取引 95
④レギュレーションM 96
■コラム 米国法における意図〜Recklessとは? 96
（3）**空売りの規制** 97

3. 公開会社に関する規制 98
（1）**登録会社の開示規制** 98
①12条の開示義務 98
②新興成長会社 98
（2）**継続開示義務** 99

①義務の内容 ･･････････････････････････････････････ 99
②CEOとCFOの証明書 ･････････････････････ 100
③臨時報告書 ･･･････････････････････････････････････ 100
（3）会社行為の規制 ･･････････････････････････ 101
①海外不正行為防止法 ･･････････････････････ 101
■コラム　丸紅事件 ･･･････････････ 102
②SOX法 ･･･ 103
③公益通報制度 ･･･････････････････････････････ 104
（4）委任状の規制 ･･････････････････････････････ 105
■コラム　SEC委員対ハーバード大教授 ･･･ 106
（5）公開買付けの規制 ･････････････････････ 107

4. 証券業の規制 ･･･････････････････････････････ 109
（1）証券業者等の定義 ･････････････････････ 109
（2）ブローカー・ディーラーの規制 ･･･ 110
①SEC及びFINRAによる規制 ･････････ 110
②公募における規制 ･････････････････････････ 110
③クラウドファンディング・ポータルに関する規制 ･･･ 111
④デリバティブ取引の規制 ･･･････････････ 111
（3）自主規制機関 ･････････････････････････････ 112
①沿革 ･･･ 112
②証券取引法と自主規制 ･･････････････････ 113
③SECとFINRA ･････････････････････････････ 113
（4）投資顧問の規制 ･････････････････････････ 114
（5）ミューチュアル・ファンドの規制 ･･ 115
（6）プライベート・ファンドの規制 ･･･ 115
（7）信用格付会社の規制 ･･････････････････ 116
（8）HFTの規制 ･･･････････････････････････････ 117

V. 証券の不公正取引 ･･････ 119

1. ルール10b-5 ･･･････････････････････････････ 119
（1）総説 ･･･ 119
（2）要件 ･･･ 120

x

①重要性	120
②欺罔の意図	121
③信頼	122
④因果関係	122
⑤損害	122

(3) 抗弁 ……………………………………………… 123

(4) 支配を及ぼす者の責任 …………………… 124

(5) 教唆・幇助者の責任 ……………………… 124

(6) 刑法上の詐欺 ……………………………… 125

■ コラム 様々な証券詐欺 …………………… 125

(7) 証券法, 取引所法の救済手段の比較 … 127

2. インサイダー取引 …………………………… 128

(1) インサイダー取引を規制すべきか … 128

①投資者の公平性説	128
②市場の信頼性説	128
③企業の資本コスト説	128
④モラルハザード説	128
⑤危険な投資説	129
⑥会社の財産説	129

(2) 米国におけるインサイダー取引規制の歴史 … 129

①Texas Gulf Sulphur事件 (1968年)	130
②Chiarella事件 (1980年)	130
③Dirks事件 (1983年)	130
④O'Hagan事件 (1997年)	131

(3) 判例理論のまとめ ………………………… 131

①内部者	131
②擬制的内部者	131
③情報提供者 (tipper)	132
④情報受領者 (tippee)	132
⑤第三者	132

(4) 制定法による判例理論の補完 ………… 132

①取引所法21A条	133
②ルール10b5-1	133
③ルール10b5-1 (c)(知る前契約)	133
④ルール10b5-2 (b)	133

（5）救済手段 ··································· 134
①行政, 民事上の救済 ····················· 134
②刑事罰 ····································· 134
（6）その他の関連規制 ····················· 134
①ルール14e-3 ····························· 134
②レギュレーションFD ····················· 134
③短期利益吐出し ························· 135
④同時取引者の訴訟原因 ················· 135
⑤SOX法とドッド・フランク法による改正 ······· 135

3. 相場操縦とHFT ······················· 136
（1）相場操縦の原型 ····················· 136
（2）相場操縦の類型 ····················· 136
（3）HFTと相場操縦 ····················· 137
（4）米国におけるHFTに対する法執行 ····· 139
①取引所法の適用 ························· 139
②FINRAによる法執行 ····················· 139
③CFTCによる法執行—Coscia事件 ········· 140
④SECによる法執行—Athena事件 ········· 140

VI. 証券取引法の執行 ··········· 143

1. SECによる調査と和解 ··············· 143
（1）調査権 ····························· 143
（2）法執行と規制のとりこ ··············· 144
■コラム 回転ドア ····················· 145
（3）SECと和解 ························· 146
①和解のメリット ························· 146
②肯定も否定もしない ····················· 147
■コラム 肯定も否定もしない ··········· 148
2. 行政手続 ····························· 149
（1）行政手続の概要 ····················· 149
（2）救済の種類 ························· 150
①拒否・停止命令（refusal / stop order）······· 150

xii

②取引停止（trade suspension） 150
③排除命令（cease and desist order） 150
④不当利得吐出し（disgorgement） 150
⑤役職員からの排除 151
（3）民事制裁金の導入 151
①導入の歴史 151
②民事制裁金の規模 152
（4）行政手続のメリットと増加傾向 154
①メリット 154
②増加傾向 155
（5）米国における批判 156
■コラム　SEC対Judge Rakoff 157
（6）合憲性に関する近年の動向 159
（7）専門家の処罰 160
①ブローカー・ディーラー 160
②ゲートキーパー 160
③弁護士 160

3. 民事手続 161
（1）民事手続の概要 161
（2）救済の種類 161
①差止命令（injunction） 161
②不当利得吐出し（disgorgement） 162
③民事制裁金（civil penalty） 162
④その他 162
（3）時効 162
（4）民事裁判の効果 163

4. 刑事手続 164
（1）刑事手続の概要 164
（2）刑事罰の対象になる行為 164
（3）その他刑法の適用 165
①連邦通信詐欺（mail and wire fraud）法 165
②RICO法 166
（4）民事・行政手続との関係 166

5. 2014年度のSECによる法執行 167

6. SEC Speaks 168

Ⅶ. クロスボーダー証券取引の規制 171

1. グローバル・オファリング 171

（1）レギュレーションS 172
①概要 172
②オフショア取引 172
③米国に向けた募集努力 173
④カテゴリー1（低リスク） 173
⑤カテゴリー2（中リスク） 173
⑥カテゴリー3（高リスク） 174
⑦転売 174

（2）ルール144A 174

（3）外国証券の取扱い 175
①外国証券の登録義務 175
②ADR 176
③外国企業に対する規制 178

2. グローバルM&Aルール 179

（1）F-4問題 179
①問題の所在 179
②ルール802免除 182
③ライツ・オファリングとルール801 183
■コラム　弁護士事務所ランキングと最強の弁護士事務所ワクテル・リプトン 183

（2）公開買付規制の適用 185
①問題の所在 185
②対策 185
③スクイーズ・アウト 186

3. 連邦裁判所の管轄権 187
①影響基準と行為基準 187
②Morrison判決 187

③ドッド・フランク法 ……………………………………………… 188

4. クロスボーダー不公正取引 ………………………………… 188

①SECの機能と権限 ……………………………………………… 188

②MMoU ……………………………………………………………… 189

③MLAT ……………………………………………………………… 190

■コラム S.J.D.とは? ………………………………………… 191

参考資料 …………………………………………………………… 193

インターネット資料 ……………………………………………… 194

参考文献 …………………………………………………………… 195

事項索引（日本語） ……………………………………………… 196

事項索引（英語） ………………………………………………… 202

法令索引 …………………………………………………………… 207

米国証券取引法用語集 …………………………………………… 213

判例索引 …………………………………………………………… 221

重要判例解説 ……………………………………………………… 224

I. 米国法の基礎

　本章では，米国法の初学者向けに，米国証券取引法を理解するために最低限必要な米国法の基礎知識と考えられる，コモンローとシビルロー，連邦法と州法，裁判制度の3つの項目についてまとめている[1]。既にこうした事項を御存知の読者であれば，本章を読み飛ばして**第Ⅱ章**「証券規制の構造」から始めていただいて一向に差し支えない。

　米国は，一般的に判例法を重視するコモンローの制度をとっている。しかし，連邦証券取引法の分野においては，1933年証券法及び1934年取引所法等の制定法が中心となる。もっとも，制定法の解釈や，制定法で定められていない分野については，判例法の理解が欠かせない。

　たとえば，証券の定義について，1933年証券法は証券に該当する商品を列挙している。しかし，ある商品が列挙証券に形式的に該当しても，経済実態を重視する判例理論によって，証券の該当性が否定される場合もある。また，インサイダー取引は，制定法において必ずしも明確に定義されていない。そのため，ある行為が禁止対象かどうかを判断するためには，判例理論がどのように発展してきたかを理解することも重要である。

【第Ⅰ章のまとめ】

- **本章の目的**：米国証券取引法を理解するための最低限の米国法の基礎知識として，コモンローとシビルローの違い，連邦法と州法の違い，米国の裁判制度について理解する。
- ドイツ，フランス，日本法などの基礎になっているシビルローは，大陸法，成文法ともいわれ制定法が中心である。一方，アメリカ，イギリス法などの基礎になっているコモンローは，英米法ともいわれ，判例法を重視する。
- 法律の分野により，連邦議会が制定する連邦法が中心になるものと，50の州の議会がそれぞれ制定する州法が中心になるものがある。証券取引法では，連邦法が中心となる。

---

1) 本章「**米国法の基礎**」の記述の多くは，マイケル・ジェイ・フリードマン「米国の司法制度」（米国在日本大使館ホームページ: http://aboutusa.japan.usembassy.gov/j/jusaj-outline-legalsystem.html）を参照してまとめたものである。

- 50の州，コロンビア特別区及び連邦政府のそれぞれが別々の裁判制度を持っている。連邦最高裁判所は，米国における最上位の裁判所として，憲法，法律，条約の解釈について最終的な判断を下す権限を持っている。本書で紹介する判例のほとんどは，連邦最高裁判所又は連邦控訴裁判所のものである。

1. コモンローとシビルロー

　世界的な法体系を2つに大きく分けると，**コモンロー**（**common law**）と**シビルロー**（**civil law**）になる。

　コモンローは，米国及び英国等の法律の基礎になっていることから英米法とも呼ばれる。また，伝統的に判例の蓄積を中心に法が形成されてきたことから，**判例法**（**case law**）とも呼ばれる。もっとも近年では，**制定法**（**statutory law**）の重要性が増している。

　一方，シビルローは，ローマ法の影響を強く受けているドイツ，フランスといったヨーロッパ大陸諸国の法律の基礎になっていることから，**大陸法**とも呼ばれる。また，伝統的に成文化された制定法を中心に法が形成されてきたことから，**成文法**（**written law**）とも呼ばれる。こちらも近年では，制定法に加えて，判例法の重要性が増している。そのため，シビルローとコモンローの差異は少なくなってきているといえる。

　日本においては，大日本帝国憲法，民法，商法，刑法，民事訴訟法，刑事訴訟法といった法律が，シビルローの大きな影響を受けている。一方で，日本国憲法の制定や近年の民法及び商法改正は，コモンローの大きな影響を受けているといわれる。

　米国では，法制度全体が伝統的にコモンローの法的原則に立脚している[2]。制定法は原則として判例法に優先するが，制定法の解釈や，制定法が規制していない空白の部分を判例法が補っている。裁判官は，法律を適用するだけではなく，**先例拘束性**（**stare decisis**）の原則によりその判決が将来の判決における先例となるという意味で，法を形成しているといえる。

　米国の契約法，不法行為法，物権法等では，制定法よりも判例法が適用される領域のほうが広い。一方，証券取引法では，1933年証券法及び1934年取引所法を中心とした連邦制定法が大きな役割を果たしている。もっとも，後述のように，

---

2)　米国法の歴史や概観については，Lawrence M. Friedman, A History of American Law (3d ed., Touchstone 2005) が詳しい。

証券の定義，インサイダー取引，ルール10b-5の要件などの分野において，判例が法形成に大きく貢献してきた。

✒ コラム　J.D.とLL.M.

　読者の中には，米国ロースクールへの留学を目指している方も少なからずいらっしゃると思う。私が選択したのは，主に米国人向けの3年間のJ.D. (Juris Doctor, Doctor of Laws) という課程であった。J.D. はDoctorという名前は入っているが，修士レベルのプログラムである。入学には学士号が必要であり，入学者の出身学部は，文学部・経済学部・理工学部など様々である。ちなみに，米国には日本の法学部にあたる学部はない。大学を卒業後，数年間働いてから入学する者もおり，入学者の平均年齢は24歳前後であろう。J.D. を卒業すると，原則として全米すべての州での司法試験受験資格を得るが，通常は，自分の就職先がある州の司法試験を受ける。

　一方で，ほとんどの留学生は，1年間のLL.M. (Master of Laws) という課程を選択する。これは，主に母国で既に学部レベルの法学教育を終えて，弁護士・法務部員・裁判官など法律の仕事に携わる者を対象とした，修士プログラムである。LL.M. で一定の単位を取得すると，ニューヨーク州の司法試験の受験資格が得られる。

　J.D. とLL.M. の違いは以下のとおりである。ただし，あくまで私の経験・知見を一般化したもので，すべての学校にあてはまるとは限らない。

	J.D.	LL.M.
対象	米国人	留学生
期間	3年間	1年間
卒業単位	88単位	20数単位
入学要件	学士号	法学士号
共通試験	LSAT	TOEFL
1学年の人数	200～500人程度	数十人程度
司法試験受験資格	全米すべての州	ニューヨーク州，カリフォルニア州

2. 連邦法と州法

　米国憲法は，連邦議会に法律を制定する権限を与えている。さらに，多くの連邦制定法は，行政機関に規則制定権を与えている。たとえば，証券法，取引所法，SOX法，ドッド・フランク法などは，連邦議会が制定した連邦制定法であり，ルール10b-5やレギュレーションSは，**証券取引委員会（SEC, Securities and Exchange Commission）**が制定した規則である。

　19世紀頃まで，連邦法の規制対象は，米国憲法で明示的に授権された，軍事，外交，税金，郵便等の限られた分野であった。しかし，20世紀に入り，米国憲法の**「通商及び支出条項（Commerce and Spending Clauses）」**の拡大解釈により，航空，通信，鉄道，医薬品，企業結合，商標等の広い分野が連邦法の規制対象となっている。

　一方で，米国の50の州は，それぞれ独立した主権に基づき，独自の州憲法，州政府及び州裁判所を持っている。州議会の制定する州憲法は，米国憲法に違反しない限り，米国憲法で国民に保障されている権利以上の権利を，州民に与えることができる。

　州民の生活に密着した法律，たとえば契約法，不法行為法，財産法，刑法及び家族法などの多くの分野で，それぞれの州が独自の制定法及び判例法を持っている[3]。米国内における契約や不法行為に関する訴訟の多くは，州裁判所が州法を適用することにより解決されている。大多数の米国民にとっての法制度とは，自分が住む州の法律や，地元の警察及び裁判所のことを意味するものであるともいわれる。

　連邦法と州法の代表例は，以下のとおりである[4]。証券取引法においても連邦法と州法が存在し，両者は競合することもある。本書では，連邦証券取引法を中心に扱う。

---

[3]　アメリカのロースクールで学ぶ法律の多くは，連邦法である。1年生の必修科目には，通常，（すべて連邦の）憲法，契約法，不法行為法，物権法，民事訴訟法，刑法などが含まれている。

[4]　表について，「米国リーガルABC（1）連邦法と州法」（日本経済新聞朝刊・2015年1月5日）から転載。

連邦法	反トラスト法	シャーマン法など3つの法律で構成。企業競争を促す
	知的財産法	特許や商標，著作権を保護する
	破産法	企業の破産処理や会社更生手続を規定
州法	会社法	企業の事業形態などを規定
	不法行為法	過失や故意による不法行為による権利侵害を救済
	製造物責任法	製品の欠陥で被害を受けた消費者に企業が責任を負う

コラム 『アメリカン・ロイヤーの誕生』

　私は日本で生まれ，育ち，教育を受け，そして日本の大学の法学部を卒業後，日本の民間企業に就職した。司法試験にチャレンジすることもなく，入社後数年間は，多くの法学部の卒業生がそうであるように，法律とは全く関係ない仕事に携わっていた。留学はしたかったが，まさか自分が弁護士になるとは想像もしていなかった。やがて国際部門に異動になり，たまたま法学部を出ていて社内の英語試験の結果がよかった私に白羽の矢が立ち，国際法務専門の担当者として，分厚い英文契約書と格闘する毎日が始まった。

　あるとき，幸運にも海外でのプロジェクトの交渉に参加させてもらう機会があった。それは，欧米ではない，あまりなじみのない国でのプロジェクトであったが，そこで見たのは驚くべき光景だった。先方政府の代理人はすべてニューヨークの弁護士，当方の合弁チームの代表は英国人の弁護士。交渉はすべて英語で行われ，契約書はニューヨーク法や英国法に準拠していた。欧米の弁護士が支配する交渉の場で，私にできることはあまりに少なかった。

　日本に戻った私は，米国ロースクールへの留学を決意した。そんなときに出会ったのが，阿川尚之氏の『アメリカン・ロイヤーの誕生』（中公新書・1986）であった。日本人 J.D. の元祖ともいえる阿川氏の本には，日本の企業に勤めていた阿川氏が大変な苦労をされてアメリカン・ロイヤーになる姿が鮮明に描かれていた。そして私は，あの国際交渉の舞台で出会った欧米人弁護士に少しでも近づくために，絶対に J.D. に行くと決めた。私も，今に至るまで試行錯誤しながら歩んできた道程を，いつか本にできればと思っている。いずれにせよ，私の人生を変えた一冊である。

3. 裁判制度

(1) 連邦の裁判制度

連邦法と州法という区分に対応して，50の各州並びにコロンビア特別区（Washington D.C.）及び連邦政府が，それぞれ別の裁判制度を有している。連邦裁判所は，**最高裁判所（Supreme Court of the United States）**，**控訴裁判所（United States Courts of Appeals）**，**地方裁判所（United States District Courts）**の3層構造になっている。

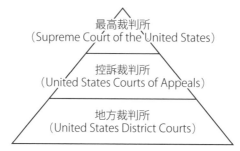

最高裁判所は，文字どおり米国における最上位の裁判所として，憲法，条約，法律の解釈について最終的な判断を下す権限を持っている。下位裁判所の決定を最高裁で再審理してもらうための要求を「**裁量上訴（certiorari）**」といい，最高裁判事はこれを受け入れるかどうかの裁量権を有する。最高裁の判事は9人おり，うち6人を定足数とし，判決には出席裁判官の過半数が必要である。事案や論点の複雑さから全員の意見が一致することは少なく，多数裁判官による意見書に同意しない「**反対意見（dissenting opinion）**」や，意見書の結論には同意するが理由付けが異なるという「**補足意見（concurring opinion）**」が出されることも多い[5]。

連邦控訴裁判所は，11の**巡回区（circuit）**とコロンビア特別区に設置され，連邦地方裁判所からの上訴案件を扱う。もともとは，1789年に設立された3つの控訴裁判所において，2人の最高裁判事と1人の地方裁判事がその地区を巡回して裁判に参加していたことから，**巡回裁判所（circuit court）**とも呼ばれる。通常，3人で構成される判事団によって合議で審理が行われる。その機能は，地方裁判所にお

---

5) 最も印象深い反対意見は，不法行為法の因果関係について有名なPalsgraf v. Long Island Railroad Co., 162 N.E. 99 (N.Y. 1928) のものである。Cardozo判事による明快なプレイン・イングリッシュの判決主文に対して，Andrew判事の異議意見は難解な長文だが，因果関係を川の流れにたとえており，透明な川が様々な要素によって濁ってしまうという描写が非常に美しい。

ける誤審の是正，最高裁の審理に値する事案の選別，（最高裁の扱う件数の少なさから）多くの場合最終審としての法の解釈などである。なお，本書で紹介する判例のほとんどは，最高裁判所又は控訴裁判所のものである[6]。

　連邦地方裁判所は，50州，コロンビア特別区，グアム，プエルトリコ，バージン諸島，北マリアナ諸島のそれぞれにおいて1つ以上の管轄区（district）に設置され，第一審としての事実審理及び法適用を行う。米国憲法は，刑事訴訟及び民事訴訟において**陪審裁判**を受ける権利を保障している（憲法修正第6，第7条）。当該権利が放棄されない限り，陪審が事実関係の認定を，裁判官が法律の適用を行う[7]。

　なお，連邦裁判官はすべて大統領に指名され，議会で承認され，事実上終身雇用されている。連邦地方裁判所が第一審管轄権を有するのは，連邦法違反に関する申立て及び「**州籍相違（diversity of citizenship）**」（異なる州の住民間の争いや，外国市民・政府との争い）に基づく申立てである。申立ては，原告若しくは被告が住んでいる地域又は損害が発生した地域を管轄する裁判所に対して行うことができる[8]。

　2013年度に連邦地裁で開始された訴訟の件数は，民事，刑事合計で37万5,870件であった[9]。また，同年度に巡回裁判所に上訴された事件は5万6,475件，同裁判所で終結した訴訟は5万8,393件である。さらに，最高裁は，2011年度の開始時点で8,952件の訴訟を抱えていたが，前述のとおりどの事件を審理するかについての裁量権があるため，同年度中に最終的に判決が出されたのはわずか79件であった。

---

6) もちろん，判例としての重要性が最も高いのは最高裁判例であるが，当該論点について最高裁判例がない場合や，エポックメイキング的なもの（たとえば，後述する，インサイダー取引において「開示・断念義務」を提示したSEC v. Texas Gulf Sulphur Co., 401 F.2d 833 (2d Cir. 1968)）など，控訴審判例の意義は大きい。また，後述のPosner判事やEasterbrook判事のように有名な判事が書いた控訴審判例も，注目されることが多い。

7) 陪審裁判は米国の法制度の象徴ともいえ，多くの小説や映画の題材になっている。筆者の知る限り，最高傑作は，『十二人の怒れる男』である。1957年の白黒映画であり，ほとんどすべてのストーリーが陪審員室で展開される（たぶん低予算の）サスペンス映画であるが，実に面白い。

8) 多くの証券業者がニューヨーク・マンハッタンにオフィスを置くことから，証券訴訟の多くがマンハッタンを管轄するニューヨーク南部地区裁判所に提起される。

9) 本章におけるデータの出典は，連邦裁判所について，Judicial Business 2012&2013, United States Courts, http://www.uscourts.gov/statistics-reports/judicial-business-2013, 及びhttp://www.uscourts.gov/statistics-reports/judicial-business-2012, 州裁判所について，NATIONAL CENTER FOR STATE COURTS, EXAMINING THE WORK OF STATE COURTS (2014).

(2) 州の裁判制度

　一方，州においては，裁判制度や裁判所の呼び名が必ずしも統一されていない。たとえば，ニューヨーク州では最上位の裁判所が控訴裁判所（court of appeals）と呼ばれ，事実審裁判所が最高裁判所（supreme court）と呼ばれている。

　一般的には，限定的管轄権を有する事実審裁判所（magistrate court），一般的管轄権を有する事実審裁判所，控訴裁判所，最終審裁判所の4層構造になっていることが多い。申立てを行える裁判所がどこになるかも州法により異なるが，不動産の問題に関してはその不動産が属する地区，そのほかの場合は被告が居住する地区になることが多い。なお，州の最終審裁判所の判決に対する控訴は，連邦最高裁に対して行うことができる。

　州地方裁判所で開始された訴訟の件数は，この数年でやや減少傾向にあるものの，それでも2012年度で約9,600万件となっている。訴訟の内容による内訳は，交通関係が半分以上を占める54％，刑事事件が20％，民事事件が19％，家庭内事件が5％，少年事件が2％となっている。

コラム　憧れのクラークシップ

　裁判官の助手として，裁判に関する調査を行ったり，意見書のドラフトを作成したりする法律家を法律事務官（**クラーク**）という。クラークの多くは，ロースクールを卒業した直後の若手弁護士であり，1，2年間裁判官の助手として経験を積み，その後一流ローファームに特別ボーナスをもらって就職していく。裁判官とその歴代のクラークで形成されるグループは，米国法曹界のエリートクラブのようなものである。教授，裁判官，全米トップクラスの弁護士事務所の弁護士の経歴には，かなりの確率で「何年に何々裁判官のクラークを務める」の一文が載っている。

クラークにも，「格」というものがあり，特に高く評価されるのは，連邦控訴裁判所，連邦地方裁判所，州最高裁判所の3つの判事のクラークである。なお，クラークの頂点である連邦最高裁判所のクラークに直接なることはできず，毎年連邦控訴裁判所のクラークから選抜される仕組みになっている。9名の最高裁判事がそれぞれ4名のクラークを採用しており，この36名は同年代の米国法曹界の頂点に立つといっても過言ではない。その36名のうちどこの法律事務所が何人採用できたかが，ニュース記事になることも多い。

通常，裁判官が採用するクラークは2名程度で，連邦裁判所の裁判官は全国で300名程度，各州の最高裁判所の裁判官の数も限られている。そのクラークを目指して，全国の学生が熾烈な競争をする。クラークになれるかどうかは，第一にロースクールの格，第二にそこでの成績，第三に個別の裁判官との相性による。たとえば，ロースクールの不動のトップであるYale Law School[10] では，50％近くの卒業生がクラークになる。私が卒業したVanderbilt University Law School では，毎年10％前後の学生がクラークになっていた。

クラークになるためには，少なくとも50から100名の裁判官に応募し，そのうち1人でも2人でも面接の声がかかれば上々とされている。私も挑戦はタダだと思い，少しでも自分に興味を持ってくれそうな裁判官を50名程度リストアップして書類を送った。是非 Vanderbilt から採用したいという1人の連邦地方裁判所判事の面接を受け，出来は悪くなかったが，結局そのクラークシップを獲得したのは，同級生でローレビューの副編集長をしている女性であった。まあ私が判事の立場であっても，私よりその女性を選んだだろう。

---

10) その卒業生は，絶対数が少ない上に，弁護士業界よりも政府や学会といった固い職業に就くことが多いため，希少な存在としてYalien（エイリアンとの造語）と呼ばれる。なお，クリントン元大統領とヒラリー夫人はともに卒業生で，初めての出会いはロースクールの図書館だったそうである。

Ⅱ. 証券規制の構造

【第Ⅱ章のまとめ】

- **本章の目的**：証券取引法[11] の各論を学ぶ前に，証券取引法の目的，証券取引の構造，証券規制の歴史及びSECの概要など，証券取引法を学ぶための基礎を固める。
- 証券取引法の目的は，投資家の保護，効率的で公正な資本市場の形成，経済の発展など様々であり，それぞれが有機的に結合している。
- 証券市場には，企業が証券を一般投資家又は特定投資家に対して発行する発行市場と，投資家が相対又は市場で他者に証券を売り付ける流通市場がある。
- 流通市場では，NYSEやNASDAQのような全米証券取引所や，多くの私設取引システムが並存している。
- 連邦証券取引法の中心は，証券の発行市場を規制する1933年証券法と，証券の流通市場を規制する1934年取引所法である。
- SECは，連邦証券取引法に関する強大な権限を有する行政機関である。
- 証券取引規制の中心は，証券の発行体に開示義務と不実開示に関する責任を負わせることにより，投資家に正しい情報を提供させることである。
- 会計スキャンダルを契機として2002年に制定されたSOX法は，開示システムの統一性を高めるとともにコーポレートガバナンスの分野で積極的な改革を行った。
- 金融危機を契機として2010年に制定されたドッド・フランク法は，株主の議決権拡大と企業の責任の厳格化等によって，コーポレートガバナンスを高めることを目指した。

1. 証券取引法の目的

　証券取引法は様々な目的を有し，それぞれが有機的に結び付いている。たとえば，投資家の保護が目的の1つであることについては，争いがないであろう。投資家の保護の手段としては，発行体に強制的，継続的な開示を求めること，証券

---

11) 本書では，連邦議会が制定した法律と，SECが制定した規則をあわせて証券取引法という。特に断りがない限り，州ではなく連邦の証券取引法を意味する。

詐欺などの不正行為を防止すること，証券業者の行為を規制することなどが挙げられる。

一方，証券の発行体から見れば，資本調達を効率的，効果的に行うために，公正かつ健全な資本市場が形成されることが重要であるといえる。投資家が安心して投資できず，資本市場から去ってしまえば，資本市場が機能不全に陥り，証券発行による資金調達ができなくなってしまう。さらに，投資家が証券に関する情報とリスクを正しく判断することができるような市場は，資本が効率的に使われることを促進させ，究極的には経済を発展させるともいえよう。

SEC の制定したルールの多くは，どのような行動をすれば証券取引法に違反しないとみなされるかを規定するセーフハーバー（安全港）ルール（safe harbor rule）である[12]。**セーフハーバールール**とは，それを遵守していれば，SEC による法執行の対象になったり，証券取引法違反を問われたりすることはないという，いわばガイドラインのようなものである。逆に，セーフハーバールールを遵守していないからといって，直ちに証券取引法違反が問われるわけではない。なお，セーフハーバーとは，船が戦争や海難を避けられるような安全な港のことを意味している。

✒️ コラム　セクション，ルール，レギュレーション，フォーム

連邦証券取引法は，非常に複雑な構成になっている。まず，議会が制定している法律は **act** であり，本書では「〜法」と呼んでいる。act の各条文のことを **section** といい，本書では「〜条」と呼んでいる。SEC が法に従って与えられた規則制定権に基づいて制定するのが **rule** であり，本書では**ルール**と呼んでいる。一定の規制分野に関する rule のひとかたまりが **regulation** であり，本書では**レギュレーション**と呼んでいる。さらに，SEC に提出すべき書類のひな型として SEC が配布しているものが **form** であり，本書では**フォーム**と呼んでいる。

各条及び各ルールには通し番号が与えられている。たとえばルール10b-5のように，その番号から取引所法10条に基づいて制定されたことがわかるものもあるが，根拠条文とルールの番号は必ずしも一致しない。また，レ

---

12)　日本の証券規制においてセーフハーバールールは少ないが，たとえば，有価証券の取引等の規制に関する内閣府令（平成19年内閣府令第59号）が，不公正取引とはならない自己株式の取引の態様について定めている。この点，SEC規則も法律であるため，セーフハーバールールを遵守しないことが法律違反にはならないというのは，日本人には理解しにくいところかもしれない。

ギュレーションの名称にはアルファベットが使われている。レギュレーション M (manipulation)，SHO (short sale)，FD (fair disclosure) のように規制内容からアルファベットを採用していることが明らかなものもある。一方で，レギュレーション A，D，E のように，なぜそのアルファベットが使われているのかが不明なものも多い。2016年には，インターネットを通じて多くの少額の投資を集めようとする**クラウドファンディング**を規制する，**レギュレーション CF** が導入された。

2. 証券市場

（1） 発行市場と流通市場

①発行市場

　企業が証券を発行して資金調達をする場のことを，**発行市場**（**primary market**）という。証券発行による資金調達は，一般投資家に対して証券を発行する**公募**（**public offering**）と，特定の投資家に対して証券を発行する**私募**（**private offering**）に分けられる。

　広い範囲の投資家から資金を募る場合は，企業は公募をすることになる。初めての公募のことを，**IPO**（**initial public offering**）という。一方，私募の例としては，非上場会社が創業者等に株式を発行するケース，スタートアップ会社が経営支援を受けているファンドである**ベンチャー・キャピタル**に優先株を発行するケース，上場会社が社債などの譲渡制限付き証券を機関投資家に発行するケースなどがある。

②流通市場

　発行された証券を保有している投資家は，相対取引又は市場取引により，他の投資家に証券を転売することによって利益を得ることができる。この相対取引及び市場取引が行われる場を**流通市場**（**secondary market**）という。

　ところで，流通市場において証券が流通しやすい，すなわち証券の売買機会が多いことを，**流動性**が高いという。流通市場における流動性が高ければ高いほど，企業にとっても証券を発行しやすくなる。つまり，流動市場があるからこそ発行市場が活きてくるともいえる。流通市場での取引は，実に証券取引全体の約99%を占めているともいわれる。

米国には，**証券取引所**（exchange）と**店頭**（**OTC, over-the-counter**）**取引市場**という2つの主要な流通市場がある[13]。証券取引所では，売買の発注が集中管理され，買い注文と売り注文の付き合わせが行われる。米国にはニューヨーク証券取引所（NYSE（ナイスと読む），New York Stock Exchange）やNASDAQ Stock Marketといった18の**全米証券取引所**（**national securities exchange**）がある。これらの取引所は，SECへの登録が義務付けられている（取引所法5条）。

一方，投資家や証券会社が取引所を介さずに，お互いに売買の注文を付き合わせることにより行われる取引を，**店頭取引**という。**ATS**（**alternative trading system**）のような私設取引システムや，証券会社内で顧客注文同士（又は自己が相手方となる）の付き合わせを行う**ダークプール**などがある[14]。SECのデータによると，2009年9月時点の売買高のシェアは，取引所が63.8%，ATSが10.8%，ダークプールなど証券会社内部での付き合わせが25.4%となっている[15]。

③非上場証券取引特権と全米市場システム

上記のように，米国ではともすれば多数の取引所や店頭取引市場によって，証券市場が分断化されているようにも見える。それを補うのが，**非上場証券取引特権**（**unlisted trading privileges**）と**全米市場システム**（**NMS, national market system**）である。

前者は，SECに登録された全米証券取引所に上場している証券を，他の全米証券取引所が自ら審査することなく取り扱うことができる制度である。米国の多くの主要企業はNYSE（1,867社）[16]かNASDAQ（約3,100社）[17]に上場している。しかし，上記2取引所における取引量はそれぞれ市場全体の2割程度であり，多くの取引が同制度を利用して他の取引所で行われていることがわかる。

一方，NMSは，複数の市場が提示している気配の中で，最もよい気配を表示している市場に注文を回送させるという**トレードスルー**（**trade-through**）**ルール**の遵守を義務付け，そのためのシステムを整備したものである。

---

13) 日米の証券市場の比較について，太田珠美「日米株式市場の相違点」大和総研金融資本市場レポート（2014）が詳しい。

14) ATS及びダークプールの動向について，清水葉子「HFT, PTS, ダークプールの諸外国における動向～欧米での証券市場間の競争や技術革新に関する考察～」金融庁金融研究センター・ディスカッションペーパー（2013）が詳しい。

15) Exchange Act Release No. 61358, at 13-15 (Jan. 14, 2010).

16) NYSE Home Page, http://www1.nyse.com/about/listed/nya_characteristics.shtml.

17) NASDAQ Home Page, http://www.nasdaq.com/reference/market_facts.stm.

(2) 証券市場の参加者

　証券市場には，3種類の参加者がいる。投資により利益を得ようとする**投資家**，証券を発行して投資家に配当や利子を支払う**発行体**，投資家と発行体の**仲介者**（**intermediary**）である。投資家は，**個人投資家**と**機関投資家**に大別でき，また，機関投資家には様々な種類がある。米国における詳細な分類は以下の表のとおりである[18]。

投資家の種類	1991年の投資額（割合）	2011年の投資額（割合）
個人投資家	$2,751 (56.8%)	$8,357 (37.1%)
機関投資家	$2,096 (43.2%)	$14,165 (62.9%)
年金基金	$1,202 (24.8%)	$3,833 (17.0%)
投資ファンド	$331 (6.8%)	$5,385 (23.9%)
保険会社	$230 (4.7%)	$1,667 (7.4%)
銀行	$14 (0.3%)	$67 (0.3%)
政府機関	$6 (0.1%)	$164 (0.7%)
証券会社	$14 (0.3%)	$101 (0.4%)
海外投資家	$229 (6.2%)	$2,948 (13.1%)

　1991年から2011年までの約20年間の変化を見ると，証券市場全体が拡大しているのはもちろん，①個人投資家と機関投資家の割合が逆転している，②投資ファンドの割合が急増している，③海外投資家の割合が急増していることが顕著である。

　発行体は，企業だけでなく，連邦・州・地方政府機関，非営利組織，投資ファンドなど様々な組織を含む。また，証券化の進展により，たとえば個人の住宅ローン債権が集められて証券化され，投資家に売られている。この場合，個人が間接的には発行体としての機能を果たすようになっているともいえよう。

　証券の仲介者としては，顧客や自己のために証券の売買を行う証券会社（**ブローカー・ディーラー**）だけではなく，顧客に投資情報や助言を提供する**投資顧問**，投資家から集めた資金を様々な証券に投資する**投資会社**，証券発行や増資をサポートする**投資銀行**などが存在する。また，SECへの登録や報告に必要な書類を作成する**弁護士事務所**，財務諸表を監査する**会計事務所**，債券の格付けを行う**信用格付会社**なども，広い意味では証券の仲介者といえるだろう。

---

18)　ALAN R. PALMITER, SECURITIES REGULATION, EXAMPLES & EXPLANATIONS at 5 (6th ed., Wolters Kluwer Law & Business 2014) の表から再構成したもの。

Ⅱ．証券規制の構造

（3） 証券市場の機能

　証券市場には，3つの主要な機能があるといわれる。第一は，資本形成であり，資本を必要とする企業と証券に投資して利益を得ようとする投資家を結び付けている。第二は，流動性の提供であり，証券の売り手と買い手を結び付けている。第三は，リスク分散であり，証券市場が投資家に様々な証券への投資機会を与えることにより，投資家はリスクを分散させることができる。

　さらに，副次的な機能として，証券市場が企業の証券価格を提示することにより，その企業の価値やひいては経済全体の価値を測ることができるようになっている。

（4） 証券市場の規制

　一般投資家が参加する公募市場や流通市場は，開示義務，**詐欺防止条項**（**anti-fraud provisions**），証券業者の規制など，証券取引法と**証券取引委員会**（**SEC, Securities and Exchange Commission**）[19] による広範な規制の対象となっている。一方，限られた投資家を対象とする私募市場は，登録免除の条件を充たせば開示義務の対象外になる（後述「**Ⅲ. 5. 登録の免除**」参照）ものの，詐欺防止条項の対象にはなっている。

　さらに，海外証券市場については，たとえ海外での取引であっても，米国投資家が係わる場合や米国市場に影響を及ぼす場合には，米国証券取引法の規制の対象になる（後述「**Ⅶ. クロスボーダー証券取引の規制**」参照）[20]。

　なお，証券の定義にあてはまらない商品の市場は，他の法規制，たとえば，一般的な銀行融資であれば銀行法規制の対象になっている。また，**金融派生商品**（オプションや先物など）については，SECと**商品先物取引委員会**（**CFTC, Commodity Futures Trading Commission**）がその規制を分担している。

---

19)　後述のように，SECは取引所法によって設立された機関であり，exchangeは明確に取引所の意味であると定義されている（取引所法3条(a)(1)）。そのため，Securities and Exchange Commissionの翻訳は，証券「及び取引所」委員会が正しい。しかし，本書では通常使われている「証券取引委員会」を訳語として使う。なお，証券法及び取引所法で，「取引」の意味で使われている単語はtransactionである（たとえば，登録免除取引について規定した証券法4条）。余談であるが，ネイティブがSECを発音すると，SとEがリエゾンして聞こえる。筆者が初めて米国法律事務所でインターンをしたとき，上司に「エスシーシー」のファイリングを調べろといわれて，非常に戸惑った記憶がある。ちなみに，日本人以外が「セック」と呼ぶのを聞いたことはない。

20)　たとえば，日本企業同士の合併であっても，米国証券法の適用対象となり，SECへの登録が必要な場合がある。これをF-4問題という。

(5) 証券市場の効率性

ところで，証券市場が効率的であるかどうかを分析する場合，効率性には以下の3つのパターンがあるといわれる。

① ウィーク・フォーム：現在の証券市場は過去の取引情報をすべて反映しており，投資家は過去の情報から将来の証券価格を予測することができない。
② セミストロング・フォーム：現在の証券市場はすべての公開情報を反映しており，投資家は公開情報をいくら分析しても市場全体の動き以上の利益を得ることはできない。
③ ストロング・フォーム：現在の証券市場は，公開・非公開を問わず，すべての情報を反映している。

実証研究によれば，米国の証券市場は少なくともセミストロング・フォームの効率性を有していることを立証するものが多いようである[21]。また，インサイダーがしばしば非公開の重要情報を利用して利益を得ていることからすれば，現在の証券市場は，少なくともストロング・フォームの効率性は有していないといえるであろう。

(6) 新技術の影響

証券取引法は，発行体から仲介者及び投資家に対して正確な情報が提供され，その情報を反映した価格で証券取引が行われることを目指している。しかし，情報の質やその伝達の態様が，この数十年間の情報技術の飛躍的な進歩により劇的に変化してきている。証券取引法がそのスピードについていくことができるかが，大きな課題になっている。

コラム　HFTとアルゴリズム

いわゆる**超高速取引**（high frequency trading，以下「**HFT**」という）の出現で，証券取引の速度と規模は格段に進化している。HFTは，**アルゴリズム**を駆使した金融取引の一種とされ，市場で1秒間に数千回といった高頻度の取引を比較的小規模で行い，1取引当たりの利益額はわずかでも，多くの取引を繰り返すことによって多額の利益を得ようとする行為のことである。
証券取引におけるアルゴリズムとは，一定の戦略やガイドラインに従って

---

21) 市場の効率性について，黒沼悦郎『アメリカ証券取引法（第2版）』（弘文堂・2004）12-19頁が詳しい。

証券取引を自動的に執行するコンピューター・プログラムのことをいう。アルゴリズムは，約定・買い注文・売り注文の価格や数量といった市場データを瞬時に分析して市場動向を把握し，一般投資家に先駆けて注文したり，最適な価格やタイミングで取引したりといったことを可能にする。HFT は，この**アルゴリズム**を使うことにより，超高速取引を可能にしたものである。

アルゴリズム取引のすべてが HFT なわけではなく，取引の頻度やスピードが，他のアルゴリズム取引と HFT を分ける重要な特徴である。一説には，米国の株式市場で約定された取引の5割程度，東京証券取引所における取引の4割程度が HFT によるものだといわれる[22]。

なお，世界各国・地域の証券監督当局等から構成されている国際的な機関である**証券監督者国際機構（IOSCO, International Organization of Securities Commissions，以下「IOSCO」という）**は，HFT を一元的に定義することは現実的ではないとして，以下のような HFT の特徴を列挙するにとどめている[23]。

① 市場データの分析，適切な取引戦略の選択，取引コストの最小化，取引執行といった一連の投資行動にわたってアルゴリズムを使用する。
② 約定に比べて注文の数が多い，すなわち非常に多くの注文が取り消される。
③ 通常，ポジション（証券の持ち高）は数秒，ミリ秒単位で解消され，一取引日の終了時点で売り買いのポジションをゼロにする。
④ 多くの場合，自己勘定取引に用いられる。
⑤ 取引が成功するかどうかが，反応速度，すなわち他者よりも早くデータを処理できるかどうかにかかっている。

HFT には，市場の情報が瞬時に市場価格に織り込まれるという価格発見機能の向上や，流動性の高まりといったメリットがあるといわれる[24]。一方で，価格が短時間に実勢から乖離した価格に変動してしまう可能性や，HFT

---

22) 「米，超高速取引を調査」（日本経済新聞朝刊・2014年4月6日）。米国TABB Groupの調査によれば，2010年から2012年までの米国市場におけるHFTのシェアは，出来高ベースで50％前後となっている。*See* WORLD FEDERATION OF EXCHANGES, UNDERSTANDING HIGH FREQUENCY TRADING 3 (2013).

23) IOSCO, REGULATORY ISSUES RAISED BY THE IMPACT OF TECHNOLOGICAL CHANGES ON MARKET INTEGRITY AND EFFICIENCY (2011) (hereinafter "IOSCO REPORT").

24) HFTを巡る議論について簡潔にまとめたものとして，保志泰＝横山淳＝太田珠美「HFTを巡る議論の動向」大和総研金融資本市場レポート（2014）を参照されたい。

が提供する流動性の質に対する懸念などが指摘されている。たとえば，2010年に米国株式市場で株価がわずか10分間で約9％下落するという**フラッシュ・クラッシュ**事件が起こり，HFT が大きく寄与したとされた（後述「**コラム：フラッシュ・クラッシュ**」参照）。

　現時点で HFT そのものは違法ではないが，このようなメリット及びデメリットを踏まえて，米国及び日本を含めた各国がどのような規制をしていくかが注目される。なお，HFT を利用して，かつては想像もつかなかった相場操縦手法が出現していることについては，後述「**V. 3. 相場操縦と HFT**」を参照されたい。

3. 証券規制の歴史

(1) 1900年代初頭

　証券取引法の規制は，まず1900年初頭に州のレベルで始まった。たとえば，カンザス州法は，証券を登録制とし，証券の発行には州の銀行局長の許可を義務付けた。一般的に，州証券取引法のことを**ブルースカイロー**という。この起源については，青空までも証券化して売り付けようとする青空商人を規制しようとするものであったとか，農家に対して雨を降らせるといってお金をだまし取り，結局雨は降らず「青空」になるという詐欺に証券詐欺をなぞらえたといった説がある。

　一方，連邦州法の規制が始まるきっかけとなったのが，1929年のニューヨーク証券取引所で起こった**株価大暴落**（**Black Thursday**）を端緒とした，**世界大恐慌**（**Great Depression**）であったといわれる。株価大暴落の一因として，当時は証券の規制が州法でしか行われていなかったため，州をまたいだ証券取引において詐欺や相場操縦が横行し，証券市場がゆがめられてしまったと考えられた。

(2) 1933年証券法

　1933年**証券法**（**Securities Act** of 1933，以下「証券法」という）は，初めての連邦レベルにおける証券規制として，証券の発行市場を対象に以下のような規制を定めた。証券法の違反は，刑事，行政及び民事責任の対象とされた。

Ⅱ. 証券規制の構造

- 証券の募集時における，SEC[25] に対する登録届出及び投資家に対する目論見書の配布による，情報開示義務（5条）
- 登録義務の**免除証券**（3条）及び**免除取引**（4条）
- **登録届出書**の**不実表示**（misrepresentation）[26] による民事責任（11条）
- 無登録の証券発行による民事責任（12条）
- 証券売買に関する詐欺禁止（17条）
- SECの規則制定権及び法執行権（19条，20条）[27]

(3) 1934年取引所法

第二の連邦証券取引法は，1934年**証券取引所法**（**Securities Exchange Act** of 1934，以下「取引所法」という）である。同法は，以下のように証券の流通市場を規制しようとした。

- SECの設立と法執行権（4条）
- 証券取引所（6条）及び証券業者（15条）の規制
- 信用取引の規制（7条）
- 詐欺的証券取引の禁止（9条，10条）
- **公開会社**に対する**継続開示**義務（12条，13条）
- 公開会社の委任状規制（14条）

(4) その他の証券取引法

本書では，広く証券取引に適用される証券法と取引所法を中心に扱うが，以下のような法律も，証券取引法の一部を構成する。なお，2002年SOX法と2010年ドッド・フランク法については，後述**「5. 証券規制の新展開」**を参照されたい。

①グラス・スティーガル法とグラム・リーチ・ブライリー法

証券法制定の直後に制定された**グラス・スティーガル**（**Glass-Steagall**）**法**[28] は，預金の受付け及び貸出を行う商業銀行と，証券の引受けを行う投資銀行の分離を

---

25) 証券法制定時には，証券法の執行は**連邦取引委員会**（**FTC, Federal Trade Commission**）によって行われていたが，翌年制定された取引所法によりSECが創設されたため，FTCからSECに権限が移譲された。
26) 事実と異なる記述のこと。
27) 前掲（注25）と同様に，証券法制定時にはFTCが規則制定権を有していた。
28) 「グラス・スティーガル法」はBanking Act of 1933の通称である。米国の連邦法ではグラム・リーチ・ブライリー法，サーベンス・オクスリー法，ドッド・フランク法など，法案を提出した議員の苗字を組み合わせて通称が作られることが多い。

20

義務付けた。しかし，その後，連邦銀行規制の改正や判例の蓄積により，両者の垣根は徐々に取り払われた。

1999年に制定された**グラム・リーチ・ブライリー（Gramm-Leach-Bliley）法**により，金融機関は業務ごとに別個の規制，すなわち証券業務はSEC，銀行業務は銀行規制当局，保険業務は州の保険規制当局による規制にそれぞれ服するようになった。

②1940年投資会社法

ミューチュアル・ファンド[29] その他の投資会社は，1940年**投資会社法**（**Investment Company Act** of 1940，以下「投資会社法」という）によって規制されている。同法は，100人超の投資家を有する投資会社に対して，SECに登録することと，独立取締役で構成される取締役会を設置することを義務付けている。投資会社が証券を発行する場合には，証券法規制と類似の，登録及び目論見書配布義務が生ずる。

③1940年投資顧問法

1940年**投資顧問法**（**Investment Advisers Act** of 1940，以下「投資顧問法」という）は，**投資顧問**に対して，SECへの登録，利益相反取引の顧客に対する開示，詐欺防止等を義務付けている。

④NSMIA法

連邦証券取引法が開示義務と不実表示責任等の開示規制を中心としているのに対して，多くの州証券取引法は，ある証券が投資家にとって発行に値するものであるかを判断する**メリット規制**を中心とする[30]。

1996年に**National Securities Markets Improvement Act** of 1996（以下「**NSMIA法**」という）が制定され，以下の4つの証券の募集については，連邦証券取引法が州証券取引法に優先することが定められた。(a) 証券取引所に上場している証券，(b) ミューチュアル・ファンド（登録投資会社）の発行する証券，(c) SECが定義する「**適格購入者（accredited purchasers）**」に売り付けられる証券，(d) 証券法で登録免除されている証券募集。

---

29) 多数の投資家からプールした資金を使ってプロの投資家が株式，債券等の証券に投資する仕組みのこと。

30) 開示規制とメリット規制について，山本紀生「アメリカ証券諸法開示規制とGAAP (1)」国際研究論叢（2007）14-18頁が詳しい。

⑤SLUSA法

1990年代，連邦法に比べて手続法及び実体法の規制が一般的に緩やかであるとされていた州法のメリットを享受するため，多くの訴訟が州裁判所に提起された。議会は，これに対応するため，1998年に **Securities Litigation Uniform Standards Act** of 1998（以下「**SLUSA法**」という）を制定し，公開会社の証券に関する不正についての**クラス・アクション**（数名程度が原告となり，共通の利害を有する一定の集団を代表して提起する訴訟のこと）は，連邦裁判所のみに提起できるとした（証券法16条(c)，取引所法28条(f)(2)）。

⑥JOBS法

Jumpstart Our Business Startups Act of 2012（以下「**JOBS法**」という）は，スタートアップ会社の資金調達に対する規制を緩和することにより，新たな雇用を生み出して経済を活性化させようとしたものであり，以下のような3つの大きな改革を目指した。

- インターネットを通じて多くの少額投資者から資金を募る，**クラウドファンディング**という手法を取り入れた。発行体が詳細な開示を行い，登録された仲介業者を通して発行を行うなどの条件を充たせば，証券発行に伴う連邦法及び州法上の登録義務を免除される（後述「**Ⅲ. 5. (7) クラウドファンディング**」参照）。
- 公開，非公開に係わらず，レギュレーションDに基づいて私募を行う会社は，証券が結果として**適格投資家**（**accredited investors**）にのみ売り付けられるのであれば，広範囲の投資家にマーケティングを行う**一般的勧誘**（**general solicitation**）が可能になった（後述「**Ⅲ. 5. (6) レギュレーションD**」参照）。
- 収益が10億ドル未満の**新興成長会社**（**EGC, emerging growth company**）に対して，IPO及び継続開示における義務を緩和した（後述「**Ⅲ. 4. (4) 発行体の種類**」参照）。

4. SEC

(1) 組織

1934年に取引所法によって設立されたSECは，連邦証券取引法に関して行政，立法，司法のすべての権限を持ち，弁護士，会計士，ITなどの専門家を含む4,000名の職員を誇る，強大な機関である。

SECは，大統領が任命し上院で承認された5名の委員を頂点とし，うち1名が大

統領によって委員長に指名される。委員は5年の任期を有し，毎年1名ずつ任期が切れるように構成されている。1つの政党は3名までしか委員を選べない[31]。委員が違法行為を行った場合にのみ大統領によって解任される可能性があるが，1934年の設立以来そうしたケースはない。

　組織は，企業財務部（Division of Corporate Finance），**法執行部**（**Division of Enforcement**），投資管理部（Division of Investment Management），経済及びリスク分析部（Division of Economic and Risk Analysis），取引市場部（Division of Trading and Markets）という5つの部（division）と，国際局（Office of International Affairs），行政法判事局（Office of Administrative Law Judges）など22の局（office）から構成される[32]。

(2) 権限

　第一に，SEC は，連邦証券取引法を司り執行する行政権を有する。SEC は広範な調査権を有し，**行政手続**を通じて，差止命令を発出し，民事制裁金を科し，不当利得の吐出しを命じることができる。また，原告として民事訴訟を提起することも，証券取引法の故意の違反について刑事事件として**法務省**（**DOJ，Department of Justice**）に付託することもできる。さらに，証券取引法執行のため，海外当局と協働する。

　第二に，SEC は，議会の授権に基づいて，法律としての効力を有する規則を制定する立法権を有する。SEC が作成する**開示届出用紙**（**form**）の**指示書**（**instruction**）のように，SEC が作成するガイドラインも，法律としての効力を有する。また，正式な法的効力はないものの，SEC がポリシーや法解釈について述べた報告書（interpretive release）や，SEC のスタッフが特定の事案について法執行を委員会に対して勧告しないことを表明した**ノーアクションレター**も，弁護士や裁判官などの実務家は重要視する。

　ノーアクションレターは，特定の取引を行おうとする当事者が，SEC に対して当該取引が違法でないと考える旨を主張し，SEC が納得する場合には，取引が提案どおり行われたならば委員会に対して法執行を勧告しない，と回答するレターのことである。SEC 規則の解釈等について，非常に有益な指針を提供する。

　第三に，SEC は，自ら行政手続を行って違法行為者を処分するとともに[33]，証券取引所，**金融取引業規制機構**（**FINRA，Financial Industry Regulatory Authority**）

---

31)　2019年2月現在，委員長のJay Claytonと委員のRobert J. Jackson Jr.は中立，Hester M. Peirce とElad L. Roismanは共和党員である。

32)　SEC Home Page, http://www.sec.gov/divisions.shtml.

33)　かつては，同じ処分を行うときも，規制業者に対しては行政手続，非規制業者や一般

及びその他の**自主規制機関**（**SRO，self-regulatory organizations**）がその構成員に対して行った処分の審査を行う。なお，SEC とそのスタッフが証券業界全体に係わるような事案について調査・執行を行う一方で，日々の証券取引の監視は自主規制機関によって行われている。SEC の3代目の委員長である William O. Douglas は，SEC のことを「弾を込め，油を差し，常に使えるように準備しておく猟銃である」といっている[34]。

（3）　SECファイリング

SEC には，以下のように，米国の様々な事業体から書面の提出（filing）がなされる。原則としてこうした資料はすべて，1992年に導入された **EDGAR**（**Electronic Data Gathering, Analysis, and Retrieval**）というオンライン上のシステムで公開されている。

- 発行体から，証券を公募する際に，登録届出書と目論見書
- 公開会社から，年次，四半期，臨時の報告書及び株主に配布する委任状に関する資料
- 公開会社の**公開買付け**を行う者から，公開買付届出書。対象会社から，意思を表明する書面
- ブローカー・ディーラーから，登録及び年次報告書
- 取引所，FINRA，その他の自主規制機関から，規則変更の届出

コラム　プレイン・イングリッシュ

1990年代後半から SEC は，提出書類の作成者に対して，目論見書，委任状書類及び公開買付書類における開示を「**プレイン・イングリッシュ**（plain English：明確な英語）」で行うよう義務付けている（ルール421(d)）。すなわち，それまで専門用語や難解な表現に満ちていた開示書類を，一般の投資家にもわかりやすくすることにより，開示に実効性を持たせようとしたものである。

投資家に対しては民事手続を行うという傾向があったが，2013年頃から，行政手続を広く活用するようになってきている。

34) Mary L. Schapiro, Speech by SEC Chairman: Address to the Council of Institutional Investors (April 6, 2009).

SEC が1998年に出版した「A Plain English Handbook」[35] は，以下のようなガイドラインを示している。

- プレイン・イングリッシュを使うということは，見やすく，論理的に構成され，かつ一読で理解できる書類を作成することである。
- プレイン・イングリッシュによる書類を作成するには，書類を誰が読むのかを理解し，読者が理解しやすい順番に情報を並べることが必要である。
- 目論見書は，明確で，簡潔で，理解しやすいものでなくてはならない。そのため，短いセンテンス，箇条書き及びわかりやすい見出しを使うとともに，用語集，定義付け，法律用語及び専門用語を減らすべきである。
- 法律用語，極端に難しい表現，抽象的な決まり文句 (boilerplate)，法律文書からの抜粋及び繰り返しを避けるべきである。
- 書類を見やすくするために，絵やロゴなどの見やすいツールを使うとともに，数字を表やグラフで表現するべきである。
- 英語表現として，以下をできるだけ避ける。長い文章，受け身形，be 動詞やmakeのような抽象的な動詞 (weak verb)，短い言葉と同じ意味を持つ長い言葉，抽象的な言葉。

　これらのガイドラインは，通常の英語を書く場合にも，そして多分日本語を書く場合にも，非常に有益である。筆者の語彙が少ないせいもあるかもしれないが，本書でも，できるだけプレイン・ジャパニーズを使うようにしている。

---

(4) SECの免除権

　議会は，連邦証券取引法の様々な分野で，特定の者や取引について義務を免除する権限を SEC に与えてきた。たとえば，SEC は，証券法3条(b)(1) に基づいて，500万ドルまでの小規模の証券募集について登録義務を免除することができる。また，SEC は，取引所法12条(h) に基づいて，発行体，役職員，株主等について取引所法上の義務を免除することができる。

　1996年に，議会は **NSMIA 法**を制定し，SEC の免除権を証券法と取引所法のほ

---

35)　SEC Home Page, www.sec.gov/pdf/handbook.pdfにて無料で入手可能。

ぼすべての範囲に拡大し，「あらゆる者，証券及び取引」について，証券法，取引所法，又はそれらの法律に基づいて制定された規則について，免除することができるとした（証券法28条，取引所法36条）。唯一の例外は，財務省（Treasury Department）によって規制されている，政府証券のブローカー・ディーラーである（取引所法15C条）。

(5) 開示義務の意義

SECによる規制の核心にあるのは，投資家が**情報に基づいた判断（informed decision）**[36]ができるように，証券の発行体に「**強制的開示（mandatory disclosure）**」をさせることである[37]。

開示義務を支持する説は，重要な情報の開示にコストがかかる場合に，発行体にとって自発的に開示するインセンティブがないため，結果として重要な情報が十分に開示されないと主張する。また，強制的開示がなければ，投資家やアドバイザーは，市場で勝つために，自ら調査を行って情報を得ようと競争し，社会全体で見れば無駄なコストがかかってしまう可能性がある。強制的開示にはさらに，投資家の取引量が増えることによる発行体の資金調達コスト減少や，株主に訴訟の機会を与えることによる企業の監視といったメリットもある。

一方で，強制的な開示がなくとも，経営者は，会社の評判を高めるために自発的に開示を行い，結果として最適な開示がなされるという主張もある。しかし，投資家と経営者の利益は常に合致するとは限らない。企業にとっては，悪い情報や訴訟につながるリスクのある情報についてはできるだけ隠すか情報開示を遅らせ，よい情報については過度に強調する，というインセンティブがある。もし不実表示に対する法執行がなければ，投資家は費用をかけて情報が正確なのかどうかを自ら調査しなくては，投資ができなくなってしまう。

つまり，自発的な開示だけでは，投資家が求める最適な質・量の情報開示は達成できないため，強制的開示制度がある。一方で，証券取引法は，証券詐欺訴訟に一定の制限を課したり，将来の予測に関する開示など，一定の開示について**セーフハーバールール**を制定したりしている。また，開示にかかるコストを考慮して，小規模の会社に対して一定の免除を与えている。

---

36) このinformedという概念は，米国法の中で重要な意味を持っている。たとえば，一般的に，informed consentに基づかない安楽死は違法である。

37) 市場の効率性と強制的開示制度の必要性についての詳細は，黒沼前掲（注21）16-19頁を参照されたい。

5. 証券規制の新展開

　2000年代に入って，連邦証券取引法は，強制的開示だけでなく，公開会社をいかに規制するかに着目するようになった。2002年の**サーベンス・オクスリー法**（正式名称は，**Public Company Accounting Reform and Investor Protection Act** of 2002, 通称は **Sarbanes-Oxley Act**[38]，以下「**SOX法**」という）は，公開会社の財務監査に関する規制を改革し，**ゲートキーパー**としての監査法人，監査委員会，役職員，弁護士及び公益通報者に新たな権利を与え，義務を課した。

　そして，2010年の**ドッド・フランク法**（正式名称は，**Wall Street Reform and Consumer Protection Act** of 2010, 通称は，**Dodd-Frank Act**，以下「ドッド・フランク法」という）は，主に米国の金融機関，特に銀行についての改革を目指したものである。一方で，株主議決権の拡大や公開会社の役員報酬の監視といった，**コーポレートガバナンス**の分野でも新たな規制を導入した。SOX法及びドッド・フランク法は，会社法を中心に幅広い分野で改正を行ったものであるが，本書では，特に証券取引法に関連した改正について述べる[39]。

(1) エンロン事件とSOX法

　SOX法は，**エンロン**事件に代表される2000年代初頭の会計スキャンダルに対応するため，連邦証券取引法の開示システムの統一性を高めるとともに，従来州法が中心となっていた会社法の一部を連邦法化しようとしたものである。

　エンロンは，エネルギーの卸売と送配電の電子取引市場を確立させることにより1990年代に急成長し，米国で7番目に大きな会社となった。しかし，競争が激化するにつれてエンロンのビジネスは行き詰まり，エンロンは，**特別目的会社**（**SPC, special purpose company**）との偽装取引により，財務諸表上の見せかけの利益を作り出すとともに，SPCに対して貸借対照表に表れない貸付けを行うようになった。これらの取引には，エンロンの内部者だけではなく，外部の会計事務所や法律事務所も関与していた。

　2001年に，投資家がエンロンの取引に疑念を抱くようになり，エンロンの株価は下落した。連邦機関による調査が始まり，エンロンの監査人は財務諸表の正確

---

38)　SabanesとOxleyはともに法改正の中心となった議員の名前である。DoddとFrankも同様である。

39)　SOX法及びドッド・フランク法の内容については，Palmiter, *supra* note 18, at 33-44に詳しく，両法の概要をまとめるにあたって多くを依拠している。また，両法の証券取引法以外の関連部分については，たとえば，Alan R. Palmiter, Corporations, Examples & Explanations (7th ed., Aspen 2012) を参照されたい。

性について保証する一方で，問題のある書類をひそかに処分していた。しかし，2001年後半，エンロンは過去四年分の財務諸表の修正を発表し，純利益を6億ドル減らすとともに，負債を6億3,000万ドル増加させた。2001年末には，連邦倒産法第11章適用を申請し，事実上倒産した。

エンロン事件の後も，様々な会計スキャンダルが続いた。たとえば，米国第二の電話通信会社であるワールドコム社が，資産として計上した70億ドルを事業費用に付け替えることを公表し，やがて経営破綻した。議会は，その数週間後にSOX法を制定した。

SOX法は，エンロン事件等の会計スキャンダルで明らかになった様々な問題点について，以下のように対処している（以下，特に明記しない限り，条文はSOX法のものである）。連邦証券取引法が従来から重視してきた開示義務をさらに強化するだけでなく，かつては主に州会社法によって規制されていた**コーポレートガバナンス**の分野に積極的に踏み込むことにより，公開会社の運営について大きな改革をもたらそうとしたものである。

①社外監査人が会計不正を見逃した

- 自主規制機関として，監査基準と会計業界を規制する**PCAOB**（**Public Company Accounting Oversight Board**）を設立（101条）
- 公開会社を監査する監査法人にPCAOBへの登録を義務付け（102条）
- PCAOBに監査基準の制定と執行権付与（103～105条）
- SECに違法行為を行った監査人を処分する権限付与（602条）

②社外監査人が監査以外の業務を行ったり，監査先の取締役と緊密な関係になったりすることにより独立性が失われた

- 監査法人が一定の非監査業務を行うことを禁止し，その他非監査業務についても監査先の監査委員会の事前許可を要求（201条，202条）
- 監査法人の担当パートナーを5年ごとに変更することを義務付け（203条）
- 監査人が顧客の監査担当役員になること（いわゆる「**回転ドア**」）を1年間禁止（206条）

③取締役の会計専門知識が不足しており，社外監査人を監視できなかった

- 社外監査人に対して広範な権限を有し独立取締役のみで構成される監査委員会設置を，上場規則とさせるよう取引所に対して要請する権限を，SECに付与（301条）
- 公開会社に，少なくとも1名の会計専門家が監査委員会にいるかどうかを開示することを義務付け（407条）

④取締役が届出書の正確性を担保せず，監査人に問題を指摘しないよう圧力をかけた

- SECに提出する書類の内容が正しく，完全かつ適正であることを，CEOとCFOが保証するSEC規則を要求（302条，ルール13a-14，13a-15）
- **内部統制**の開示と取締役の保証についてのSEC規則を要求（404条）
- 役員に対して，社外監査人に不当な影響力を行使することを禁止（303条）

⑤公開会社が正しい財務状況を報告しなかった

- 公開会社に財務状況の変更を随時「**プレイン・イングリッシュ**」で開示することを義務付け（409条）
- SECに重要なオフバランスシート取引の開示規則を要求（401条）
- SECに届出書を少なくとも3年ごとに審査することを義務付け（408条）

⑥公開会社としての倫理観や責任感が欠けていた

- 公開会社に，財務担当役員の**倫理規定**を制定するか，当該基準がない場合はその理由を開示するよう義務付け（406条）
- SECに，「不適合」な役員を罷免し，他の公開会社で同様の職務に就くことを禁止する権限を付与（305条，1105条）
- 通常の取引を除く，会社から役職員への個人的融資を禁止（402条）

⑦取締役が，会計不正を知りながら，自社株の売買をする一方で企業年金での取引を禁止した

- 会社が不正行為を理由に財務数値を訂正した場合に，役員報酬や売買利益を返還させることを義務付け（304条）
- 職員に**取引禁止期間**（**blackout period**）が設定されている場合，役員による自社株取引を禁止（306条）
- 役員に，自社株取引を2営業日以内に開示することを義務付け（403条）

⑧社外弁護士が，不正取引をサポート又は黙認した

- 社外**弁護士**に対して，不正行為を発見した場合に社内で報告する（**up the ladder reporting**）ことを義務付ける規則制定を，SECに要求（307条）
- SECに，不正行為を行った弁護士に対する制裁権限を付与（602条）

Ⅱ. 証券規制の構造

⑨証券会社のアナリストが，取引先の調査報告書に手心を加えた

- 証券会社のアナリストの独立性を担保するとともに，顧客に不利な調査報告書や格付けを出したアナリストに対する報復を禁止する規則をSECに要求（501条）

⑩多くの不正行為は，内部告発がなければ発覚しなかった

- 内部告発者への報復を刑事罰の対象とする（1107条）。
- 内部告発者が損害賠償等を求めて行政手続を起こすことができる制度の新設（806条）
- 会計不正に関する内部告発を受理する制度を作るよう監査委員会に義務付け（301条）
- 証券不正に関する時効を発見から2年又は違反から5年に延長（804条）

⑪会社の役員や社外監査人が，不正隠ぺいのため書類を処分した

- 記録保存義務違反に関する刑事罰を強化（802条）
- 調査対象書類の棄損などを調査妨害として新たな犯罪にした（1102条）。

⑫会社役員に対する抑止策が不十分であった

- **内部通報者**に対する報復，郵便通信詐欺，財務諸表の虚偽保証についての刑事罰を強化（806条，903条，906条，1107条）
- 最大25年の懲役刑の対象となる「故意の証券不正」を新たな犯罪として追加（807条）

　SOX 法が施行されてすぐに，多くの公開会社で新たな内部統制規則，倫理規定，コンプライアンス方策等が作られ，米国の**コーポレートガバナンス**は大きな進化を遂げたといわれる。なお，中小企業にとって SOX 法を遵守するコストが過大ではないかという批判に対応して，SEC 及びドッド・フランク法は，監査人が内部統制について保証することを義務付けた SOX 法404条の対象から，中小企業を除外した（ドッド・フランク法989G 条）。

（2）　金融危機とドッド・フランク法

✒ コラム　金融危機

　2007年から2008年にかけて，米国の金融市場は崩壊目前であった。銀行

は貸出を渋り，投資家は証券を叩き売り，米国経済は地盤沈下した。原因については様々な議論があるが，少なくとも，2000年代の住宅バブルが大きな要因であったことには異論がないと思われる。何兆ドルもの資金が，回収可能性の低いサブプライム住宅担保ローンとして貸し出され，そのローンを証券化したものが，米国内外の数多くの金融機関によって取引された。しかし，住宅バブルの崩壊によって，それらの証券の価値は急落した。

この金融危機を教訓として，議会は2010年にドッド・フランク法を制定し，金融システムを改革しようとした。その改革の多くは，金融システムに内在するリスク，金融機関の安定性，銀行による投資に着目したものであった。一方で，取締役報酬に関する株主の議決権と企業の責任の拡大によって，**コーポレートガバナンス**を高めることを目指した。

ドッド・フランク法は，2,300ページもの長さにわたる長大なもので，SEC その他の政府機関に対する240の規則制定命令と89の調査命令を発出した。SEC だけでも，95の新しい規則と14の報告書を作成しなくてはならなかった。SOX 法では14の新規則と1つの報告書が要求されたことと比べても，その大きさがわかる[40]。

筆者はこの当時，ウォール街の法律事務所のアソシエートとして，金融危機を間近に体験した。新規のファイナンス案件が極端に減り，人の出入りが激しい投資銀行等の業界に比べて比較的安定していると考えられていた弁護士業界にも，レイオフの波が容赦なく押し寄せ，多くの友人・知人が呑み込まれていった。一方で，しばらくすると倒産案件が急増し，倒産以外の部門からも人が駆り出される状況になり，筆者も某証券会社や某消費者金融会社の債権者集会に出席することがあった。

なお，金融危機の原因・仕組みについては，2015年のアメリカ映画『マネー・ショート　華麗なる大逆転』で大変わかりやすく解説されている（映画そのものも面白い）。ただ，原題の Big Short には，「大きな空売り・逆張り」といった意味があり，映画のキーポイントを簡潔に表現しているのだが，なぜか「お金が足りない」という意味不明の邦題になってしまっている。

ドッド・フランク法は，株主の議決権や会社のゲートキーパーに関して，以下の新たな規制を導入した（以下，特に明記しない限り条文はドッド・フランク法のものである）。

---

40)　PALMITER, *supra* note 18, at 40.

①株主の議決権拡大

- 公開会社の株主に，前年の取締役報酬額と退職パッケージについて，拘束力のない**勧告的議決権**（**say on pay**）を付与（951条，取引所法14A条）
- 取締役を任命するための**委任状説明書**（**proxy statement**）に対するアクセス権（**プロキシー・アクセス権**）を公開会社の株主に付与する権利を，SECに付与（971条，取引所法14条(a)）

②取締役の報酬

- 取引所の上場規則によって，独立取締役のみで構成される報酬委員会を要求することを義務付け（952条）
- SEC規則で，5年間の株価と取締役報酬の比較及び全社員の報酬の中間値とCEOの報酬の比較を開示するよう義務付け（953条）
- 取引所規則により，公開企業が不正行為を原因とする財務諸表の修正を行った場合に，CEOとCFOの**業績連動報酬**を返還させるように義務付けるとともに，SECに同義務の執行のために訴訟を起こす権利を与えた（954条）。

③SOX法からの免除

- 資本金7億5,000万ドル未満の中小企業について，監査人が内部統制の保証をするSOX法404条の義務から免除するとともに，SECに，コンプライアンスの負担を減らすための調査を要求（989G条）

④公益通報制度

- 報復を受けた**内部通報者**による提訴権を強化（924条）
- SECに通報者に徴収金額の10〜30％を**報奨金**として与える新たな公益通報制度を作るように要求（922条〜924条）

　ドッド・フランク法は以下のように，従来の連邦証券取引法の規制分野においても様々な改革を要求している。

⑤仲介者に対する規制

- **信用格付会社**に対して，証券募集における証券業者の義務と類似の義務を課す（932条〜939条）。
- **クレジット・デフォルト・スワップ**（**CDS, credit default swap**）のような店頭デリバティブについての規制権限をSECに付与（701条〜774条）
- **ヘッジファンド**や**プライベート・エクイティ・ファンド**などのプライベート・ファンドの**投資顧問**にSEC登録を義務付け（402条，403条）

⑥SECの法執行権の強化

- **教唆・幇助**（**aiding and abetting**）についての法執行権を強化（929M条，929N条）
- **召喚権**（**subpoena power**）を拡大（929E条）
- 国外の証券不正に対する執行権を明確化（929P条）
- 証券不正を行った役員に対する制裁を強化（925条）
- 行政手続の救済手段として**民事制裁金**を導入（929P条）

⑦洗練された投資家（sophisticated investor）の保護

- 一定の違反を行った発行体すなわち**前科者**（**bad actor**）について，レギュレーションDを使った私募を禁止するようSECに義務付け（926条）
- 私募で適格投資家に対して募集する場合でも，**債務担保証券**（**CDO, collateralized debt obligation**）のような資産担保証券についての追加的開示規制をSECに要求（943条）

⑧ブローカー・ディーラーの規制

- ブローカー・ディーラーについて，投資顧問が負う顧客第一信任義務と同様の信任義務を負わせることをSECに検討要求（913条）
- ブローカーと顧客の契約において強制的仲裁を禁止又は制限させる権限をSECに付与（921条）

✒️ コラム　トランプ大統領と法改正

　トランプ大統領のもとで，**ドッド・フランク法**及び同法に基づく規則の大幅な見直しが進められている。アメリカ大統領はあくまで行政府のトップであり，直接的な法案提出や法律改正の権限を有していない。しかし，重要なポジションの指名権，議会への勧告権，大統領令の発出権，議会両院で可決された法律に対する拒否権などを行使して，法律改正に間接的に大きな影響力を及ぼすことができる。

　トランプ大統領は就任前から，規制当局が銀行を運営しているような状況を生み出したドッド・フランク法は廃止すべき，と訴えていた。オバマ大統領時代は，大統領が民主党，両院過半数が共和党という「ねじれ現象」が一定期間生じていた。そのため，医療保険改革法案（オバマケア）のように，法律の成立に難儀したこともある。トランプ大統領就任後しばらくは両院とも共和党が過半数を占め，オバマ大統領時代に比べて法律が成立しやすい状

況にあった（なお，2018年11月に下院で民主党が過半数を奪回）。

　2018年5月には，ドッド・フランク法を改正する内容を盛り込んだ **Financial CHOICE Act** が成立した。CHOICE は，Creating Hope and Opportunity for Investors, Consumers and Entrepreneurs（投資家，消費者及び起業家のための希望と機会の創造）の頭文字を採ったものである。

　同法案は7つの基本方針として，税金を使った金融機関救済の廃止，金融機関と政府双方の説明責任，複雑な規制から簡素な規制への転換，競争力のある透明で革新的な資本市場を通じた経済成長の活性化，米国人の金融的自立の達成機会提供，消費者の経済的自由喪失・詐欺・欺瞞からの保護，システミック・リスクの市場における管理を掲げている。

　また，トランプ大統領は，行政機関の要職に次々と新たな人物を指名した。たとえば，SEC の新委員長 Jay Clayton は，ウォール街で金融機関を代理してきた弁護士である。さらに，トランプ大統領は就任後半年で，オバマ大統領の倍以上のペースで計55人の連邦地方裁判官，控訴審裁判官及び検事を指名した。裁判官の任期は原則終身であり，若くして就任した裁判官は，ときには10数年にわたり法形成に係わることになる。そして，空席となった最高裁判所裁判官に2017年に Neil Gorsuch，2018年に Brett Kavanaugh を指名し，これで連邦最高裁も5対4で保守派が多数派となった。

Ⅲ. 証券の発行市場の 規制

【第Ⅲ章のまとめ】

- **本章の目的**：証券法を中心とする証券の発行市場の規制について，証券募集時の登録義務と，その義務が免除される取引について理解する。
- ある取引や商品が証券の定義に該当すると，登録義務や民事責任等の規制対象になる。
- 証券法は証券に該当するものを列挙しているが，証券の該当性については，投資契約におけるHowey基準等の判例理論に基づく，経済実態についての総合考慮が必要。
- 情報開示のコストとベネフィットのバランスをとる概念が「重要性」であり，証券法は投資家にとって重要な情報の開示を要求している。
- 証券法5条は，発行体，引受人及びディーラーについて，証券を登録せずに証券の公募を行うことを禁止する。
- 証券法5条違反のことをガン・ジャンピングといい，登録届出に関する届出前，待機，効力発生後3つの期間について，禁止行為，可能な行為及び義務が定められている。
- 届出前期間には，募集が禁止される。届出書提出後は，特定の情報を含まない目論見書の使用が禁止される。届出書の効力発生まで，売付けと交付が禁止される。
- 登録の免除には，大きく分けて免除証券と免除取引の2種類がある。
- 4条(a)(2)に基づく私募免除では，洗練度や情報への**アクセス権**を通じて自らを保護できる投資家に対して行う募集が対象になる。
- 3条(b)(1)に基づき，SECはレギュレーションA等の小規模免除を規定している。
- レギュレーションDは，4条(a)(2)の私募免除のセーフハーバールールを定めたルール506と，小規模免除を定めたルール504及び505から成る。
- 私募免除により発行された証券を登録することなく転売できるように，ルール144は売り手が引受人とはみなされないためのセーフハーバールールを制定している。

- 売り手や発行体が5条の登録義務違反やガン・ジャンピングを行った場合，12条（a）（1）に基づいて，買い手は取引を無効にすることができる。
- 11条に基づき，登録届出書又は目論見書に重要な不実表示がある場合，発行体は無過失で責任を負うが，引受人等はデュー・デリジェンスの抗弁をすることができる。

1. 証券の定義[41]

（1） 意義

なぜ，証券の定義が重要になるのであろうか。それは，ある取引や商品が証券の定義に該当すれば，証券の発行を規制する証券法と，証券の流通を規制する取引所法のもとで，以下を含む様々な規制の対象になるからである。

- 発行市場及び流通市場における開示義務
- 未登録の募集や，売付けにおける不実表示に対する責任
- 売り手又は買い手の，連邦裁判を提起する権利
- インサイダー取引及び相場操縦等の不公正取引の規制
- 仲介者に対する登録義務及び行為規制
- 証券取引法違反に対する，行政，民事，刑事上の手続

証券の該当性について判断を誤ることは，当事者にとって重大な結果をもたらすだけでなく，誤った助言を行った弁護士にとっても，**弁護過誤**を問われる可能性がある[42]。もっとも，証券に該当したからといって，必ずしも直ちに責任が生ずるというわけではない。たとえば，証券自体又は特定の取引が登録免除の対象になっている場合，不実表示があったとしても重要ではない場合，取引が米国連邦裁判所の管轄外の場合などがあり得る。

連邦証券取引法は，**株式（stock）**，債券（bonds, debentures），**約束手形（note）**など特定の名称を有する金融商品に加えて，債務の証拠（evidence of indebtedness），**投資契約（investment contract）**，利益分配契約の持分証書（certif-

---

41) 本節及び次節「**2. 重要性**」は，証券の発行市場の規制の章の一部であるが，取引市場にも大きく関連するものであることに注意されたい。

42) Wartzman v. Hightower Productions, Ltd., 53 Md. App. 656 (Md. Ct. Spec. App. 1983)（会社の持分について証券に該当しないため登録不要との誤った助言を行った弁護士に対して，損害賠償を命令）。

icates of interest in profit-sharing agreements）など，一定の法的性質を有する商品（instrument）を証券と定義している（証券法2条（a）（1），取引所法3条（a）（10））。しかし，文脈から異なった解釈が必要な（the context otherwise requires）場合は，証券該当性が否定される。

つまり，ある商品や取引が証券に該当するか否かについて，法律の文言だけで判断することはできず，判例理論に基づいて検討しなければならない。裁判所は，①ある商品が，一定の法的性質を有する証券，特に投資証券の定義に含まれるか，及び，②ある商品が形式的に「株式」「約束手形」といった列挙証券に該当する場合にも，証券該当性を否定するべき状況があるか，の2点に着目している。

（2）判例（Howey Test）

どの米国の証券取引法の教科書でも必ずといっていいほど最初に出てくる判例が，投資契約の該当性を判示したHowey[43]事件である。この事件では，Howey社が関係会社に果樹園を運営させ，そこからの配当を投資家に支払うという内容の契約が，投資契約にあたるかどうかが争われた。最高裁は，後に **Howey テスト**と呼ばれる，投資契約の4つの要件を提示した。

① 投資（investment）：商品やサービスの提供ではなく，金銭的な利益を受けることに対して，現金又はその他の金銭的価値のあるものを支払うこと
② 共通性（commonality）：複数の投資家の資金が共有（プール）されるという水平的共通性と，投資家と投資運用者が共通の利益を有するという垂直的共通性があること
③ 利益の期待（expected profits）：投資家の主要な動機が，利益を得ることであること
④ 他人の努力（efforts of others）：利益が，投資家ではなく専ら運用者の努力によって得られること

Howey テストは，形式よりも，取引の経済的な現実，実質性を重視したものである。つまり，投資家が利益を期待して他者にその運用を委ねるような場合には，証券として発行者に開示等の責任を負わせることによって，安心して投資ができるようにするべきと考えたのである。

Howey 判決は現在でも有効であり，Howey テストを基準に投資契約の該当性が肯定されたケースとしては，たとえば，売り手がミミズを買い手から買い戻し

---

43) SEC v. W.J. Howey Co., 328 U.S. 293 (1946).

Ⅲ. 証券の発行市場の規制

て農家に売って利益を得る契約[44] や，新たな投資者を獲得した参加者に手数料を支払うネズミ講の参加契約[45] などがある。なお，Edwards事件[46] では，契約で定率の配当を規定しているからといって，投資契約の該当性は否定されないと判示されている。

✒ コラム　ブルーブッキングとジャーナル

　本書の脚注では，米国の判例や英語論文を多く引用しており，その引用方法に一定の規則性があることにお気づきの読者もいるかもしれない。本書の脚注の英語文献については，**ブルーブック（The Bluebook）** というルールブックに則って書く，Bluebooking（ブルーブッキング）を行っている。ブルーブックは，米国のロースクールの学生が編集するジャーナル（ローレビューともいう）という法学雑誌に論文を投稿する際の引用形式に関するルールをまとめた，400ページほどの冊子である。ジャーナルは，米国における法律論文出版の中心的存在になっており，権威も高い。

　ブルーブッキングは，ロースクールで習うテクニックの1つであり，特にジャーナルの編集メンバーになった者にとっては必須である。米国の法律論文の特徴として，その引用の多さがある。学者の論文であれば，1つの論文につき数百箇所以上の引用があるのが通例である。

　引用は，形式的にブルーブックに則っているだけでなく，実質的な内容も正しくなくてはならない。そのため，論文を採用したジャーナルの編集メンバーは，引用文献が本当に筆者の主張を裏付けているものかどうか，すべて元の文献までたどって調べなければならない。なぜなら，引用の正しさは，当該論文の価値・説得力などを高めるだけでなく，将来の研究作業に多大な影響を及ぼすからである。

　ロースクール時代，多くの同級生は，このブルーブックを忌み嫌っていた。しかし私は，Vanderbilt Journal of Transnational Law の編集メンバーとして，ブルーブッキングに没頭した。なぜなら，このブルーブッキングが唯一ネイティブたちに勝てる分野であったからである。そのかいあって，3年生のときには，引用の最終責任者である Executive-Authorities-

---

44)　Smith v. Gross, 604 F.2d 639 (9th Cir. 1979).

45)　SEC v. Koscot Interplanetary, Inc., 497 F.2d 473 (5th Cir. 1974).

46)　SEC v. Edwards, 540 U.S. 389 (2004)（公衆電話の販売に付随している契約において，定率の配当を約束していたとしても，投資契約の該当性が否定されるわけではないと判示）。

Editorに選ばれ，2年生を指導する機会を得た。このジャーナル活動は，私の3年間のロースクール生活の中で，最も充実したものであった。

(3) 様々な証券

ここでは，今まで証券の該当性が問題となってきた，様々な商品や取引について紹介する。米国は**コモンロー**の国であるから，形式面だけで証券かどうかを判断することは難しく，経済実態に基づいて判断する必要がある。投資契約の解釈についてはHoweyテストが使われ，列挙証券については，以下のとおり，Forman事件，Marine Bank事件，Reves事件のように，様々な要素を総合考慮して判断が行われる。

①不動産

不動産の売買そのものは，証券取引ではない。しかし，他者が不動産の販売活動を行うことによって利益の一部が還元されるような契約は，証券に該当する可能性がある。たとえば，不動産仲介業者が，賃貸可能なコンドミニアムを提供し，管理を第三者が行うような契約は，投資契約として証券に該当した[47]。

一方，類似のケースでも，資金のプールが行われず，購入者それぞれがコンドミニアムを自ら使用するか貸し出すかの選択肢を有するケースでは，投資契約の該当性が否定された[48]。

②事業体の持分

米国には，株式会社やパートナーシップなど様々な事業形態があり，それぞれの持分は原則として以下のように扱われる。

* 株式会社の普通株式や優先株式は，証券である。
* **リミテッド・パートナーシップ**[49] のリミテッド・パートナー持分は証券であるが，ジェネラル・パートナー持分は証券ではない。
* **リミテッド・ライアビリティー・カンパニー（LLC）**[50] について，マネージャー

---

47) Hocking v. Dubois, 885 F.2d 1449 (9th Cir. 1989).
48) Wals v. Fox Hills Development Corp., 24 F.3d 1016 (7th Cir. 1994).
49) 無限責任のジェネラル・パートナー（general partner）と有限責任のリミテッド・パートナー（limited partner）の2種類から構成される組合類似の企業形態のこと。
50) 有限責任の社員（member）が出資する企業形態で，株式会社とパートナーシップの中間的性質を有する。

が運営するLLCの受動的メンバー持分は証券である[51]が，メンバーが運営するLLCの能動的メンバー持分は証券ではない。

もっとも，裁判所は形式的な事業形態だけでなく，実質的な経済的現実に基づいて判断を行っており，証券性を否定するためには，投資家が実質的に事業体を支配していないことの立証が必要である。たとえば，契約で投資家にはほとんど経営権が認められていないこと，投資家の専門知識や経験から経営を行う能力がないこと，投資家は経営者の専門的能力や経験に依拠していること，などである[52]。

③株式

形式よりも実質を重視した Howey 基準を受けて，裁判所はその他の列挙証券の証券該当性を判断すべき事件においても経済的実体を重視してきた。

たとえば，**株式**（**stock**）は，制定法上，証券の1つと例示されている。しかし，Forman 事件[53]において，裁判所は商品の実体に照らして証券性を否定した。同事件では，アパートに住むために，住人は住宅協同組合から「株式」と呼ばれる商品の購入を義務付けられていた。同株式には株式数に関係なく1人1票の議決権が付いており，譲渡することはできず，退去の際には購入価格で組合に売らなければならなかった。アパートが賃料を増加させたのに対して，住民が開示が不十分であったとして訴訟を起こした。

最高裁は，本件における「株式」が，通常の株式に付随する性質，すなわち収益に応じた配当を受け取る権利，譲渡性，株式数に応じた議決権，価格の変動といった性質を全く有していないことから，証券該当性を否定し，訴えを却下した。最高裁はさらに，Howey 判決を引用して，投資家の期待という要素について，購入者の目的は利益を得ることではなく，住む場所を得るということであったと結論付けた。

一方で，非公開会社の85％の普通株式が譲渡された Landreth 事件[54]においては，同株式は配当権や議決権といった伝統的な株式の性質を有するから証券であり，Howey 判決は投資契約についての判例であるから列挙証券の該当性には適

51) United States v. Leonard, 529 F.3d 83 (2d Cir. 2008)（LLC契約でメンバーの能動的参加が規定されていたとしても，実際にメンバーの運営への関与が著しく少ない場合は，LLC持分は証券に該当すると判示）。

52) Williamson v. Tucker, 645 F.2d 404 (5th Cir. 1981)（リミテッド・パートナーシップが不動産開発に投資しており，事業計画等の主要な経営機能が第三者のマネージャーに委ねられていたケースで，ジェネラルパートナー持分は証券であると判示）。

53) United Housing Foundation, Inc. v. Forman, 421 U.S. 837 (1975).

54) Landreth Timber Co. v. Landreth, 471 U.S. 681 (1985).

用されないため，当事者の意図が営業譲渡かどうかであったかは考慮されない，と判示されている。

④預金証書

預金証書（**CD, certificate of deposits**）は，証券法上，登録義務や民事上の詐欺防止条項の適用外とされている（3条(a)(2)，12条(a)(2)）が，取引所法には除外規定がない。そこで，Marine Bank 事件[55]では，第三者への貸出の担保として差し入れられた預金証書について，銀行が実際には貸出を行うことなく倒産してしまったため，担保権者が取引所法の一般詐欺防止条項の適用を主張した。

最高裁は，預金証券には連邦預金保険公社（FDIC）によって保険が付されており，預金証券の保有者が連邦銀行規制によって十分に保護されていることから，連邦証券取引法による規制は不要であるとして，預金証券の証券該当性を否定した。この「他の規制の存在」という基準は，次の項目で言及する，Reves 判決の第四の要素に影響している。

⑤約束手形

約束手形（**note**）とは，借り手の返済の約束を証券化したものであり，貸し手にとっては，借り手に対する投資であるといえる。約束手形は，証券法2条(a)(1) 及び取引所法3条(a)(10) に明示的に規定されている。しかし，裁判所は，ある商品が note という名称を有するかどうかに係わらず，経済的な現実を基に証券性を判断してきた。

1990年，最高裁判所は，Reves 事件[56]において「**家族的類似性基準（family resemblance test**）」を導入した。この事件では，農協組合が，資金調達のために変動利息付きの投資商品として「約束手形（promissory note）」を発行した。組合が倒産し，約束手形が支払えなくなってしまったため，購入者が組合の財務諸表を監査していた会計事務所を訴えたものである。

最高裁はまず，note は制定法に列挙されていることから証券であることが推定されるとした。しかし，以下の4つの要素に照らして，note という名称を有するが証券ではないものとされている家族（family）（たとえば，銀行貸出に使われる約束手形，住宅を担保とした約束手形など）に属することが証明できた場合，当該推定は覆すことができる（**rebuttable presumption**）と判示した。

---

55) Marine Bank v. Weaver, 455 U.S. 551 (1982).
56) Reves v. Ernst & Young, 494 U.S. 56 (1990).

- 売り手と買い手の動機：売り手が資金を通常の事業目的に使用する場合は，証券性が高く，商品を買うなどの商業的目的に使用する場合は，証券性が低い。
- 分売計画：広く募集又は取引されている場合は，証券性が高く，相対で少数に売り出されている場合は証券性が低い。
- 買い手の合理的な期待：買い手が投資として商品を購入している場合は，証券性が高い。
- 投資のリスク減少要因：noteが担保付きでない場合，又は，他の法規制に服さない場合は，証券性が高い。

Howey テストとの類似性に留意されたい。なお，Reves の家族的類似性基準における4つの要素は，どれか1つが決定的というわけではなく，あくまで，総合考慮により，note が投資なのかそれとも単に商業的な消費者取引の一部なのかを見分ける手段を提供しているものである。

コラム　ビットコインは証券か？

　2014年2月に，日本の大手両替業者マウントゴックスが経営破綻したことにより，ビットコインは日本でも注目を集めた。ビットコインとは，一言でいうとインターネット上の仮想通貨の一種である。スーパーコンピューターを使って「発掘」するか，ウェブ上の両替所で円やドル等の現実通貨と交換することによって得られる。ビットコインを受け入れる店舗でモノやサービスの購入に使え，ビットコイン自体を売ったり買ったりもでき，その価値は変動する。通貨のように政府が管理するものではなく，ネット上で取引が公開されることによって取引の適正性が保たれている[57]。

　ビットコイン自体は，証券法及び取引所法に列挙されておらず，経済的実態を考慮しても，おそらく証券には該当しない。なお，米国**内国歳入庁（IRS, Internal Revenue Service）**は，ビットコインを Property（モノ）として課税の対象にすると発表している[58]。

　一方，ビットコインに投資するスキームは，証券に該当する可能性が高

---

57) ビットコインの仕組みと可能性について，野口悠紀雄「通貨革命か，それとも虚構か？ 『ビットコイン』を正しく理解する」ダイヤモンド・オンライン（2014）が詳しい。

58) IRS, IRS Virtual Currency Guidance (Mar. 25, 2014), http://www.irs.gov/uac/ Newsroom/IRS-Virtual-Currency-Guidance.

い。2014年の Shavers 事件[59]において，被告の Shavers は，投資家から集めたビットコインを米国ドルに投資して，一週間で最大7％のリターンをビットコインで支払うことを約束していた。実際には，Shavers は集めたビットコインを自分のために浪費して，新たな投資家から集めたビットコインを，既存の投資家の配当に回すという典型的な**ポンジースキーム**を行っていた。

　Shavers は，本件の取引はすべてビットコインで行われており，現金は介在していないという理由で証券該当性を否定しようとした。しかし，裁判所は Howey 基準に則り，以下の理由から，ビットコイン投資は投資契約であると判示した[60]。①ビットコインは金銭として使え，金銭に交換することもできるから，金銭の投資がある。②投資家は Shavers の専門性やコネクションに依拠しており，Shavers もビットコインの取引によるリターンを約束していることから共同事業性がある[61]。③Shavers は週に最大7％のリターンを約束しており，投資家は利益を期待している。

(4) ICOに関する法執行

　イニシャル・コイン・オファリング（**ICO**，**initial coin offering**）とは，企業や団体が「トークン」と呼ばれる電子的な権利証を発行して資金調達を行う仕組みのことをいう。投資家は，トークンの対価としてビットコインなどの仮想通貨を出資することが多い。米国では，特にベンチャー企業の新たな資金調達方法として注目され，仮想通貨への投資熱が高まっていることもあり，ICO 案件が急増している。一方で，投資家にとって未だ馴染みのない仕組みであることを悪用した，詐欺的な行為や不適切な事案も散見される。

　SEC は2017年7月，The DAO という組織が行った ICO についての調査報告書の中で，発行されたトークンが証券に該当し，連邦証券法の適用対象であるという見解を示した[62]。The DAO は，ドイツ企業とその創業者が設立した，法人格を持たず一定のプログラムに従って自律的に組織運営がなされる「仮想組織」である。2016年に仮想通貨イーサを対価としてトークンを発行する ICO を行い，

59）　SEC v. Shavers, 2013 U.S. Dist. LEXIS 130781 (E.D. Tex. Sept. 18, 2014).

60）　SECは本件ビットコイン投資が，投資契約だけでなく約束手形にも該当すると主張したが，裁判所は投資契約に該当することから約束手形かどうかの判断を行わなかった。

61）　本件は，Howey基準の4番目の他人の努力を，2番目の共同事業性の要素に包含していると思われる。

62）　Exchange Act Release No. 81207 (July 25, 2017).

1.5億ドル相当のイーサを調達した。しかし，その後サイバー攻撃を受けて保有イーサの約3分の1近くを失い，すぐに対策を講じて投資家の経済的損失を防いだものの，セキュリティに関する懸念が示されていた。

SECは，Howeyテストに照らし，投資家がThe DAOのプロジェクトのためにイーサを出資し，専らThe DAOの関係者の経営努力によって収益を得ることを合理的に期待していたことなどから，トークンが投資契約に該当すると結論付けた。SECは，発行体の法人格の有無やトークンという名称などの形式面だけではなく，あくまで経済的な現実などの実質面を中心に，個別具体的に検討して証券該当性を判断することを強調している。この報告書は，SECがICOについて新たな規制を導入したものではなく，あくまで従来の証券規制の枠組みの中でICOを監視していくことを明らかにしたものである。なお本件については，状況に鑑みてThe DAOらに対する法執行は行われなかった。

SECはさらに，2017年9月に，法執行部門内に**サイバーユニット**を立ち上げたことを公表した。サイバーユニットは，ICOを使った証券詐欺，インターネットを通じた虚偽の企業情報の拡散，証券取引システムへのハッキングなど，サイバー関連の不正行為を取り締まる専門部隊である。

サイバーユニットによる初めての不公正ICO取締りは，2017年12月に行われた。この案件では，カナダ人のグループがプレックスコインというトークンのICOを不正に行って1,500万ドルを調達したとして，SECが連邦地裁に提訴し，緊急資産凍結命令を得た。同ICOでは投資家に対して，1,300%を超える利益，実際には存在しないシンガポールのオフィス，実際にはいない40人以上の技術専門家などの虚偽情報を提供していた。

SECはその1週間後に，無登録のICOを行ったとして，カリフォルニア企業に対して違法行為を差し止める排除命令を発出した。同社は，SECの命令に応じてトークンの発行を取りやめ，投資家にすべての出資金を返還した。証券詐欺を伴わない証券の無登録発行に関する法執行であることや，同社が命令に従ったため民事制裁金を科していないことが注目される。

2. 重要性

(1) 重要性の意義

米国証券取引法規制の中心は，開示である。開示が少なすぎれば，投資家は投資判断ができずに証券市場から離れていってしまうであろうし，一方で，開示を多く要求しすぎれば，発行体に過大なコストを負担させることになってしまう。そのバランスをとろうとしている概念が「**重要性（materiality）**」である。

すなわち，SECの要求する開示は，SECが投資家にとって重要だと考える内容を反映している。たとえば，SEC規則は，届出書に「表示が誤解を招かないために必要な重要情報」を含めることを義務付けている（証券法上の届出に関するルール408，取引所法の届出に関するルール12b-20）。また，多くの詐欺防止条項は，重要性を1つの要件としている。たとえば，ルール10b-5は，いかなる者も，「重要な事実の不実表示」又は「表示が誤解を招かないために必要な重要情報の省略」をしてはならないと定める。

（2） 重要性の定義

①TSC Industries事件

最高裁は，TSC Industries事件[63]において，合理的な投資家が投資決定をするにあたって重要（important）と考える**蓋然性が高い**（**substantial likelihood**）事実は重要（material）であると判示した。蓋然性が高いとは，単に可能性がある（merely possible）だけではなく，多分（probably）そうなるという程度の確率が必要だとされている。一方で，投資家が当該情報によって実際に判断を変えたかどうかは必要とされない。

さらに，どの程度の開示が必要かは，開示の内容によって異なる。同事件で，開示を省略したケースにおいては，ある事実の開示が，合理的な投資家から見て，情報を総体（**total mix**）として大きく変えるものであるという可能性が高い場合に，重要であるとされている。つまり，省略された情報が，合理的な投資家が既に知っているものであったり，別の開示から推定できる内容であったりすれば，重要ではないと考えられる。

この，市場参加者に既知の事実は重要ではないという考え方を，**市場における真実**（**truth on the market**）**理論**という。たとえば，Wielgos事件[64]で，Easterbrook判事[65]は，電力会社が原子力発電所の費用について楽観的な予測をしたことについて，証券募集時には合理的な根拠を欠いていたものの，プロの証券投資家は実情を知っており，楽観的な予測を差し引いて投資を判断することができたとして，重要性を否定した。

---

63) TSC Industries, Inc. v. Northway, Inc., 426 U.S. 438 (1976). 本判例についての詳細は巻末の**重要判例解説**を参照されたい。

64) Wielgos v. Commonwealth Edison Co., 892 F.2d 509 (7th Cir. 1989).

65) 第7巡回区のPosner判事とともに，法解釈に経済理論を取り入れたLaw & Economics学派を代表する判事として有名である。

45

②Levinson事件

　一方で，交渉中の合併や新たな鉱脈の調査など，将来の事実に関する記載については，substantial likelihood 基準を修正した**蓋然性・規模（probability-magnitude）基準**が適用される。Levinson 事件[66] では，Texas Gulf Sulphur 事件[67] を引用し，重要かどうかは，全体に鑑みて，ある事象が起こる蓋然性（probability）と，その事象が起こった場合の規模（magnitude）を考慮して決められる，とされた。

　ところで，情報が多すぎると，重要な情報が埋もれてしまうこともある。**埋もれた事実（buried facts）理論**においては，たとえ開示がされていてもそれを見分けることができなければ，開示されたとはいえないとされる。たとえば，Kohn 事件[68] では，**委任状説明書**の中で，投資顧問の好意的な意見を大きく取り上げておきながら，同投資顧問が会社の資産を算定していなかったことを別紙に記載していたケースで，重要な情報が省略されていたと判示された。

　また，具体的で正確な記載は，一般的な不実表示の修正とみなされる場合がある。たとえば，DeMaria 事件[69] では，収益の概要を示すグラフの誤記は，正確な財務諸表を記載することによって修正されていると判示された。もっとも，正確な記述が埋もれていたり，一部の洗練された投資家にしかわからないものであったりすれば，不実表示が修正されたとはいえないであろう。

（3）　重要性と開示義務の関係

　ある情報が虚偽又は誤解を招くものであったとしても，それ自体で情報が重要であるとされるわけではない。また，情報が重要であったとしても，必然的に開示義務が生じるわけでもない。連邦証券取引法上，重要性と開示義務は密接に関連してはいるものの，別の概念である。つまり，連邦証券取引法でまず考えるべきは，開示義務があるかどうかである。開示義務がなければ，情報の重要性について検討する必要はない[70]。

---

66)　Basic, Inc. v. Levinson, 485 U.S. 224 (1988). 本判例の詳細については，巻末の**重要判例解説**を参照されたい。また，日本語による解説として，『別冊ジュリスト　アメリカ法判例百選』（有斐閣・2012）244-45頁（萬澤陽子氏）が詳しい。

67)　SEC v. Texas Gulf Sulphur Co., 401 F.2d 833 (2d Cir. 1968)（後述「**V. 2. (2) 米国におけるインサイダー取引規制の歴史**」参照）

68)　Kohn v. American Metal Climax, Inc., 322 F. Supp. 1331 (E.D. Pa. 1970).

69)　DeMaria v. Andersen, 318 F.3d 170 (2d Cir. 2003).

70)　たとえば開示義務があるときは，「SECに登録された株式の発行体は，財務状況や株価に影響を与える可能性のある重要事項をフォーム8Kで開示しなければならない」というように，重要な情報を開示するように義務付けていることが多い。そのため，あ

証券取引法において開示義務が問題となるのは，主に以下の2つの場面である。

① SECへの提出義務：公募を行う発行体と，上場証券の発行体は，SECに指示された項目及びそれらが誤解を招かないために必要な情報を，登録届出書や継続開示報告書として提出しなければならない（ルール408，ルール12b-20）。

② **真実義務（duty of honesty）：詐欺防止条項**は，一定の証券取引に関して重要な情報が真実であることを要求する。この真実義務は，重要な事実について不実表示や誤解を招くような表示をしないことだけではなく，そのような表示を修正又は更新することを含む。

実務においては，情報の性質に応じて，その情報の開示によって株価，純利益又は総資産等に影響が及ぶ可能性があるかどうかを具体的に分析しなくてはならない。その際，影響の一定の目安として，5％の変動があるかどうかが基準として用いられることが多い。もっとも SEC は，そうした数的基準について，重要性を分析する最初のステップとしては否定しないが，様々な要素の詳細な分析に代替するものではないとの立場をとっている[71]。

SEC は，数字としては小さくても，不実表示が重要なものになる可能性がある要素として，以下を例示している。

- 正確に計算できるはずの数値に起因しているものであるか。
- 利益の変動やその他の数値の傾向を隠すものであるか。
- アナリストの期待にそぐわない結果を隠すものであるか。
- 損失を利益に変えるか，利益を損失に変えるものであるか。
- 会社の業績に重要な役割を果たしているセグメントに関するものであるか。
- 規制遵守に影響を及ぼすものであるか。
- 融資契約のコベナンツ（誓約事項）やその他の義務履行に影響するものであるか。
- 経営者の報酬を増加させるものであるか。
- 違法行為を隠すものであるか。

る情報が重要かどうかを検討する必要がある。一方，非上場・非公開の企業であれば，そもそもこうした開示義務がないため，たとえばM&A取引を行うとしてもそれが重要な案件かどうかを検討する必要は（少なくとも開示という観点では）ない。

71) SEC Staff Accounting Bulletin, No. 99, 17 C.F.R. 211 (1999).

3. 証券の発行

　証券法によって作られた証券発行市場の規制は，何度かの改正を経たものの，いまだにその根幹を維持している。すなわち，発行体が市場で証券を発行して資本調達をする場合に，投資家が重要な情報に基づいて判断できるように，登録による開示義務と，証券募集に携わった者の詐欺防止責任を定めている。

（1）公募の目的と方法

　企業は，銀行や創業者等との相対取引で資金を調達することに加え，証券を市場で投資家に売り付けることにより直接的に資金を調達することができる。後者を，**公募**（**public offering**）といい，公募を行った発行体のことを**公開会社**（**public company**）という。公開会社になることのメリットとしては，多額の資金調達以外に，たとえば，会社としての信頼性が高まること，事業機会が拡大すること，ストックオプションや株式連動報酬の活用により有能な人材を集めることができることなどが考えられる。

　証券を売ることは，基本的に商品を一般消費者に売ることと同じである。すなわち，証券を発行する（＝商品を作った）会社は，証券会社などの仲介者（＝卸売，小売業者）を通じて，証券を投資家（＝消費者）に売っている。証券会社が証券を売るための仲介者となることを**引受け**（**underwriting**）といい，この場合の証券会社のことを**引受人**（**underwriter**）という。引受けには以下の種類がある。

① 伝統的な引受け：発行体は投資家に直接証券を売ることもでき，証券会社は，投資家が買わなかった分を購入する。ここから引受けという言葉が生まれた。

② **最大努力義務**（**best effort**）**引受け**：発行体が投資家に直接証券を売り，引受人は発行体の代理人として，投資家を見つけることに関して最大の努力をする義務を負う。

③ **確定数量**（**firm commitment**）**引受け**：発行体は，合意した価格で証券を引受人に売り付け，引受人は公募価格で投資家に売り付ける。公募価格と発行体との合意価格の差額が，引受人の手数料となる。一定規模以上の通常の公募はこの方法で行われている。引受額の大きさから，引受人も単独ではなく，**主幹事引受人**（**leading or managing underwriter**）に率いられた**引受人集団**（**underwriting syndicate**）として引受けのリスクを分担することが多い。

(2) 公募価格の決定

① 価格決定メカニズム

公募価格の決定メカニズムは，その証券に既存の市場があるかどうかで変わってくる。たとえば，ある発行体の証券が既に上場して市場で取引されており，公募により増資を行う場合であれば，市場価格よりも高い価格設定では売れないから，公募価格は市場価格よりも少し低めに設定されることが通常である[72]。

一方，初めての公募（**IPO**）であれば，発行体と引受人の交渉で価格が決まる。発行体は，公募による資金調達額を多くするために，高い価格を望む。しかし，引受人は，株が売れ残るリスクを最小限にするために，価格を低く設定しようとする。通常は，待機期間（登録届出書が提出されてから有効になるまでの期間）において，引受人が機関投資家などの大口の投資家の**需要動向調査**（**book building**）をした結果，公募価格が決定される。

② IPOにおける問題点

IPOに特有の問題として，引受人には，IPOの購入者である機関投資家等の大口顧客に利益をもたらすように，公募価格を低く設定するインセンティブが働くということが指摘される。また，一般的に，IPO直後に株価が急上昇し，その後徐々に下落していくという傾向がある。

特に1990年代後半にIT企業が相次いでIPOを行ったドットコムブームの時期に，IPOで株式の割当てを受けた直後に市場で売り付けて利益を得ようとする「**フリッピング**」という行為や，引受人が，将来のビジネスにつながりそうな特定の顧客に優先的に公募証券を割り当てる「**スピニング**」という行為が目立って行われた。

また，いわゆる2001年のドットコム・クラッシュ（ITバブルの崩壊）時に，証券会社のアナリストが，内部ではIT企業の株を「ゴミ」と称しながら，顧客に対しては「買い」推奨をしていたことが問題になり，SECをはじめとする規制当局による共同調査・法執行が行われた。

2003年に，規制当局と10大証券会社との間で**共同和解**（**グローバル・セトルメント**）が行われた[73]。和解案では，証券調査の信頼性を確保するために，証券アナ

---

72) 公募増資が発表されると，株式数の増加により一株当たりの企業価値が下がる（これを希薄化するという）と考えられるため，市場価格も下がることが多い。日本において，このことを利用したインサイダー取引が起こっていたことについて，大崎貞和「増資インサイダー事件が残した課題」金融ITフォーカス（2013）を参照されたい。

73) SEC, NYAG, NASAA, NASD, NYSE, Joint Press Release (Apr. 28, 2003).

Ⅲ . 証券の発行市場の規制

リストを投資銀行業務からのプレッシャーから守ることと，証券会社に対して第三者機関が作成した調査報告書を顧客に配布するよう求めた。和解案の内容は，SEC のレギュレーション AC（Analyst Certification）や，FINRA 規則に反映されている。なお，グローバル・セトルメントの結果，スピニングは行われなくなったが，フリッピングは今も行われている。

✒ コラム　グーグルによる奇抜な（quirky）IPO

　2004年に IPO を行った**グーグル**は，IPO の公募価格が効率的に決定されていないと考え，インターネットを使ったオークション方式の IPO を実行した。オークション方式では，投資家が買いたい株数と価格を入札し，最も高い価格を付けた投資家から順番に株式が割り当てられる。グーグルと投資家の間での直接取引になるため，引受手数料を得られない証券会社からの抵抗を受けた。また，オークションの入札方式についての混乱，社員に対する証券の事前売付けに対する SEC の調査，IPO 直前での予想価格及び数量の変更など，多くのハードルがあった。

　グーグルの CEO である Eric Schmidt は，以下のように当時を回顧している[74]。「IPO は会社を変える。多くのメディアは，上場によってグーグルらしさが失われると報道した。グーグルの株を『持つ者』と『持たざる者』によって，我々は仲間割れしてしまう。多くのタレントは自社株を売却して辞めていく。ウォール街を喜ばせようとして，我々の客観性や独立性は失われる。しかし，これらのいずれも実際には起こらなかった。我々が価値観を貫くことができた理由の1つは，かつてない上場手法を選んだことにある。引受人とコネのある大きな機関投資家だけが利益を得るような仕組みは，我々には合わない。我々はもっと透明でオープンな仕組みを使って，我々のユーザーに参加してほしかった。」

　Schmidt によれば，IPO の実現までにグーグルは以下のような道のりをたどった。

- 4月29日　SECに上場を申請。オークション方式で27億ドルの調達を計画
- 5月21日　申請を更新。31社の引受会社を指名

---

74)　Eric Schmidt, *How I Did It: Google's CEO on the Enduring Lessons of a Quirky IPO*, HARV. BUS. REV., May 2010. 以下の括弧内は筆者による意訳である。

- 7月7日　ライバルのヤフーが第二四半期の好決算を発表するも，成長は頭打ちとの懸念から同社の株価が低迷
- 7月12日　上場取引所をNASDAQに決定
- 7月26日　IPO価格帯を1株106〜135ドルに設定
- 7月30日　オークション参加のためのウェブサイトを公開。登録期限を8月12日に設定
- 8月4日　2,320万株の自社株発行が規則違反となる可能性が発覚し，自社株買戻しを発表。訴訟の懸念も
- 8月9日　ヤフーとの特許訴訟決着のため，第三四半期に損失の計上を予想
- 8月12日　創業者がIPO申請の直前にインタビューを受けていたことが，沈黙期間の違反行為にあたる可能性が発覚
- 8月13日　オークション開始
- 8月16日　登録届出書が効力発生
- 8月18日　公募株数を減らし，IPO価格を1株85ドルに修正
- 8月19日　NASDAQで取引開始。初値は18％上昇して100ドルに

　グーグルIPOから10年以上が経過し，グーグルのIPOは大惨事（disaster）であったと評する者もいる[75]。2004年当時はグーグルのサーチエンジンなどのシステムが一般にはそれほど理解されていなかったことや，規則違反のおそれがある自社株発行やインタビューについて多くの批判的な報道がされたことなどから，予想価格は下方修正され，初値での上昇はあったが，当時最も「ホット」といわれた株式の上場としては寂しいものであったともいわれる。

　しかし，IPOは170億ドル以上という現在でも最大のインターネット公募であり，2015年3月の時点で，グーグル株は1株500ドル台後半で推移している。奇抜ではあるが，グーグルらしい上場方法を選択することが，結局は長期的な投資家の支持を得ることにつながったのではないだろうか。

（3）　公募に関する書類

　公募には莫大な費用がかかる。引受人に支払う手数料に加えて，典型的なIPOにおける発行体の弁護士費用は60万ドルから100万ドル，監査法人費用は50万ド

---

75)　*See* Bob Pisani, *Google's IPO Was a Disaster . . . at the Time*, CNBC.com, Aug 18, 2014.

ルから90万ドル，ファイリングや印刷等の諸経費で20万ドルから50万ドル程度といわれている[76]。その費用の多くは，以下のような書類を準備することに費やされる。

①意見表明書（letter of intent）

　最初のステップとして，発行体は（主幹事）引受人を選ばなければならない。発行体と主幹事引受人の間では通常，拘束力を持たない（non-binding），主幹事引受人が公募を取り仕切るという意思表明をする意見表明書が締結される。

②登録届出書

　登録届出書（**目論見書**を含む）は，発行体，公募の方法，証券の性質等について説明した何百ページにもわたる分厚い書類である。登録届出書は SEC に提出され，目論見書は投資家に配布される。通常発行体の弁護士が登録届出書をドラフトし，引受人の弁護士をはじめとした当事者のレビュー，コメントを受けて完成される。

③コンフォート・レター，リーガル・オピニオン

　引受人は，通常発行体の弁護士に，公募に関する法的な問題がないこと（発行体の法的有効性，証券の有効性，未開示の偶発債務がないこと等）に関して保証する書面を求めるとともに，発行体の会計事務所に，目論見書の財務諸表が正確であることを保証する書面（ともに，**コンフォート・レター**）を求める。また，発行体の弁護士は，会社法遵守に関する**法律意見書**（**リーガル・オピニオン**）を発行体に提出し，同意見書は登録届出書に添付される。

④引受契約書

　発行体は，それぞれの引受人と（通常は主幹事引受人が代表して）引受契約を締結し，発行価格と数量及びそれぞれの引受数量を規定する。引受契約には，需要が想定よりも多かった場合に引受人が追加数量を引き受けることができる，**グリーン・シュー・オプション**が含まれることがある。

　通常，引受人の弁護士がドラフトし，発行体の弁護士と交渉を行う。また，引受人は，発行金額が大きい場合にはシンジケートという引受人団を組成して引受けリスクを分散させることが多い。引受人間の契約書は，主幹事引受人の責任や報酬，引受人間での費用の分担などを規定する。

---

76)　Palmiter, *supra* note 18, at 125.

コラム　美しい契約書？

　弁護士が作る契約書において，見た目というのはどれくらい重要だろうか？　もちろん，契約書において一番重要なのは中身である。知的財産権の帰属について明確に定めていなかったために争いが起こったり，損害賠償条項に欠陥があるため救済手段が限定されてしまったり，といったことがあってはならない。見た目が美しいというその理由だけで，顧客の権利が守られるわけではない。しかし，私の経験からいって，見た目が美しい契約書は，中身も素晴らしいことが多い。見た目だけで中身がだめなことはあり得るが，見た目がひどくわかりにくい契約書だけれども中身がよいというケースは，非常にまれであると思う。

　つまり，読みやすく，オーガナイズされた契約書というのは，それだけ細部に気を配って作られている。また，読みやすいから，ドラフトの段階で欠点が見つかりやすく，修正もしやすい。一方，1つの論点についての条項が点在しているような複雑な契約書では，重要な問題点が埋もれてしまう可能性が高い。私が米国系の法律事務所にいたときには，「契約書はアートである」といってはばからず，契約書の細部や見た目にとことんこだわる，職人のような弁護士が数多く存在した。

　また，別コラムで紹介したプレイン・イングリッシュの考えも，この「美しい契約書」を作るために重要なことである。プレイン・イングリッシュは，SEC に提出する書面だけではなく，契約書，リーガル・メモ，法律論文，判決文など，多くの法律文書で取り入れられてきている。これも，「見た目」が重要視されていることの1つの証拠であろう。

　ひょんなことから役人になる機会を得た私であったが，最もとまどったことの1つは，その文章の書き方であった。とにかく，一文が長い。法律の条文を事実に正確にあてはめようとすると，条文そのものが長いため，結果として一文が長くなってしまうということもあるのかもしれない。また，難読漢字が多い。たとえば，勧めることを「慫慂（しょうよう）する」という。恥ずかしながら，私は全く読めなかった。もっとも，礒崎陽輔『分かりやすい公用文の書き方（改訂版）』（ぎょうせい・2010）のような本も出ており，できるだけ美しく読みやすいプレイン・ジャパニーズを書こうという動きもあるようである。

　ちなみに，私にとって，論文や本を書いていて一番うれしいほめ言葉は，「美しい原稿ですね」である。

4. 証券の登録

（1） 証券法5条による登録義務

　証券法の軸となるのが，登録義務について定めた5条である。同条は，何人も，SEC に登録届出書を提出することにより証券を登録しなければ，証券の公募を行ってはならないとする。この義務は，4条(a)(1)により，**発行体（issuer），引受人（underwriter）及びディーラー（dealer）**に適用される。それぞれの定義については，後述「**6.(1) 発行体，引受人，ディーラーの定義**」を参照されたい。ここでは，それぞれ，証券を発行する会社，証券を投資家に分売するために引き受ける証券会社及びその他の仲介者と理解されたい。

　また，同条は，登録の過程を以下のとおり3つの期間に分けて，それぞれに異なる規制を適用している。

① **届出前期間（prefiling period）**：発行体が証券募集の準備を始めてから届出を行うまでの期間。証券の募集及び売付けが禁止される。
② **待機期間（waiting period）**：登録届出書がSECに提出されてから，効力が生じるまでの期間。証券の募集が規制されるとともに，売付けが禁止される。
③ **効力発生後期間（post-effective period）**：登録届出書の効力が発生してから，募集が終了するまでの期間。売付けが可能になるが，書面での募集は引き続き規制を受ける。

　なお，2005年に SEC は，証券募集におけるインターネットの役割が増してきたことに対応して，開示に関する改革（以下，「**公募制度改革**」という）を発表した。SEC は，目論見書によらない開示に伴うリスクが，発行体及び投資家の性質によって異なるとの前提に立って，IPO を行う会社に対しては厳しい規制を残す一方で，既に確立された市場を有する大きな会社に対しては開示義務を緩和した。

（2） 登録届出書と目論見書

　証券法7条及び**スケジュール A** が規定する，**登録届出書**に記載しなければならない内容は以下を含む。また，証券法10条(a)は，スケジュール A に記載された項目のうち，目論見書に書かなければいけない項目を特定している。

- 発行体名，設立場所，主要な事業所，外国発行体の場合は通知を受け取る送達代理人

4. 証券の登録

- 役員の情報，引受人の情報，10％超の株主，及びこれらの者による株式保有数
- 業務の内容，資本構成，債務の状況，役員報酬，重要契約，財務状況
- 手取金の予想額及び使途，募集価格，引受人の報酬，費用
- 弁護士の情報及び意見書

　SECは，規則制定権に基づき，開示に関する**指示**（**instruction**）が記載された登録届出書の**フォーム**を作成している。原則としてフォームは2つのパートで構成される。パート1は**目論見書**（**prospectus**）であり，投資家に配布される書類で，証券，発行体，事業，財務状況，分売計画及び手取金の使途等が記載されている。登録届出書に記載されている重要な情報のダイジェスト版ともいえる。パート2は，その他の補足情報（technical information），保証（undertakings），署名，別表等となっている。

　登録届出書は，通常発行体の弁護士によって作成される。登録届出書の一部を成す目論見書が最も重要な部分といえる。目論見書は，一方ではSECに要求される項目をすべて正確に記載しなくてはならず，他方では投資家を魅了するようなマーケティングの資料にならなくてはならない。なお，1998年から，目論見書は，投資家にとってわかりやすい**プレイン・イングリッシュ**で書かれなければならなくなった（ルール421(d)）。

　ところで，**IPO**においては，過剰すぎるほどのリスク開示によって訴訟のリスクを減少させることが多い。それは，ネガティブすぎる開示自体は，証券法11条（後述「**7. (2) 不実表示とデュー・デリジェンスの抗弁**」参照）やルール10b-5（後述「**V. 1. ルール10b-5**」参照）違反の対象にならないからである。

(3)　フォームの種類
　どのフォームを使って届出を行うかは，発行体の実績や種類によって異なる。

①フォームS-1
　米国の発行体で，**非報告発行体**（**non-reporting issuer**，SECに対して継続的開示の義務がない発行体）又は**非適格報告発行体**（**unseasoned**[77] **reporting issuer**，SECに対して継続的開示義務がある発行体）に適用され，最も詳細な開示が要求される。報告発行体で前年度の取引所法の報告を適正に行っている者は，目論見書における

---

77)　unseasonedとは，小規模の又は実績が少ない，という意味である。反対にseasonedとは，大規模の又は実績がある，という意味である。

55

発行体に関する情報について，他の SEC 提出資料を参照（**reference**）する**参照方式**を使うことができる。

②フォームS-3

　米国の発行体で，（a）**適格報告発行体**（**seasoned reporting issuer**），すなわち，少なくとも1年間は報告発行体であった大規模の発行体で，新株発行の場合は，7,500万ドル以上の**パブリック・フロート**（**public float**，内部者及び関係会社以外の，一般投資家が所有する株式の市場価格の総計）を有する者か，（b）パブリック・フロートが7,500万ドル未満であるが，12か月間報告発行体であり，取引所に普通株式が上場しており，3分の1を超えるパブリック・フロートを12か月以内に発行している発行体に適用される。

　フォーム S-3を使える発行体は，年次報告書やその他取引所法に基づいて SEC に提出される書類を参照する参照方式を使うことができる。これは，大規模の実績ある発行体であれば，SEC に提出された書類に掲載されている情報は，市場価格に既に織り込み済みという前提に基づいている。

③その他のフォーム

　外国の発行体については，S-1とS-3に対応する，**F-1**と**F-3**というフォームが適用される。M&A に関連して発行される証券においては，米国会社について**S-4**，外国会社について**F-4**（後述「Ⅶ. 2.（1）F-4問題」参照）が適用される。従業員の株式購入プランには**S-8**，不動産会社には S-11が適用される。なお，公募制度改革までは，S-1とS-3の間にS-2があり，小規模の報告発行体に利用されていた。

④一括登録（shelf registration）

　登録届出書は，原則として証券の募集を行うたびに提出しなければならない。しかし，SEC は一定の実績ある発行体に対して，将来の募集に備えてまとめて事前登録を行う一括登録（shelf registration）を認めている。米国の大手上場企業の多くは，この一括登録制度を活用している。有効な登録を維持しておけば，その都度登録届出書を提出し SEC の審査を待つ必要がなく，マーケットの動きを見ながら最適なタイミングで証券を発行できることが大きなメリットになっている[78]。

　まず，フォーム S-3又はF-3を使用できる発行体については，3年ごとに登録を行うことにより，その間の個々の証券発効について登録届出書を提出することを要求されない（ルール415）。さらに，**著名適格発行体**（**WKSI, well-known seasoned**

---

78)　案件が突然始まり，短期間で価格決定と募集開始が行われるため，アソシエート泣かせの制度にもなっている。

issuer（次節「**(4) 発行体の種類**」参照））については，フォーム S-3 の該当欄をチェックする（**check a box**）するだけで，自動的に**一括登録**が可能となる（ルール405）。

(4) 発行体の種類

公募制度改革では，発行体が4種類に分類され，それぞれに異なる禁止行為が適用されるようになった。これは，既にマーケットを確立している発行体については，投資家があらかじめ情報を持っているという推定に基づいている。

① **非報告発行体**（**non-reporting issuer**）：取引所法の届出義務を有さない発行体，すなわちIPOを行う発行体。

② **非適格報告発行体**（**unseasoned reporting issuer**）：取引所法の届出義務を有するが，フォームS-3を使うことのできない発行体。

③ **適格報告発行体**（**seasoned reporting issuer**）：取引所法の届出義務を有し，かつフォームS-3を使うことができる発行体（公開後1年が経過し，7,500万ドルのパブリック・フロート）。

④ **著名適格発行体**（**WKSI, well-known seasoned issuer**）：実績ある報告発行体であって，(a) 世界で7億ドルのパブリック・フロートか，(b) 非転換社債（non-convertible debt）を発行する場合は，過去3年間に10億ドルの社債発行実績がある発行体。2005年の推計によれば，WKSIは上場会社の約30％，米国市場における資本総額の95％を占める[79]。

さらに，以下の2つの発行体について，特に登録要件が緩和されている。なお，**外国民間発行体**（**foreign private issuer**）については，「**Ⅶ. 1. (3) 外国証券の取扱い**」参照。

⑤ **小規模の報告発行体**（**small reporting issuers**）：2007年のルール改正により，小規模の会社の登録届出費用を削減するため，パブリック・フロートが7,500万ドル未満（パブリック・フロートが計算できない場合は，前年の収入が5,000万ドル未満）の会社を「小規模の報告発行体（small reporting issuers）」と定義し，開示及び財務諸表の範囲が緩和された（レギュレーションS-K及びS-X）。

⑥ **新興成長会社**（**EGC, emerging growth company**）：2012年のJOBS法によって新たに設置された発行体のカテゴリーであり，収益が10億ドル未満の新興成

---

79) Fried, Frank, Harris, Shriver & Jacobson LLP, *Protecting Your WKSI Status: Maintaining Instant Access to Capital Markets Depends upon Effective Compliance Efforts* (Oct. 21, 2005).

長会社は，IPOの前後において，以下のとおり通常の会社よりも規制が緩和
されている（証券法2条(a)(19)）[80]。

- **ロードショー**[81] を始める少なくとも21日前までにSECに登録届出書を秘密裏
  に提出して，SECの審査手続を進めることができる。このことにより，競争
  相手に知られては困るようなセンシティブな情報を市場に開示せずにIPOを
  模索することを可能にし，また，IPOが中止された場合も企業としての体面
  を守ることができる。
- 売付け前の伝達規制を受けることなく，**適格投資家**（accredited investors）や
  適格機関投資家（qualified institutional investors）とのミーティングを行って，
  投資家の関心を調査する**予備調査**を行う（test the waters）ことができる。
- 公開の前後に証券会社に**リサーチレポート**を発行してもらうことができる。

（5） SECによる登録届出書の審査過程

登録届出書が有効になるまで，証券の売付けをすることができない。証券法は，
提出から効力が発生するまでの期間について，次のように定める。

- 登録届出書は，SECがより短期間での発効を命じない限り，届出後（又は訂正
  後）20日経過すると自動的に発効する（8条(a)）。
- SECは登録届出書の提出後，10日間の審査期間を有し，届出書の内容により
  拒否命令（refusal order）を発出する（8条(b)）。
- 効力発生の前後に係わらず，SECは行政的な調査を行うことができる（8条
  (e)）。
- SECは，効力発生後に登録届出書の不備を発見した場合に，**停止命令**（stop
  order）を発出できる（8条(d)）。
- 拒否命令，停止命令又は調査期間中においては，証券の売付けが禁止される
  （5条(c)）。

実際には，SECが拒否命令や停止命令を発出することや，20日間で審査が完了
することはまれである。通常SECは，発行体に**延長修正**（delaying amendment）
を宣言させて（ルール473），継続的に届出書を訂正させることにより，20日間で

---

80) 継続開示義務においても，様々な優遇措置がある（後述「**Ⅳ. 3.(1) ②新興成長会社**」
　　参照）。
81) 待機期間に引受人が発行体の経営陣を連れて各地を回り，機関投資家や富裕層などの
　　投資家に対してマーケティングを行うもの。日本でも，上場承認後に行われている。

の自動的な発効を防ぐとともに，登録届出書の不備について言及した「**コメント・レター**」を発出する。

発行体がコメント・レターで指摘された事項にすべて対応し，かつ，SECが，①開示が十分で，②**仮目論見書**（**preliminary prospectus**）が引受人，ディーラー，投資家の希望者に行きわたり，③引受人が証券法上の財務基準を充たし，④FINRAが公募価格や手数料を否認していないことを確認した上で，初めて効力が発生する。

(6) ガン・ジャンピング・ルール

証券法5条の登録義務違反のことを「**ガン・ジャンピング**（**gun jumping**）」という。もともとは，陸上でスタートの合図であるピストルが鳴る前に飛び出してしまうフライングから来た表現である[82]。5条を正しく理解するためには，募集，売付け，交付といった非常にテクニカルな用語を理解しなくてはならない。

証券法5条は，以下をガン・ジャンピング行為として禁止している。詳細については，次節「**(7) 届出前期間**」以降で解説する。

① 登録届出書の提出前：「**募集**（**offer**）」をすること（5条(c)）
② 登録届出書の提出後：特定の情報を含まない「目論見書」を使うこと（5条(b)(1)）
③ 登録届出書の効力発生前：「**売付け**（**sales**）」又は「**交付**（**deliveries**）」をすること
④ 登録届出書の効力発生後：正規の目論見書を伴わずに交付をすること（5条(b)(2)）

なお，公募制度改革により，ビデオ，ファックス，Eメール，ウェブサイト，ボイスメールなどの**文字による伝達**（**graphic communication**）は，**書面による伝達**（**written communication**）として扱われるようになり（ルール405），ガン・ジャンピングの規制の対象となっている。たとえば，発行体のウェブサイトが，証券の募集になるような情報を載せた第三者のウェブサイトにリンクしている場合，ガン・ジャンピングになる可能性がある。

---

82) 米国連邦競争法においてもガン・ジャンピングの概念があり，経営統合に関する連邦取引委員会及び司法省への届出書の待機期間に，本来経営統合後になすべき行為を行ってしまうことをいう。なお，「フライング」は和製英語であり，正しくは「フォルス・スタート（false start）」である。

Ⅲ . 証券の発行市場の規制

（7） 届出前期間

①禁止行為
　登録届出書を提出する前の届出前期間（**沈黙期間**（**quiet period**）とも呼ばれる）には，2つの禁止事項がある。

(a) 売付け及び交付の禁止：5条(a)は，無登録の証券の売付けや，売付けのための交付を禁止する。2条(a)(3)は，「売付け」を，対価をもらって証券を売ること又は処分する契約を含むという，通常の意味で定義付けている。

(b) 募集の禁止：5条(c)は，登録届出書が提出されていない限り，何人も「売付けのための募集」又は「買付けのための募集」を行ってはならないとする。「募集」は一般的にはマーケティングに近いイメージであり，いわゆる**市場調査の効果を有する**（**conditioning the market**）**行為**をしてはならない。もっとも，売付けと異なり，その定義は非常に複雑である。

　以下は，募集に関する詳細である。まず，2条(a)(3)は，「売付けのための募集」及び「買付けのための募集」を，「対価をもらって，証券を処分することを試みるか申し込むこと，又は証券買付けの申込を勧誘するか，証券への関心を調べること」を含むとしている。ここで募集と訳している offer は，通常は申込と訳される法律用語であり，承諾（acceptance）を伴うことにより契約を成立させる行為のことである。しかし，上記の定義は，これよりもはるかに広い意味を有する。

　SEC の解釈指針によれば，証券に関して「一般大衆に影響を与えるか興味を喚起するような」広告は，売付けを試みているとみなされる可能性があり，禁止される募集を構成する可能性がある，とされている[83]。あるコミュニケーションが募集と解釈されるかどうかを判断する要素としては，資金調達の決定の後になされたか，書面や電子的方法で広く伝達されたか，発行体や事業に関する将来の情報が含まれるか，募集計画について言及されているか，などがあるとされる。

　届出前の募集が禁止されているのは，不完全又は誤解を招くような情報は，投資家にとって有害だと考えられているからである。たとえば，SEC は，Carl M. Loeb, Rhoades & Co. 事件[84]において，登録届出書の提出前に土地開発会社の

---

83) Securities Act Release No. 3844 (Oct. 8, 1957).

84) Carl M. Loeb, Rhoades & Co., 38 S.E.C. 843 (1959). なお，SECの法執行手段には行政手続，民事手続及び刑事手続の3種がある（詳細は，後述**「Ⅵ . 証券取引法の執行」**参照）。本件は，SECの職員である行政法判事が司る行政手続に係るものである。

60

公募計画についてプレスリリースを行った引受人に対して，行政処分を課した。当該プレスリリースは，大規模な土地開発計画があり公募の手取金はその資金として使われるとしていたが，その後，会社が所有していた土地は大規模というにはほど遠く，手取金は土地開発ではなく借入金の返済に使われる予定であったことが判明した。

②可能な行為

　登録届出書の提出前でも，発行体や引受人は通常の事業を行っており，また，将来の公募に関してもある程度の情報開示が必要であると考えられることから，証券法と SEC は以下のような例外規定を置いている。その多くは，公募規制改革で追加又は修正された。

(a) 提出30日前のコミュニケーション：発行体又は発行体の代理人（引受人及びディーラーを除く）は，公募に言及しないことを条件として，届出書提出の30日前までは，投資家に対してコミュニケーションを行うことができる（ルール163A）。発行体は，当該コミュニケーションの内容が届出書提出の30日前以降に伝達されないよう，合理的な手段を尽くさなければならない。

(b) 通常のコミュニケーション：すべての発行体は，事実としての事業情報を，顧客，サプライヤー及びその他の投資家以外の者に継続的に伝えることができる（ルール169）。取引法上の報告発行体は，上記に加えて，事業や財務に関する**将来予測情報**を伝えることができ，また，対象に投資家も含む（ルール168）。

(c) 発行体による公表：発行体は，(i) 募集対象の証券の数量と種類及び (ii) 時期，態様，目的に言及し，募集についての計画を公表することができる（ルール135）。ただし，これらに含まれていない項目，たとえば，引受人の名前及び公募価格を開示してはならない[85]。

(d) **WKSI**による伝達：公募制度改革によって導入されたルール163により，WKSIは，(i) 口頭による募集と，(ii) 目論見書がどこで手に入れられるかについての**注意書き**（legend）の添付とSECに届出を行うことにより，文書（**自由書面目論見書**（FWP，free writing prospectus）。次節「**(8) 待機期間**」参照）による募集を行うことができる。これは，既に効率的な市場を有しているWKSIは，届出前の開示によって市場に影響を与えることはないであろうという推定に基づいている。

---

85)　Chris-Craft Industries, Inc. v. Bangor Punta Corp., 426 F.2d 569 (2d Cir. 1970).

(e) 引受人との交渉：2条(a)(3)は，募集の定義から，発行体と引受人又は引受人間の初期的交渉や契約を除外している。つまり，発行体と引受人は募集に関する交渉を行って**意見表明書**（letter of intent）を締結することができる。

(f) **リサーチレポート**：証券のマーケティングを業とする証券会社やそのアナリストに対して，SECのセーフハーバールールは，どのような情報であれば市場に提供してもかまわないかのガイドラインを示している。

- 証券の分売に参加しない証券会社は，以下のすべての条件を充たせばリサーチレポートを発行してよい：(i)レポートの発行が通常の業務であり，(ii)発行体が**発展途上会社**（blank check company），**ペーパーカンパニー**（shell company），**低額面株会社**（penny-stock company）ではなく，(iii)発行体から特別な報酬を得ていない（ルール137）。

- 証券の分売に参加する証券会社であっても，レポートが通常の出版物として出され，かつ以下のいずれかの条件を充たせば，特定の会社に関するリサーチレポートを発行してよい：(i)発行体がS-3又はF-3を利用できること，(ii)発行体が**WKSI**，(iii)発行体が外国の大企業であって，海外市場で経験を有するとされるか世界で7億ドルのパブリック・フロートを有する（ルール139(a)(1)）。
また，通常の業務の過程で，特定の発行体を含む**インダストリーレポート**を発行することもできる（ルール139(a)(2)）。なお，JOBS法のもと，新興成長会社については特例が設けられており，新興成長会社のリサーチレポートは2条(a)(10)の目論見書の定義からも，5条(c)の募集の定義からも除外されている（2条(a)(3)）。

(8) 待機期間

①禁止行為

届出書が提出されてから効力が発生するまでの**待機期間**では，2つの行為が禁止される。

(a) 売付け及び交付の禁止：待機期間における売付けの禁止は，届出前の禁止に比べてやや複雑である。売付けは，契約の締結であるから，申込に対する承諾を待機期間中に行うことはできない。つまり，募集が承諾可能なコモンロー上の申込にならないよう，注意が必要である。通常，参加者は投資家から**意思表明書**（indication of interest）を受け取るが，代金の受取りなど買付けの申込の承諾と解されるような行為を行わない。

(b) 10条の条件を充たさない目論見書の使用禁止：2条(a)(10)は，目論見書を，

「書面又はラジオ若しくはテレビによる証券の売付けの申込」と定義する。よって，書面による売付け努力は，禁止される目論見書の使用になってしまう。

なお，5条(b)(1)は，**仮目論見書**（**preliminary prospectus**）の使用を許可しているが，要求してはいない。このため，投資家が待機期間中に口頭で売付けの申込を受け，登録届出書の効力発生を条件とする承諾を行うことにより，仮目論見書を一切受け取ることなく取引が完了してしまうことがあり得る。

そのため，SECは**効力発生の期間短縮**（**acceleration**）の条件として，(i)仮目論見書がすべての参加引受人及びディーラーに入手可能であること（ルール460），(ii)引受人又はディーラーは，書面で要求があった場合に投資家に仮目論見書を交付すること（ルール15c2-8(c)），(iii)証券購入の確認書を投資家が受領する48時間前に，仮目論見書を交付すること（ルール15c2-8(b)）を挙げている。

②可能な行為

登録届出書の効力発生前でも，発行体や他の参加者は，以下の4つの手段を使って投資家の関心を調査することができる。

(a) 口頭のコミュニケーション：登録届出書が提出されると，5条(c)の募集の禁止は適用外となる。5条(b)(1)は書面による募集を禁止しているが，口頭での募集は禁止されていない。ただし，証券法及び取引所法の詐欺防止規定の対象になる。

(b) **仮目論見書**：目論見書の使用禁止は，10条の要件を充たすものについては適用されない（5条(b)(1)）。この段階では，通常引受人シンジケートがまだ組成されておらず，公募価格も決定されていないので，目論見書は未完成である。

そこでSECは，10条(b)に基づき，仮目論見書という，公募価格と引受けについて記載しないが，登録届出書と一緒に提出され，証券を売り付けてはならないという**注意書き**（**legend**）のついた目論見書の使用を許可している（ルール430）。仮目論見書は，注意書きが通常赤字で書かれることから，通称**レッド・ヘリング**（**red herring**）[86]とも呼ばれる。

---

86) 証券法とは全く関係がないが，レッド・ヘリングはニシンの燻製の意味も有し，このにおいで猟犬の注意をそらす慣習があったことから，転じて推理小説などで読者の注意をそらす手法の呼び名にもなっている。

(c) 墓石広告：2条(a)(10)は，新聞等に掲載される短い広告で，正式な目論見書の入手場所並びに証券の種類，募集予定価格及び引受人の名称を記載した**墓石広告**（tombstone advertisement）を目論見書の定義から除外している。

(d) **自由書面目論見書**：公募制度改革は，発行体やその他の参加者が，自由書面目論見書（free writing prospectus，以下「**FWP**」という）を使ってマーケティングを行うことを可能にした。FWPは，10条(b)の要件を充たす仮目論見書とみなされるため，待機期間に使うことができる（ルール164）。

FWPとは，以下の条件を充たす，発行体又はその代理人によって作られた書面又は図表などのことをいう：

(i) 登録届出書の内容と矛盾せず（ルール433(c)(1)）

(ii) 注意書きが掲載され（ルール433(c)(2)）

(iii) 使用前にSECに提出され（ルール433(d)）

(iv) 経験のある発行体及び**WKSI**以外は，仮目論見書を伴わなくてはならない（ルール433(b)(1)，(2)）

FWPは，メディアの利用や，ロードショーに使われることが多い。発行体やその他の参加者から報酬をもらっていないメディアの報道（新聞やテレビ番組）は，FWPとみなされる（ルール433(f)）。ただし，発行体やその他の参加者は，4営業日以内にSECに報道内容を提出しなければならない（ルール433(f)(1)，(2)）。ロードショーで配布される資料は，通常SECに提出しなくてもFWPとみなされる（ルール433(d)(8)）。

なお，FWPに関するルールは非常に複雑であるため，故意でない違反は，速やかに対処することにより，5条違反となることを回避できる（ルール164(b)，(c)）。

（9） 効力発生後期間

登録届出書が有効になった後も，2つの禁止行為がある。

① 10条の条件を充たさない（最終目論見書ではない）目論見書の使用禁止（5条(b)(1)）。5条(b)(1)による書面による募集の禁止は登録届出書が有効になった後も続くが，2条(a)(10)は，目論見書の定義から，10条(a)の最終目論見書を伴う書面を除外しており，この書面のことを**自由書面**（free writing）という。

② 10条(a)に記載された目論見書（最終目論見書）を伴わない証券の交付。

4. 証券の登録

　効力発生後に問題となるのは，目論見書の交付である。かつては目論見書を書面で交付することが要求されたが，**公募制度改革**により，「**アクセス権**」があれば交付とみなされるようになった。ここでアクセス権があるということは，SEC に対する目論見書提出により，投資家が SEC のウェブサイトでアクセスすることが可能になるということを意味する。

　発行体にとって目論見書の交付義務があると，市場の状況を見てベストのタイミングで募集を始めることが難しくなってしまう。そのため，SEC は，ルール430A により，現金を対価とするファーム・コミットメント方式の公募について，最終目論見書に価格情報を記載しないことを許容した。発行体は，効力発生後15営業日以内に価格情報が記載された目論見書を SEC に提出するか（ルール424(b)），それ以降であれば登録届出書を修正して提出しなければならない（ルール462）。いずれの場合も，民事責任という観点では，価格情報は登録届出書の一部とみなされる（レギュレーション S-K, Item 512(i)）。

　登録届出書が発行した後に，役員が辞職したり，裁判で負けたりといった変化が発生して登録届出書の内容が誤りになってしまった場合の対応は，変化の大きさによって異なる。もし変化が相当な（substantial）場合，発行体は目論見書に訂正内容を追加し，5営業日以内に SEC に提出すればよい（ルール424(b)(3)）。変化がさらに根本的（fundamental）な場合は，登録届出書を訂正し，SEC が訂正届出書の効力発生を認めるまで待たなければならない。

（10）まとめ

　ガン・ジャンピング・ルールと可能な行為をまとめたのが，以下の表である[87]。

届出前期間	待機期間	効力発生後期間
募集禁止 (5(c))		
売付け禁止 (5(a)(1))		
交付禁止 (5(a)(2))		
10条違反の目論見書禁止 (5(b)(1))		
		10条(a) 目論見書を伴わない交付禁止 (5(b)(2))

---

87) PALMITER, *supra* note 18, at 155, 177-78の表より再構成したもの。

65

III . 証券の発行市場の規制

届出前期間	待機期間	効力発生後期間
非報告発行体		
・引受人との (引受人間の) 初期交渉 (2条(a)(3))	・口頭の募集	・口頭の募集
・公募計画の公表 (ルール 135)	・引受人との (引受人間の) 初期交渉 (2条(a)(3))	・証券の売付け・交付
・30日間よりも前の発行体の広報活動 (ルール 163A)	・墓石広告 (2条(a)(10))	・墓石広告 (2条(a)(10))
	・仮目論見書 (10条(b), ルール430)	・自由書面 (2条(a)(10))
・通常の広報活動 (ルール 169)	・自由書面目論見書 (10条(b), ルール164, 433)	・最終目論見書 (10条(a))
WKSI		
・口頭の募集 (ルール163)	・仮目論見書を伴わない自由書面目論見書 (ルール433)	・仮目論見書を伴わない自由書面 (ルール433)
・仮目論見書を伴わない自由書面目論見書 (ルール163)		
・通常の広報活動, 将来指向情報 (ルール168)		

5. 登録の免除

(1) 総説

　発行体にとって, 証券法5条の登録義務に伴うコストは, 公募による資本調達のメリットをしばしば上回る。証券法は, 発行体の資本調達を促進させるために, 投資家の洗練度, 小規模の資金調達を行うニーズ, 州又は証券法以外の規制等を考慮して, 登録を免除される証券及び取引を規定している。

　証券取引法を専門とする弁護士にとっての多くの業務は, どのような免除が使えるかに関する助言である。日本の実務家にとっては, それはたとえば**グローバル・オファリング**におけるレギュレーションS及びルール144Aの免除や, 企業合併の際のF-4登録義務をいかに回避するかという問題となって現れる (後述「**Ⅶ. クロスボーダー証券取引の規制**」参照)。

　注意が必要なのは, たとえ登録免除が適用されるとしても, 詐欺防止条項の適用は免れないということである。証券の買い手は, 証券が登録されているか否かに係わらず, 「**公募 (public offering)**」とみなされる募集について不実表示があった場合は, **取消し (rescission)** を請求することができる (証券法12条(a)(2))。ま

66

た，証券法17条及びルール10b-5は，登録免除されているか否かに係わらず，すべての証券売買について適用される**詐欺防止条項**である。

(2) 免除証券 (exempt securities)

　証券そのものが登録を免除されている以下のケースでは，発行及び流通の両方において免除の対象になっている。

①政府証券

　3条(a)(2)は，連邦，州，地方自治体が発行又は保証する証券を，債務不履行に陥る可能性が低いことから[88]，すべて登録義務から免除している。ただし，地方債を扱う証券会社には，100万ドル超の募集について，投資家に書面 (official statement) を提供するよう義務付けている (ルール15c2-12)。

②コマーシャルペーパー

　3条(a)(3)は，満期が9か月以下の約束手形 (notes) を免除証券にしている。これは，発行体が短期の事業資金を賄うために，一般投資家ではなく銀行や機関投資家に発行する譲渡可能な短期債券である，いわゆるコマーシャルペーパー[89]のことを指している。コマーシャルペーパーの市場が洗練された投資家により確立されていることから，詐欺防止条項があれば登録は不要であるとされている。

③他の法規制の対象となる証券

　他の法規制により投資家の保護が図られている以下の証券も，免除証券とされる。(a) 銀行が発行する証券 (3条(a)(2))，(b) 貯蓄貸付組合 (savings and loan association) の証券 (3条(a)(5))，(c) 州の規制を受ける保険会社が発行する保険契約 (3条(a)(2))，(d) 裁判所の承認を受けて破産管財人が発行する証券 (3条(a)(7)) など。

④非営利組織の発行する証券

　宗教，教育，慈善事業などの非営利団体の発行する証券は，手取金が何人の利益になるものでもない場合は，登録を免除される (3条(a)(4))。これは，非営利

---

88) もっとも，ミシガン州デトロイト市は，2013年7月に連邦破産法9章に基づく破産申立てをしている。

89) たとえば，トヨタの2014年3月時点のコマーシャルペーパー発行残高は約3兆7,000億円である (有価証券報告書)。

目的で投資している投資家に，登録のコストを負担させるべきではない，という考えに基づいている。

(3) 免除取引（exempt transactions）

①総論

免除取引は，証券の性質ではなく，募集の性質に応じて免除を認めるものであり，証券そのものを登録から免除するものではない。免除取引は，発行体による募集である**第一次分売**（primary offering）に適用されるものであり，発行後の市場取引，すなわち「**発行体，引受人又はディーラー**」以外の取引は，そもそも登録義務を免除されている（4条(a)(1)）。

ある取引が登録を免除されていることを立証する責任は，登録免除を主張する側が負う。立証責任が果たせない場合，免除を受けることはできず，12条(a)(1)の**取消責任**（rescission liability）が自動的に発生する。

免除取引は，以下を含む。次節「**(4) 4条(a)(2) の私募**」以降で，それぞれの詳細を述べる。

- 私募（4条(a)(2)）：発行体による公募を伴わない募集
- レギュレーションA：12か月間で合計500万ドル以下の募集
- 小規模会社の株式報酬プラン（ルール701）
- レギュレーションE：小規模投資会社による500万ドル以下の募集
- レギュレーションD：小規模募集（ルール504，505）及び私募（ルール506）
- 発行体による資本調整取引（3条(a)(9), (10)）
- 州内募集（3条(a)(11)）

②通算（integration）

通算理論（integration principle）により，免除取引となるためには，取引が全体として免除の条件を充たさなければならず，発行体は，取引を細分化して，部分ごとに別々の免除取引としての免除を使うことはできない。

複数の募集が1つの通算された（integrated）取引かどうか判断するにあたって，SEC は複数の取引について以下の5つの要素の基準を発表している[90]。

---

90) Securities Act Release No. 4552 (Nov. 6, 1962).

- 単一の資金調達計画の一部を成すものか
- 同一の種類の証券か
- ほぼ同時に行われているか
- 対価は同一か
- 目的は同一か

　より基準を明確にするために，多くの免除取引には，後述のように，通算に関するセーフハーバールールが存在する（ルール502(a)，ルール147(b)(2) など）。

(4)　4条（a）（2）の私募（private placements）

①私募の意義

　証券法4条（2）（JOBS 法により，4条(a)(2) に変更）は，「発行体による，**公募（public offering）を伴わない**」募集，つまり私募を免除取引としている。しかし，公募も私募も証券法上の定義は存在しない[91]ため，ある取引が公募か私募かは裁判所や SEC の事実認定の問題になる。裁判所及び SEC は，同条の趣旨を，投資家がその経験及び有している情報により自らを守ることができるような場合には，登録は不要であるという推定に基づいて，私募について登録を免除したものと解釈している。

　私募には2種類ある。(a) 証券法上の免除：4条(a)(2) は，すべての証券法上の開示及び登録義務を免除している。(b) セーフハーバールール：SEC 規則（レギュレーション D のルール506）は，一定の投資家に対して開示を義務付けている。本項では，まず4条(a)(2) について解説する。

②判例理論

　4条(a)(2) の解釈を最初に明確化したのは，1953年の Ralston Purina 事件[92]であった。Ralston Purina 社が，役職員に対して同社の株式を無登録で売り付けたとして，SEC が民事訴訟を提起したものである。最高裁は，投資家の数に関係なく，**投資家が自らを保護する**（fend for themselves）ことができるのであれば，4条(a)(2) の私募免除が適用されると判示した。そして本件において，登録届出

---

91)　日本法ではあまり考えられないことであるが，米国法では制定法であるにもかかわらず重要な用語の定義がされていないということがしばしばある。これも，コモンローたるゆえんである。

92)　SEC v. Ralston Purina Co., 346 U.S. 119 (1953).

書記載の情報を入手できる役職員は自らを保護できるが，一般的な職員はそうではないため，登録が必要であるとしている。

その後の下級審は，投資家の証券を評価する能力（洗練度（sophistication））と，情報への**アクセス権**を基準に，投資家が「自らを保護できる」かどうかによって，私募に該当するかどうかを判断している。

- 洗練されているが情報が欠けているケース：フランチャイズ先の洗練された投資家が開示資料やその他の情報にアクセスできない場合は，免除の対象外[93]。
- 洗練されていないが情報を入手できるケース：投資家が登録届出書の内容と同等の情報にアクセスできるが，洗練されていない場合は，免除の対象外[94]。
- 洗練されているが，会社の内部者ではないケース：免除は投資家が内部者かどうかは関係なく，洗練された外部者であっても，免除の対象になり得る[95]。
- 情報へアクセスできるが，実際には開示されていないケース：免除を受けるためには，投資家が情報へのアクセス権を有するか，実際に開示されているかのいずれかが必要である[96]。情報へのアクセス権があるかどうかは，内部者であるかどうか，投資家に対して，家族，特権又は経済的に有利な関係にあるかなどで立証できる。

③一般的勧誘と転売の禁止

4条(a)(2)は，投資家の性質や状況に基づいて登録義務を免除するものである。そのため，投資家を限定しない**一般的勧誘（general solicitation）**は禁止される[97]。たとえば，新聞広告や，誰でも入場可能なセミナーの開催は，対象が洗練されているかどうかを確かめるすべがないため，一般的勧誘とみなされる。そのため，4条(a)(2)に依拠する発行体は，証券会社を使って投資家を前もって調査（スクリーニング）する必要がある。この一般的勧誘の禁止があるため，私募には後述のルール506免除が使われることのほうが多い。

---

93) Hill York Corp. v. American International Franchises, Inc., 448 F.2d 680 (5th Cir. 1971).
94) SEC v. Continental Tobacco Co., 463 F.2d 137 (5th Cir. 1972).
95) Woolf v. S.D. Cohn & Co., 515 F.2d 591 (5th Cir. 1975).
96) Doran v. Petroleum Management Corp., 545 F.2d 893 (5th Cir. 1977).
97) *See in re* Kenman Corp. (SEC Apr. 19, 1985)（ルール506免除に依拠する場合，ブローカー・ディーラーが広告を行うとき，その対象は当該ブローカー・ディーラーと既存の関係がある者でなくてはならない）。

なお，私募で証券を購入した投資家は，非適格投資家に転売することができない。なぜなら，そのような転売は，実質的に転売をする投資家を引受人とする公募の効果を有するからである（2条(a)(11)）。そのため，私募を行う発行体は，証券を「**制限証券**（**restricted securities**）」とし，通常，証券売買契約や券面に譲渡禁止を明示し，譲渡代理人（株主名簿を管理する銀行など）に対して，証券法の登録免除の対象とならない取引を記録しないように指示する。

(5) 小規模募集

証券法はSECに，一定規模を超えない公募を免除する権限を認めている。1996年に，3条(b)(1)により，上限額は500万ドルとされた。

①レギュレーションA

ルール251から264で構成されるレギュレーションAは，12か月間で合計500万ドルまでの公募を小規模募集としている。これは登録自体を免除するものではなく，**フォーム1-A**による**簡易な募集届出書**（**offering statement**）をSECに提出し（ルール251），待機期間中は**仮募集回状**（**preliminary offering circular**）を使って募集をすることができるというものである（ルール255）。

レギュレーションAは，SECの行政処分の対象になっているなどの**前科者**（**bad actor**）ではない，米国及びカナダの非報告発行体のみが使うことができる。レギュレーションDや，**小規模の報告発行体**（**small reporting issuers**）に関する登録の簡素化などにより，レギュレーションAの意義は薄れている。しかし，レギュレーションDと異なり**一般的勧誘**に関する制限がないため，インターネットを通じた多数の投資家への小規模募集などに使われている。

②レギュレーションA＋

2012年**JOBS法**によって制定された3条(b)(2)により，議会は，中小企業の資金調達を促進させるために，12か月間に5,000万ドルまでの募集について登録義務を免除する新たなレギュレーションA＋を制定するよう，SECに命じた。2015年3月にSECが発表したルールでは，以下の2つの種類の登録免除がある[98]。発行体には，開示書類をSECに提出し，投資家に配布することや，継続開示の義務が課されている。

---

98) SEC Adopts Rules to Facilitate Smaller Companies' Access to Capital, SEC Press Release (Mar. 25, 2015).

(a) ティア－1：12か月間に2,000万ドルまでの募集で，そのうち発行体の関係者による売付けが600万ドルを超えない。

(b) ティア－2：12か月間に5,000万ドルまでの募集で，そのうち発行体の関係者による売付けが1,500万ドルを超えない。

③小規模会社の株式報酬プラン

ルール701により，社員，コンサルタント又はアドバイザーに株式報酬プランを提供する非報告会社は，100万ドル，総資産の15％又は発行済株式の15％のいずれか大きな金額まで，登録義務の免除を受けることができる。

④レギュレーションE

3条(c)によって与えられた小規模の投資会社による募集を免除する権限に基づき，SECは，レギュレーションE(ルール601から610a)を制定し，小規模投資会社による500万ドルまでの募集を免除している。

(6) レギュレーションD

①総説

1982年に制定されたレギュレーションDは，4条(a)(2)の私募免除に関するルール506免除と，小中規模募集に関するルール504及び505で構成される，セーフハーバールールである。これらのルールのもとで発行された証券は，証券法4条(a)(2)の「制限証券」となるため，登録やその他免除がなければ転売することができない。発行体は，購入者に転売についてのレターに署名させ，証券の制限について説明し，注意書きを付すなどの合理的手段をとらなければならない。

また，レギュレーションD免除に依拠して募集を行う場合は，募集後15日以内にフォームDを使ってSECに届出をしなくてはならない(ルール503(a))。レギュレーションDの条件の些細な(insignificant)の違反は，免除を否定することにはならない(ルール508)。

(a)ルール504 (小規模募集)

12か月で100万ドル以内の募集は登録を免除される。ただし，報告会社，投資会社，特定の事業プランのない**発展途上会社**(**blank check**(白紙小切手)会社とも呼ばれる)には適用されない。また，**低価格証券詐欺**(**microcap fraud**)を防止するために，一般的な広告及び勧誘は行えず，発行後も**制限証券**(**restricted security**)になるため少なくとも6か月の待機期間を経過しなければ転売できない(次節「**6.転売規制**」参照)。

(b)ルール505（中規模募集）

12か月間で500万ドル以内の募集の登録が免除される。ただし，投資会社及びレギュレーションＡの基準による**前科者**には適用されない。一般的な広告及び勧誘が禁止される。適格投資家であれば何人でも売り付けられるが，**非適格投資家**は35人以内に限定される。発行された証券は制限証券になり，待機期間の対象になる。

(c)ルール506（私募）

公開会社と非公開会社のいずれも，**前科者**（レギュレーションＡの基準よりも広い）でなければ，適格投資家であれば何人でも，非適格投資家については下記の条件を充たせば35人まで，募集額の上限なく登録免除を受けられる。非適格投資家に対する売付けを行う場合には，当該投資家が（代理人がいる場合にはその代理人も考慮に入れて）投資のリスクを判断することのできる知識と経験を有していることを，発行体が合理的に信じていることが必要とされる[99]。

②インテグレーションとアグリゲーション

募集の**インテグレーション**ルールの適用を受けるが，レギュレーションＤに基づく募集の前後6か月間の外で行った募集及び売付けは通算されないという，セーフハーバールールがある（ルール502(a)）。

また，**アグリゲーション**[100]のルールとして，ルール504及び505の上限額は，以下の合計額に対して適用される。

* ルール504又は505に準拠して売り付けられた証券の総額
* 3条(b)(1)免除（ルール504, 505, レギュレーションＡ, ルール701）に準拠して12か月以内に売り付けられた証券の総額
* 5条の登録義務に違反して12か月以内に売り付けられた証券の総額

---

99) Mark v. FSC Securities Corp., 870 F.2d 331 (6th Cir. 1989)（何の調査もせず，投資家の洗練されているという自己申告をそのまま信じることは，合理的とはいえないと判示）。

100) 多少紛らわしいが，インテグレーションは，複数の募集を単一の募集として取り扱うかどうかの基準であり，アグリゲーションは，単一か複数の募集であるかに係わらず，上限額を考慮する上で売付けされた証券の総額を合計することである。

③一般的勧誘の禁止

　ルール504，505及び506は，**一般的勧誘**を禁止している。禁止される内容としては，新聞，雑誌，テレビ，ラジオ，ウェブサイト，公開セミナーや投資家ミーティングが挙げられている。一般的勧誘をしてはならないということは，投資家が適格投資家にあたるかどうかの調査を勧誘の一環として行うことができないということであり，企業にとっては負担が大きい。

　そのため，JOBS法の201条は，新たなルール506(c)のもとで，発行体に最終的な購入者が適格投資家であることを確認することを義務付けることにより，一般的勧誘ができるようにした。これは，資本調達における柔軟性をもたらした。たとえば，公募を行う企業は，今まで適用されてきた広告に関する制限に配慮せずに，同時に私募を実施することができるようになった。ただし，ルール504及び505並びにルール506における非適格投資家への募集には，引き続き一般的勧誘の禁止が適用される。

④適格投資家

　ルール505と506は，**非適格投資家**を35人に制限する一方で，**適格投資家**には上限数を設定していない。ルール501(a)は，適格投資家に該当する投資家として以下を列挙している。

- 機関投資家：銀行，証券会社，保険会社，ミューチュアル・ファンド，年金基金など
- 大組織：500万ドル超の資産を有する，非課税会社や営利会社
- 内部者：発行体の取締役，上級役員，ジェネラル・パートナー
- 富裕者：主たる住居以外に，100万ドル超の資産を有する個人投資家。なお，この上限額はSECが4年ごとに調整する（ドッド・フランク法413条(a)）。
- 高額所得者：2年連続で20万ドル超の所得を得ている個人投資家。なお，この上限額はSECが4年ごとに調整する（ドッド・フランク法413条(b)）。
- **ベンチャー・キャピタル**：スタートアップ企業に経営支援を行っているファンド
- 洗練された信託：500万ドル超の資産を有し，洗練された運用者が運営している信託
- 適格投資家が所有する組織：すべての資本を適格投資家が出資している組織

　これらの投資家は，証券法による保護がなくても自分たちを守ることができる知識や経験を有していたり，自らはそうした知識や経験を有さなくても，洗練された投資アドバイザーを雇う十分な資産を有していたりするという推定が働いて

いる。発行体が，その投資家が適格投資家であると合理的に信じていれば構わないため，実際には，発行体やアドバイザーは買い手に対して，適格投資家であることを表明保証させる書面（**suitability letter**）を要求することが多い。

なお，ルール505及び506の文言は，買い手，すなわち適格投資家と非適格投資家の両方の合計を35人に限定しているように読めるが，ルール501（e）により，買い手の数から適格投資家は除かれるため，結果として35人の上限は非適格投資家のみに適用される。

適格投資家のみに対する募集に関しては開示の義務はないが，非適格投資家に対しては開示の義務がある。発行体が報告会社であれば，最新の年次報告書，**委任状説明書**，取引所法に基づいてその後に行われたファイリング及び募集の概要を開示しなければならない（ルール502（b）（2）（ii））。

コラム　レギュレーションDに関するSEC委員の対立

ドッド・フランク法に伴う改正により，発行体又は発行体の関係者が前科者（bad actors）とされた場合には，ルール506の免除が自動的に使えなくなった（ルール506（d），（e））。前科として列挙されている事項としては，証券取引法関係の刑事責任の確定，停止命令，SECによる処分などがある。ただし，前科者であっても，正当な理由（good cause）があるとしてSECから**放棄**（**waiver**）を承認してもらえれば，ルール506免除を使うことができるようになる（ルール506（d）（2）（ii））。

2015年1月27日，SECは，登録業者のOppenheimer社に対して，顧客の資金洗浄や未登録の証券売付けを防止しなかったとして行政手続を開始し，合計1,000万ドルの民事制裁金，不当利得吐出し及び利息の支払い並びに違法行為差止を含む内容で和解した[101]。このような処分は，上記の前科になり，Oppenheimer社は自動的にルール506免除を使うことができなくなってしまう。しかし同社は，ヘッジファンド等への投資証券を富裕層に販売するために，SECから放棄を求めた。

SECは，Oppenheimer社が弁護士を雇用して，ルール506に基づく私募についてのポリシー及び手続を審査させることを表明していることを理由として，同社の放棄申請を承認した。ところが，承認は5人の委員中3人に

101）　*In re* Oppenheimer & Co., Inc. (SEC Jan. 27, 2015).

III . 証券の発行市場の規制

よる決議であり，2人の委員が**反対意見**（dissenting statement）を公表した[102]。

　同意見は，放棄を承認するにあたって少なくとも以下の3つの条件が要求されておらず，証券取引法規制が弱められていると主張している。第一に，雇用される弁護士が，能力を有しており独立であること（たとえば，既に同社の顧問弁護士であった者をそのまま使うこともできる），第二に，シニア・マネジメントが法令遵守について関与することや何らかの証明をすること，第三に，法令遵守の結果をSECに報告すること。同意見では，Oppenehimer社が過去にも同様の違反を繰り返してきたことを指摘し，今回も単に守れない約束をしているだけではないかと強く批判している。

　同意見に対しては，過去の違反行為は既に多額の制裁金に反映されており，また，今回の違反は私募とは直接関係しておらず，放棄は妥当であるという意見もある[103]。なお，本和解でOppenheimer社が違法行為を認めている（通常は認めないことについて，後述「**コラム：肯定も否定もしない**」参照）ことも，放棄申請承認にプラスに働いたのではないかと考えられる。

（7）クラウドファンディング

　インターネットを通じて多くの少額の投資を集めようとする**クラウドファンディング**に関する登録免除は，2012年の**JOBS法**（前述「Ⅱ. 3. (4) ⑥ JOBS法」参照）により導入され（証券法4条(a)(6)），2016年の**レギュレーションCF**により具体化された。この免除は，投資家の年収や総資産に応じて投資額に上限を設け，小規模なビジネスでもSECに登録された業者又はウェブサイトを通じて募集ができるようにしたものである。具体的には，以下の条件を充たすことが必要である。

- 米国で組織された発行体であること。報告会社・投資会社・前科者（bad actor）等は対象外とされる。
- 12か月間で100万ドルまでの募集であること。発行体は目標額を宣言し，調達額が目標額を超えた場合にのみ，手取金を受け取ることができる。

---

102) Commissioner Luis A. Aguilar and Commissioner Kara M. Stein, Dissenting Statement in the Matter of Oppenheimer & Co., Inc. (Feb. 4, 2015). このような意見は，委員が自主的に発表しているものである。なお，反対した委員は2人とも民主党員である。

103) *See* Andrew Ackerman, *SEC Turned 'Blind Eye' to Oppenheimer's Failures, Democrats Say*, Wall St. J., Feb. 4, 2015.

- 募集は，SECに登録された仲介者，すなわちブローカー又は「ファンディング・ポータル」を通じて行わなければならない。こうした仲介者は，発行体が証券取引法を遵守するよう取り締まる義務を負う。
- 投資額の制限として，①年収又は総資産が10万ドル未満の投資家については，2,000ドル又は年収若しくは総資産の5%の多いほうの額まで，②それ以外の投資家については，年収又は総資産の10%の多いほうの額まで，ただし10万ドルを超えてはならない。
- 発行体は，**簡易な募集届出書**（offering statement）をSECに提出しなければならない。さらに，50万ドルを超える募集については，独立公認会計士による財務諸表の監査が要求される。

　なお，インターネットを通じて出資や寄付を募り，資金提供者に完成品や名前の公表などの名誉を提供する，いわゆる「ソーシャル・クラウドファンディング」には，証券取引法は適用されない。こうしたソーシャル・クラウドファンディングは，投資家に「現金又は金銭的価値」を提供していないため，証券の募集を伴わないからである（前述「**Ⅲ. 1. 証券の定義**」参照）。

（8）　発行体による資本調整取引
　証券法は，財政危機に瀕した企業に対して，登録のコストを負担することなく資本調整を行うことができるように，以下の免除を制定している。
　3条(a)(9)は，既に証券を保有している者との交換について，「当該交換について報酬や手数料が支払われない限り」登録を免除している。また，3条(a)(10)は，裁判所が取引の公正について承認した場合，紛争解決のため又は証券若しくは財産との交換で発行される証券について，登録を免除している。この3条(a)(10)免除は，民事訴訟の和解や裁判所の承認を受けた事業再生における証券の発行の登録免除にも，活用されている。

（9）　州内募集
　3条(a)(11)は，州内の発行体による州内の投資家に限定された募集の登録を免除している。ルール147はセーフハーバールールとして，①募集の範囲，②発行体及び投資家が同じ州内に在住しているかどうか，③州外への再売付けが可能かどうか，についての明確な基準を規定している。これらを充たせば証券法5条の適用は受けないが，それぞれの州法（**ブルースカイロー**）の対象になる。

（10）組織再編に伴う証券発行

　企業活動においては，しばしば自社株や他社株と交換するために，新株を発行することが必要になる場合がある。新株の発行及び交換は，既存の株主にとっては投資の性質が変わることになるため，証券法上は募集及び売付けとして扱われる（ルール145）[104]。

　1999年に制定されたレギュレーション M-A では，M&A の場面において，登録届出書のファイリング前後における開示に関するセーフハーバールールを定めた（ルール165）。M&A に関して行われる登録においては，届出前の公表及び届出後の自由書面に関する**ガン・ジャンピング・ルール**の適用を免除しており，**株式交換**による買収を計画している者は，登録届出書の届出前や発効前でも，株式交換を提案することができる。

　一方で，**株式分割**及び株式配当は，既存株主に対する新株の発行を伴うが，募集又は売付けとはみなされず，登録の義務も発生しない。これは，既存株主にとって，当該新株に対する投資を行うか否かという**投資判断**（investment decision）が求められていないからである。

　また，ワラント，オプション，転換権などは，それら自身は2条(a)(1) の証券の定義に含まれるものの，発行時は募集又は売付けとはみなされず，登録の義務も発生しない。ただし，当該権利が即時行使可能なものであれば，当該権利及び行使対象となる証券の両方が，権利発行時に登録されなければならない（ライツ・オファリングに関するクロスボーダールールの適用に関して，後述「VII. 2. (1) F-4問題」参照）。

6. 転売規制

　証券法が規制しようとしているのは，証券の発行市場であって，流通市場ではない。規制される転売と，規制されない市場取引の違いは，4条(a)(1) が「**発行体，引受人又はディーラー**以外の取引」を登録から免除していることから生まれる。ここでは，発行体，引受人及びディーラーに何が含まれるかの定義が重要となる。

　また，証券法は，**公募の後の取引**（post-offering transactions）であっても，公募と同様のリスクが生ずる，2つの取引に登録義務を課そうとしている。1つは，発行体から私募で証券を購入したものによる転売である。私募で購入された**制限**

104）日本企業同士の合併においては，このことがF-4問題という登録の要否の問題になってくる（後述「VII. 2. (1) F-4問題」参照）。

証券について登録義務がないとすると，発行体が私募取引の買い手を利用することにより，結果として登録義務を回避できてしまうことになる。

もう1つは，**発行体に支配を及ぼす者**（controlling person）による転売である。支配を及ぼす者が一般に**分売**（distribution）することを，**第二次分売**（secondary distribution）といい，これは日本法の「売出し」に相当する概念である。

支配を及ぼす者とは，発行体の**関係者**（affiliate）である。関係者は，「発行体を直接，間接的に支配する者」，支配とは，「議決権の所有その他の方法で，発行体の経営を直接又は間接的に方向付けることができる権限を有していること」とされている（ルール405）。支配を及ぼす者は，発行体に関する情報を入手するにあたって特別な地位にあることから，その転売に規制が及んでいる。

（1） 発行体，引受人，ディーラーの定義

4条(a)(1)は，「5条の規定は，発行体，引受人又はディーラー以外の者による取引には適用されない」とする。つまり，発行体，引受人，ディーラーによる取引が，登録の対象である。一般投資家間の取引が登録の対象にならないのは，取引の一方が発行体，引受人，ディーラーである場合と異なり，そうした投資家間に情報量の差に基づくリスクが少ないと考えられるからである[105]。

発行体とディーラーの定義は非常にシンプルである。まず，発行体は，「証券を発行又は発行することを提案するあらゆる者」（2条(a)(4)）とされる。また，ディーラーは，「証券のディーリング又は取引を業として行うあらゆる者」（2条(a)(12)）とされる。4条(a)(3)が登録期間終了後に4条(a)(1)の規制からディーラーを除外していることから，ディーラーは登録の対象になっている証券の募集に携わっている証券会社に限定することができる。

一方，引受人を定義した2条(a)(11)は非常に複雑であり，読み解くと，以下の3つのカテゴリーがあることがわかる。

① 証券の**分売**（distribution）に関して発行体のために（for an issuer）募集や売付けを行う「代理人」のこと。**最大努力義務**（best effort）を負い，手数料をもらって証券のマーケティングを行う証券会社がこれにあたる。

② 証券を分売する「目的で」（with a view to）証券を発行体から購入する者。**確定数量**で発行体から証券を**引き受け**（firm commitment），ディーラーを通して又は投資家に直接引き受けた証券を転売する証券会社がこれにあたる。分売目的があったかどうかは，証券の保有期間（通常2年間証券を保有していれ

---

105) 投資家の間での情報リスクの差は，インサイダー取引の問題として取り扱われている。

ば，分売目的がないとみなされる）[106] や，転売を行った者が，発行体との関係から通常の投資家よりも多くの情報を得られる立場にあったかどうかによって判断される。

③ **支配を及ぼす者**（controlling person）に関して上記2つのいずれか（つまり代理人又は分売目的での購入）を行う者である。

なお，引受人の定義上重要な「**分売**（distribution）」は証券法上も規則上も定義されていないが，判例及びSECの実務上は，「**公衆投資家**（public investors）に募集又は売付けを行うこと」とされている。

（2） 制限証券と支配を及ぼす者に関する免除

制限証券の保有者で支配権を及ぼさない者（non-control holder of restricted securities）は，以下の3つの方法で，証券の登録を行うことなく証券を転売することができる。第一は，証券が制限証券としての性質を失う（come to rest）まで待つことであるが，どのようなときに性質を失うのかは明確になっていない。第二は，分売にならないように，4条(a)(2)の私募免除の対象になる取引を行うことである。第三は，転売におけるセーフハーバールールであるルール144を使うことである。

一方，支配を及ぼす者についても，登録せずに転売する方法は3つあり，第一は，転売を少しずつ行うことにより「分売」ではないと主張すること（非常に危険性が高い），第二は，引受人を介さずに投資家に直接転売すること（非常に難しい），第三は，ルール144を使うことである。つまり，制限証券であっても，支配を及ぼす者であっても，ルール144を使えば確実に登録をすることなく転売が可能である。

①ルール144

SECが1972年に制定したルール144は，引受人となる場合を定義し，支配を及ぼす者及び制限証券の所有者がどうすれば登録せずに公衆に転売できるのかを明確化した。

- 制限証券の保有者については，転売の直前の3か月間に支配を及ぼす者ではなく，報告会社の証券については6か月，非報告会社の証券については12か月の保有期間を経過後に転売すれば「引受人」とはみなされない。

---

106) United States v. Sherwood, 175 F. Supp. 480 (S.D.N.Y. 1959).

- 支配を及ぼす者に関して引受人となる可能性がある者でも，一定の上限数量（発行済株式又は週平均取引高の1%のいずれか大きい数値）において，フォーム144による開示を行えば（さらに制限証券であれば上記の保有期間の後で転売すれば），「引受人」とはみなされない。

②4条（a）（1½）免除

　4条(a)(2) 又は小規模募集に基づいて私募として発行された証券を，文言上発行者のみに適用される4条(a)(2)と同様の条件の，**私的な取引**（private transaction）で転売すれば，「分売」にはあたらず，したがって「引受人」にもならないはずであり，発行体，引受人，ディーラー以外の取引として，4条(a)(1)の登録免除が適用されることになる。この免除は理論上の免除であり，4条(a)(2)類似の取引に基づいて4条(a)(1)の免除を受けようとするところから，4条(a)(1½)免除といわれている。

　機関投資家に対する私的な取引を促進させるために，1990年にSECが4条(a)(1½)免除を部分的に成文化したものが，ルール144Aの免除である（後述「**Ⅶ. 1.(2) ルール144A**」参照）。

7. 民事責任

(1)　総説

　証券法制定のきっかけは，州法で規制しきれなかった分野を規制することであり，証券の募集や売付けを行う者に対して，以下を含む厳しい民事責任が規定された。

- 登録届出書の**不実表示**（11条）：登録届出書又は目論見書に重要な不実表示が含まれていた場合は，買い手は募集に携わった特定の者に損害賠償を請求できる。
- 登録義務違反（12条(a)(1)）：売り手や発行体が5条の登録義務やガン・ジャンピング規制に違反した場合，買い手は取引を**無効にする**（rescind）ことができる。
- その他の不正行為（12条(a)(2)）：登録募集において11条の対象にならないような不正手段がとられた場合，買い手は取引を無効にすることができる。
- **支配を及ぼす者**の責任（15条）：投資家は，11条又は12条違反を犯した者に支配を及ぼす者に対しても，共同及び単独で（jointly and severally）救済を請求できる。

- SECによる救済：SECは募集における詐欺行為を一般的に禁止する（17条，**antifraud provisions**）。また，証券法及び規則の違反に対して，**民事手続**（20条）や**行政手続**（8A条）により，行為差止や民事制裁金を請求できる。
- 刑事責任（24条）：証券法の故意による違反（willful violation）は，最大5年間の懲役及び1万ドルの罰金の対象となる。

　多くの投資家は，正規の目論見書を受け取る前に投資決定を行っている。そこで，2005年の**公募制度改革**は，投資家が投資決定をする前に重要な不実表示か非開示を行った場合（売付け後に修正が行われたか否かを問わず），民事責任（12条(a)(2)）及びSECの法執行（17条(a)(2)）の対象とした。

(2)　不実表示とデュー・デリジェンスの抗弁

①11条の要件
　伝統的なコモンロー上の詐欺や，ルール10b-5と異なり，11条の不実表示による責任を追及するためには，原告は重要な不実表示又は重要な事実の欠如を立証するだけでよく，**欺罔の意図**（scienter），**信頼**（reliance）及び**因果関係**（causation）の立証は要求されない。なお，**将来指向記載**（forward-looking statements）については，次節「**(3) 将来指向記載**」を参照されたい。
　一方，被告は，合理的な調査を尽くしたこと（**デュー・デリジェンスの抗弁**，後述参照），原告が当該記述の不実性を知っていたこと，又は，不実表示以外の要素が株価下落に影響したことを証明すれば免責される。11条に基づく訴訟は，原告が不実表示を発見してから（又は発見すべきであったときから）1年以内及び証券が発行されてから3年以内に提起されなくてはならない。
　11条の責任が生ずるのは，登録届出書が効力を発生したときであるため，**仮目論見書**については，**最終目論見書**（final prospectus）になるまで責任は生じない。EDGARに電子的にファイリングされた目論見書と，投資家に送られた目論見書が異なる場合，どちらかに不実表示があるか，双方を全体として見たときに不実表示になるのであれば，11条の責任は成立する[107]。

②原告と被告
　登録証券の買い手が，原告となることができる（11条(a)）。原告を，登録証券の発行市場における買い手に限定した判例もあるが，公募後の流通市場における

107）DeMaria v. Andersen, 318 F.3d 170 (2d Cir. 2003)

買い手にも原告適格を認めた判例もある[108]。11条の濫用を防ぐために，裁判所は被告の裁判費用をカバーする保証金を原告に供託させ，訴訟が価値のない（without merit）ものであると判断した場合は原告に訴訟費用を負担するよう要求できる（11条(e)）。

一方，以下の者が，11条訴訟の被告となる可能性がある。

- 登録届出書の署名者（発行体，発行体のCEO，CFO等）
- 発行体の役員
- 募集に参加した引受人
- 登録届出書に使用される意見書の使用を許可した専門家（会計事務所や格付機関など）

これらの被告は，買い手と直接の契約関係（in privity with）にある必要はなく，必ずしも問題となっている不実表示に係わったとも限らない。原則として11条の責任は共同及び単独（joint and several）であるが，引受人の責任は引き受けた金額に限定されており（11条(e)），社外取締役については，意図的に（**knowingly**）違反を行った場合を除いて，損害を引き起こした責任の割合に限定されている。

③デュー・デリジェンスの抗弁

発行体は，無過失で11条の責任を負う。しかし，発行体以外の被告は，11条の責任がないことを立証するために，**デュー・デリジェンスの抗弁**をすることができる。デュー・デリジェンスとは精査を意味する言葉であり，ここでは，被告が登録届出書や目論見書の内容についてきちんと調査したことを指している[109]。11条で要求されるデュー・デリジェンスのレベルは，以下の表のように，専門家と非専門家，**専門家が作成した（expertized）部分**か否かで異なる[110]。

---

108) Hertzberg v. Dignity Partners, Inc. 191 F.3d 1076 (9th Cir. 1999)（エイズ患者から生命保険金を受け取る権利を買い取る事業を行う会社の株式を，IPO後に流通市場で購入した投資家が，エイズ治療薬により患者の寿命が延びて株価が下落したことから，同社を11条違反で提訴）。

109) 弁護士事務所に就職した新人アソシエートが最初に任される仕事も，デュー・デリジェンスであることが多い。もっともそこでのデュー・デリジェンスとは，M&Aや融資案件において，かつては書類の山が積まれた部屋に閉じ込められて，現在ではオンライン上のバーチャルデータルームにパソコンからアクセスして，何日もかけて契約書や関連書類を読み込んで要点をまとめることを指している。

110) PALMITER, *supra* note 18, at 266の表を再構成したもの。

	専門家作成部分	それ以外
専門家	合理的な調査をした上で，情報が真実であることを実際にかつ合理的に信じていること（知らなかったことは抗弁にならない）	免責
非専門家	情報が虚偽であると信じる合理的な理由がないこと（知らなかったことは抗弁になる）	合理的な調査をした上で，情報が真実であることを実際にかつ合理的に信じていること（知らなかったことは抗弁にならない）

　専門家の作成部分とは，会計事務所が監査した財務諸表や，鑑定士が作成した鑑定書などである。当該部分については，専門家は非専門家よりも高い基準を要求され，合理的な調査をした上で，情報が真実かつ誤解を招くようなものではないことを実際にかつ合理的に信じていなければならず，知らなかったことは抗弁にならない（11条(b)(3)(B)）。一方で，非専門家は，情報が虚偽又は誤解を招くようなものであると信じる合理的な理由がないことを証明すれば免責され，合理的に知らなかったことが抗弁になる（11条(b)(3)(C)）。

　専門家が作成した部分以外については，専門家は免責され，非専門家は合理的な調査をした上で，情報が真実かつ誤解を招くようなものではないことを実際にかつ合理的に信じていなければならず，知らなかったことは抗弁にならない（11条(b)(3)(A)）。

　「合理的」かどうかは，ルール176において，当該情報に対する被告の**アクセス権**に関する状況（発行体及び証券の種類，被告の経験及び発行体との関係，並びに当該情報についての被告の役割）に応じて判断されるとされている。

④BarChris事件

　BarChris事件[111]は，被告によって要求されるデュー・デリジェンスの違いについて明確に示した。同社は，ボウリングのレーンを製造する会社であり，社債を発行して資金調達をしようとした。ところが，登録届出書や目論見書に記載された監査済み財務報告書は，同社が販売したボウリングのレーン数の過大報告や，信用性の低い手形の割引により財務が悪化すること，手取金は事業拡大ではなく既存負債の返済に使われることなど，明らかな不実表示を含んでいた。募集に携わった様々な者の責任について，以下のように判示された。

111）Escott v. BarChris Construction Co., 283 F. Supp. 643 (S.D.N.Y. 1968).

- BarChris社は無過失で責任を負う。
- 創業者であり社長のVittolo及び取締役副社長のRussoは，不実表示に直接関与しており，専門家の作成した部分かどうかに係わらず免責されない。
- 社内弁護士だが取締役としての経験が浅く財務状況に関してほとんど知らなかったBirnbaumは，専門家作成部分については知らなかったことを抗弁として免責するが，それ以外の部分については，社内弁護士としての地位や書類への**アクセス権**から免責されない。
- 引受人の主幹事であるDrexel & Co.は，専門家の作成した財務諸表については会計事務所を信頼していたとして免責したが，デュー・デリジェンスを外部の弁護士に依頼しており，その弁護士が虚偽を見抜けなかったため，専門家の作成部分以外については合理的な調査をしなかったとして免責されない。
- 主幹事としてのDrexelにすべてを任せて自ら調査を行わなかった他の引受人も，同様に免責されない。
- 財務諸表を監査したPeat MarwickはBarChrisから提出された資料を自ら調査を行わず信頼しており，虚偽の財務諸表について合理的な調査をしていなかったため，免責されない。

(3) 将来指向記載 (forward-looking statements)

　将来指向記載とは，業績や事業計画など，将来の事項行動に関する予測，推測又は意見を述べたものである。後述の PSLRA 法では，将来指向記載は，①収益などの財務数値に関する予測，②将来の事業に関する計画及び目的，③財務状況と事業の結果に関する MD&A の記載を含む将来の業績に関する記載，④上記の基となる前提を含むとされている。

　SEC は，1989年から，SEC にファイリングされる登録届出書や年次報告書の**経営者の議論と分析**（MD&A, **Management's Discussion and Analysis**）の項目で，発行体の財務状況に重要な変化を「与える可能性が合理的にある (reasonably likely to result)」傾向や不確実性について記載するよう義務付けている（レギュレーション S-K, Item 303）。特に，2000年代初頭の会計スキャンダルに対応して，上記のような傾向や不確実性が与える影響を表や数字を使って記載するとともに，収益がどのように変わるのかを記述するよう義務付け，将来指向記載の開示を進めてきた[112]。

　しかし，このような将来指向記載も11条の責任の対象となり得るため，発行体はこうした情報の開示に消極的になり，投資家にとって重要な情報が開示されな

---

112) MD&A Guidance, Securities Act Release No. 8350 (Dec. 29, 2003).

くなるおそれがある。そのため，以下のようなセーフハーバールールが定められている。

①ルール175（証券法），ルール3b-6（取引所法）

「合理的な根拠がないもの（without reasonable basis）」又は「善意でなく（other than in good faith）」開示されたものでない限り，将来指向記載は不実表示とはならない。合理的根拠の非開示により，将来の予測や推測が誤解を招くようなものになる場合には，根拠自体の開示も求められる。このルールは，発行体が開示を行ったときの主観に着目している。それに対して，以下の2つのルールは客観的な面に着目している。

②注意表示の法理（bespeaks caution doctrine）

この法理は判例によって確立したものであり，記載が意味のある，決まり文句以上（meaningful, beyond boilerplate warnings）の注意書きとリスク要素を含むものであれば，当該記載に関する重要性又は信頼を否定するものである[113]。しかし，この法理は，注意書きやリスク開示を行えば，発行体が将来の事項についてどんなことを記載してもよいとするものではない。たとえば，経営者が虚偽と知って開示をしている場合には，注意書きは意味のないものとされている[114]。

③証券民事訴訟改革法

PSLRA（**Private Securities Litigation Reform Act** of 1995，以下「**PSLRA法**」という）は，11条訴訟の被告が以下のいずれかを立証すれば責任を負わないというセーフハーバールールを定めた（27A条）。

- 当該記載が不実であることを実際に知らなかった（lack of actual knowledge）こと。すなわち，無謀な（reckless）又は過失に基づく（negligent）記載は責任を免除される。
- 当該記載が重要ではないこと（immaterial）
- 当該記載が，重要な点で異なることになる原因となる，重要な要素を指摘した注意書きを伴っていたこと

ただし，このルールはあくまで投資家に対する責任の免除であって，SECの法

---

113) Luce v. Edelstein, 802 F.2d 49 (2d Cir. 1986).
114) Freeland v. Iridium World Communications, 545 F. Supp. 2d 59 (D.D.C. 2008).

執行を免除したものではない。また，財務諸表とIPOにおける将来指向記載については，本セーフハーバールールは適用されない（27A条(b)(2)）。

(4) 登録義務違反

証券法における開示義務を補完するために，証券が5条の登録義務やガン・ジャンピング規制に違反して募集又は売り付けられた場合，買い手は取引を無効なものとして，支払金額（利子を含む）の返還か，既に証券を転売してしまった場合は差額の返金を請求できる（12条(a)(1)）。

同条は，免除の適用なく無登録で証券募集を行った者に対して無過失責任を課している。一度無登録で募集が行われたら，その後証券法に従ったとしても，遡及的に責任を逃れることができるわけではない[115]。

支払金額や差額の返還義務を負うのは，証券を募集又は売付けした者である。Pinter事件[116]において最高裁は，そのような者は，証券の所有権を移転した者だけではなく，証券の売付けを勧誘したものも含まれるが，自ら又は売り手の経済的利益のためではなく単に無償の（gratuitous）助言をした者は含まれないと判示した。

(5) 公募における不正手段

12条(a)(2)は，11条でカバーされない責任をとらえようとしたものである。募集における買い手は，募集が重要な点で不実であるか誤解を招くような目論見書又は口頭の手段により行われた場合に，売り手に対して取引を無効にすることを請求できる。売り手が免責されるためには，11条で非専門家に求められる程度のデュー・デリジェンスを要すると解される[117]。

なお，判例により，12条(a)(2)は私募には適用されない[118]。訴訟は，11条と同様に，原告が不実表示を発見してから（又は発見すべきであったときから）1年以内及び証券が発行されてから3年以内に提起されなくてはならない。

---

115) *See* Diskin v. Lomasney & Co., 452 F.2d 871 (2d Cir. 1971) (待機期間にガン・ジャンピング・ルールに反して募集を行った場合，その後目論見書配布義務に則って売付けを完了したとしても，12条(a)(1)により取引は無効となり得ると判示)。

116) Pinter v. Dahl, 486 U.S. 622 (1988).

117) Sanders v. John Nuveen & Co., 619 F.2d 1222 (7th Cir. 1980).

118) Gustafson v. Alloyd Co., 513 U.S. 561 (1995) (企業を少数株主から買い取った原告が，株式譲渡契約は目論見書であるとして12条(a)(2)の適用を求めたのに対し，目論見書は公募に関するものに限ると判示)。

(6) クラウドファンディングに関する責任

JOBS法によって導入された**クラウドファンディング**の制度では，12条(a)(2)類似の責任を発行体及び仲介者に負わせている。クラウドファンディングにおける買い手は，不実表示を知らなかった場合に，書面又は口頭で重要な不実表示又は表明を行った者に対して取引無効を請求できる（4A条(c)(1)，(2)(A)）。

被告となるのは，発行体，発行体の役員等の関係者，ブローカーやサイトを提供した仲介者，及び証券を募集又は売り付けた者である（4A条(c)(3)）。被告は，不実表示について知らずかつ合理的に知ることができなかったという合理的注意の抗弁を有する（4A条(c)(2)(B)）。

(7) 詐欺防止条項

17条(a)は，公募，私募，さらには免除証券であるかどうかに係わらず，証券の募集又は売付けにおける詐欺的行為を禁止する**詐欺防止条項**である。17条(a)は，州際通商の手段を用いて，①詐欺を行うための策略，計略又は術策を用いること，②重要事項について不実の記載をなし，又は重要事実を省略することによって金銭又は財産を取得すること，③買い手にとって詐欺となり又はなると思われる取引，慣行又は営業に従事すること，を禁止する[119]。

最高裁は，上記の①については**欺罔の意図**（scienter）が必要であるが，②及び③については要しないとしており[120]，また，17条(a)は証券の分売以降，たとえばブローカーが顧客をだました場合にも適用されるとしている[121]。

17条(a)は，その違反を理由に買い手が売り手に損害賠償を請求できるという，**黙示の訴訟原因**（implied private cause of action）を認めたものではない[122]。一方で，開示に関するSECの法執行に広く活用されている。

コラム　アメリカ法律映画ベスト10

留学を予定又は希望されている方から，「留学前にどんな準備をしたほうがいいですか」と聞かれることが，よくある。もちろん，留学前から授業の

---

119) この文言はルール10b-5のモデルとなった。
120) Aaron v. SEC, 446 U.S. 680 (1980).
121) United States v. Naftalin, 441 U.S. 768 (1979) (議会の意図は，証券取引業のすべての面において正直さを求めたものであると認定)。
122) Finkel v. Stratton Corp., 962 F.2d 169 (2d Cir. 1992) (売り手に対して不実表示を理由に損害賠償を求めた買い手について，12条(a)(2)適用の余地は認めながらも，17条(a)の適用を否定)。

予習や司法試験の準備をすることも決して無駄ではないだろうが，私は，英語のリーガルムービー（法律映画）を観ることをお勧めしている。英語字幕で観れば英語の勉強になるし，アメリカの雰囲気や歴史背景なども知ることができる。私のおすすめ映画を，第10位からご紹介したい。

- 10位　ペーパー・チェイス（The Paper Chase）：ハーバード・ロースクールを舞台にした昔の青春映画。映画で出てくるような恐怖の教授は今ではあまりいないが，映画で慣れておくと実際の授業でも大丈夫かも？
- 9位　ダブル・ジョパディー（Double Jeopardy）：二重処罰の禁止を意味するタイトルがストーリーのキモになっている，サスペンス・アクション映画。私の博士論文のテーマの1つが二重処罰禁止だった。
- 8位　アラバマ物語（To Kill a Mockingbird）：人種差別が色濃く残るかつての南部アラバマ州を舞台とした，黒人男性の弁護を引き受けた白人弁護士の戦いの物語。憲法の授業でも多くの人種差別の問題が。
- 7位　真実の行方（Primal Fear）：リチャード・ギア主演の法廷サスペンス。なんでこんな意味不明の邦題なのだろうと感じる作品は多いが，この邦題はピッタリ。
- 6位　ザ・ファーム 法律事務所（The Firm）：ハーバードを優秀な成績で卒業し，破格の好待遇でメンフィスの事務所に就職した主人公が，巨大な陰謀に巻き込まれていくサスペンス・アクション映画。
- 5位　キューティー・ブロンド（Legally Blonde）：女子大生が一念発起してハーバード・ロースクールで活躍するサクセスストーリー。原題のLegally Blondeは，「金髪は法的に認められるくらいのおバカ」という意。
- 4位　推定無罪（Presumed Innocent）：「有罪と証明されるまでは無罪と推定される」という刑法の大原則がキモとなる，ハリソン・フォード主演の法廷サスペンス。
- 3位　シビル・アクション（A Civil Action）：実話に基づく，アンビュランス・チェイサー（人身傷害専門弁護士）が，巨大な環境訴訟に巻き込まれ人生を大きく変えていく物語。民事訴訟法の勉強にもなる。
- 2位　エリン・ブロコビッチ（Erin Brockovich）：冴えないシングルマザーが巨大企業に立ち向かう，スカッと系ムービー。法律構成がしっかりしているが，何も考えずに見ても楽しめます。
- 1位　十二人の怒れる男（Twelve Angry Men）：12人の男たちとは，

陪審員のこと。陪審員室でのやりとりに終始する，ほとんど動きのない低予算映画だが，細部までよく練られており一見の価値あり。

完全に私見と偏見に基づいたリストなので，もう少し幅広いチョイスをご希望の方は，全米法律家協会が選ぶベスト25を参考にされたい。
http://www.abajournal.com/gallery/top25movies

Ⅳ. 証券取引の規制

【第Ⅳ章のまとめ】

- **本章の目的**：取引所法を中心とする証券の流通について，発行体である公開会社及び取引所や証券業者などの仲介者がどのように規制されているかを理解する。
- 相場操縦行為に対して，裁判所やSECは，禁止規定の9条ではなく，誘引目的の立証を必要としないルール10b-5を適用することが多い。
- 公開市場で取引されている株式の発行体には，SECに登録し，年次，四半期，臨時の報告書提出により継続開示をする義務がある。また，公開会社は，海外不正行為防止法やSOX法によって，行為を規制され，厳しいコーポレートガバナンスを要求される。
- 登録会社の株式の公開買付けを行おうとする者は，SEC，対象会社の経営陣，株主に対して開示をしなければならない。
- 取引所及びブローカー・ディーラーはSECに登録しなくてはならず，その行為はSECの規制及びFINRAの自主規制に服する。
- SECは，自主規制機関であるFINRAと，ブローカー・ディーラーの規制や法執行について共同規制機関として役割を分担している。

1. 取引所法

　1934年に制定された取引所法は，公開会社の開示義務や行為規制，証券業者の行為規制，取引所や証券業者の自主規制を含む行政監督の仕組みなどを定めて，証券の流通市場を規制している。取引所法は，以下のように多くの改正を経ている。

- 1938年**Malony Act**：NASD（**National Association of Securities Dealers**）など，店頭証券取引のブローカー・ディーラーをSECの監督下に置いた。
- 1968年**Williams Act**：公開買付けなど，企業再編に係わる規則や開示を定めた。
- 1977年**Foreign Corrupt Practices Act**：外国政府に対する賄賂を禁止するとともに，公開会社の記録保持義務について定めた。
- 1990年**Securities Enforcement Remedies and Penny Stock Reform Act**：行政

手続の救済手段として民事制裁金と差止命令を導入し，SECの法執行機能を強化した。

- 1995年**Private Securities Litigation Reform Act**：証券法と取引所法の詐欺防止条項に基づいて提起される，濫用的クラス・アクションに対処した。
- 1996年**National Securities Markets Improvement Act**：連邦法が州法に優先する分野を定めるとともに，ブローカー・ディーラーに対する州法の規制を制限した。
- 1998年**Securities Litigation Uniform Standards Act**：証券の不正行為に関するクラス・アクションの管轄権を連邦裁判所に限定した。
- 2002年**SOX法**，2010年**ドッド・フランク法**，2012年**JOBS法**についての詳細は，前述「**Ⅱ. 3. (4) その他の証券取引法**」及び「**Ⅱ. 5. 証券規制の新展開**」を参照されたい。

2. 流通市場の規制

（1） 取引所等の規制

　取引所とは，「証券の買い手と売り手を付き合わせる」又は「通常証券取引所が有する機能を有する」[123] 施設と定義されている（3条(a)(1)）。免除が認められない限り，取引所はSECに登録しなくてはならない（5条）。取引所は，取引及びメンバーの資格に係わる自主規制に服する（6条）。取引所が規則を変更するには，SECの承認を得なくてはならない（19条(b), (c)）。SECは，取引所が行った会員の処分を審査するとともに（19条(d)），自らの調査に基づき取引所，会員，取引所の関係者を処分することができる（19条(h)）。

　一方，投資家や証券会社が取引所を介さずに，お互いに売買の注文を付き合わせることにより行われる取引を**店頭取引**という。ブローカー・ディーラーはSECに登録しなくてはならず，その行為はSECの規制及び**FINRA**の自主規制に服するが，店頭市場自体に対するSECへの登録義務はない。

　SECは，その他市場参加者にも規制権限を有する。たとえば，取引に関する情報や証券の**気配値**（売り買いの希望価格）を提供する業者はSECに登録しなくてはならず（11A条(b)(1)），**名義書換代理人**（**transfer agent**），**交換所**（**clearing house**）などの取引に携わる業者もSECへの登録が必要である（17A条）。

---

123) 「通常証券取引所が有する機能を有する施設を取引所という」というのは，トートロジーのようであるが，このような定義は米国法で珍しくない。

コラム フラッシュ・クラッシュ

　2010年5月6日，米国株式市場において，株価が急激に変化するような特段の材料がなかったにもかかわらず，株価がわずか10分間で約9％下落するという，「**フラッシュ・クラッシュ**」[124] 事件が起こった。SEC と CFTC の2010年5月18日付け共同報告書[125] 及び2010年9月30日付け共同報告書[126] を基にフラッシュ・クラッシュのメカニズムを簡単に述べると，以下のようになる。

　14時32分，ある投資信託の運用業者が，株価指数先物市場で約41億ドル相当の超大口売り注文を発注し，他の HFT トレーダーが買いに向かった。14時41分，HFT トレーダーがポジションを調整しようと株価指数先物や現物を売り始めた。この市場の売りの増加を見た投資家からの買い注文が激減したため，株価指数先物の価格が急落し，14時45分に取引を停止させる**サーキット・ブレーカー**が作動し，株価指数先物取引が5秒間停止した。

　その後株価指数先物価格は上方に転じたが，現物市場では売りが続いたため，HFT トレーダーは現物の買い注文を見合わせた。一方で，**マーケット・メーカー**[127] が気配提示義務を充たすために形式的に提示していた**スタブ・クォート**（実勢とはかけ離れた安い買気配値）と，場に出ていた売り注文が相次いで約定された。やがて現物株の相場は回復したが，市場が引けた後，各取引所は「明らかな誤り」と判断された合計326銘柄2万件に上る取引を取り消した[128]。

　相次ぐ規制[129] によりフラッシュ・クラッシュの再発は防がれている一方で，HFT を使って不公正取引が行われているのではないかという懸念が高まっている。2014年3月31日に出版されたノンフィクション本『**フラッシュボーイズ**』[130] は，「23兆ドル規模の米国証券市場は HFT トレーダーによっ

---

124) 一瞬で「フラッシュ」のように株価が「クラッシュ」したという意味である。
125) REPORT OF THE STAFFS OF THE CFTC AND SEC (May 18, 2010).
126) REPORT OF THE STAFFS OF THE CFTC AND SEC (Sept. 30, 2010).
127) 市場の流動性を維持するため，ある銘柄に関して一定量の在庫を持ち，売り値と買い値を参加者に提示して，実際にその価格で参加者との売買に応じる特定の証券業者のこと。
128) なお，日本でフラッシュ・クラッシュと同様の現象が起こる可能性は非常に低いとされる。大崎貞和「フラッシュ・クラッシュから一年」金融ITフォーカス（2011年5月号）。
129) フラッシュ・クラッシュ後の米国における規制についてまとめた論文として，清水前掲（注14）を参照されたい。
130) MICHAEL LEWIS, FLASH BOYS (W. W. Norton & Co. Inc. 2014).

IV.証券取引の規制

> て不正操作されており，HFTトレーダーは非公開の情報にすばやくアクセ
> スすることにより行動の遅い投資家を食い物にしている」と主張し，市場関
> 係者に衝撃を与えた。
>
> また，HFTを使う投資会社のバーチュ・ファイナンシャル社は，2014年
> 4月初頭に予定していた上場を無期限に延期することを発表した[131]。発端は，
> 同社が上場に向けて開示した資料の中にあった「5年間のHFTで負けたのは
> 1日だけ」との記述であり，これが投資家や規制当局の間に様々な疑念を生
> じさせたのである[132]。さらに，2015年4月，米国法務省（DOJ, Department
> of Justice）は，英国の個人投資家がHFTを利用して相場操縦を行い，フ
> ラッシュ・クラッシュの一因となったとして，同投資家を起訴している[133]。

（2） 相場操縦の規制[134]

①取引所法9条（a）

取引所法9条(a)は，政府証券を除くすべての証券について，以下の取引を禁止
している。

- 証券の実質的移転を伴わない取引（**仮装取引（wash sales）**）
- ほぼ同一の量・時・価格において，買い注文（又は売り注文）が出されること
  を知りながら，売り注文（又は買い注文）を出すこと（**馴合取引（matched
  orders）**）
- 他者による売付け又は買付けを誘引する目的（以下「**誘引目的**」という）をもっ
  て，実際上又は外見上活発な取引が行われていると見せかける，又は価格を
  騰貴若しくは下落させるような，一連の取引を執行すること（**現実取引**）
- 誘引目的をもって，相場を操縦するために価格が騰貴又は下落するような効
  果を持つ情報を流布すること（**風説の流布**）

---

131) 「米，超高速取引を調査」前掲（注22）.

132) HFTそのものを規制するべきか又はどう規制するべきかについて，IOSCO REPORT
supra note 23 at 31-40; Charles R. Korsmo, *High-Frequency Trading: A
Regulatory Strategy*, 48 U. RICH. L. REV. 523, 599-608 (2014); 保志＝横山＝太
田前掲（注24）などが詳しい。

133) Futures Trader Charged with Illegally Manipulating Stock Market,
Contributing to the May 2010 Market 'Flash Crash', DOJ Justice News (April
21, 2015).

134) 相場操縦とHFTについて，後述「**V.3.相場操縦とHFT**」参照。

- 誘引目的をもって，重要事項についての虚偽又は誤解を招くような表示をすること

　当初，対象は取引所に上場している証券に限定されていたが，ドッド・フランク法による改正により，店頭取引証券を含むすべての証券に拡大された。9条で禁止される相場操縦行為の被害者は，9条(f) に基づいて訴訟を起こすことができる。原告は，被告が行為を**意図的に**（**willfully**）行ったことと，相場操縦により価格が影響を受けたことを証明しなくてはならない。

②ルール10b-5
　9条に加えて，ルール10b-5は，市場の動向についての虚偽の概観を作り出すことにより相場を操縦することを禁止する。実際，裁判所やSECは，9条の適用外の相場操縦についても，より適用範囲が広く，誘引目的の認定の必要がないルール10b-5を適用してきた。たとえば，相場を人為的に騰貴させるために証券を購入したトレーダーは，たとえ他人による売買を誘引する目的がなかったとしても（すなわち，誘引目的を必要とする取引所法9条に違反していなくても），ルール10b-5に違反する可能性がある[135]。
　SECは，現実取引による相場操縦にルール10b-5を適用するにあたっては，いわゆる「**唯一の目的**（**sole intent**）」のアプローチをとっている。つまり，行為者の主要な目的が証券の価格を動かすこと（以下「**操縦意図**」という）であった場合に，相場操縦が行われたと認定する[136]。換言すれば，行為者において操縦意図がなければそのような行為を行わなかったであろうと考えられる場合に，相場操縦の成立を認めるものである。

③**自社株取引**
　自社株取引について，発行体にとっては，自社株の価格を操作し，敵対的買収を防いだり株式ベースの報酬（ストックオプションなど）の価値を高めたりすると

---

135) United States v. Mulheren, 938 F.2d 364 (2d Cir. 1991) （契約に基づき市場価格で株式を売却する義務を負っていた第三者に利益をもたらすために，株価を高騰させようとした事例について，ルール10b-5を適用）。

136) このアプローチは，Markowski v. SEC, 274 F.3d. 525, 528-29 (D.C. Cir. 2001)では肯定されたが，ATSI Communications, Inc. v. Shaar Fund, LTD, 493 F.3d 87, 100 (2d Cir. 2007)や，GFL Advantage Fund, Ltd. v. Colkitt, 272 F.3d 189, 205 (3rd. Cir. 2001)では，適用範囲が広すぎるとして否定されている。しかし，SECは，Kirlin Secs., Inc., Exchange Act Release No. 61135 (Dec. 10, 2009)でも見られるように，このアプローチを現在でもとっている。

IV . 証券取引の規制

いったインセンティブが生ずる。一方で，自社株取引には，従業員持株制度や，株主に流動性を与えるといった正当な目的もある。

そこで，ルール10b-18は，(a) ブローカー・ディーラーは1社のみ，(b) ザラ場（取引所の取引時間）中の取引，(c) 市場の最低価格を超えない，(d) 取引所で買い付けるという条件を充たせば自社株取引を正当なものとするセーフハーバールールを定めた。また，敵対的買収に対する自社株取引にはルール10b-13という特別ルールを定めた。

④レギュレーションM

公募期間中に，引受人が証券の募集時に証券を買い付けることによって募集後の相場を操縦することを防止するために，SEC は規則制定権に基づいてレギュレーション M を制定した。証券の**分売**（distribution）に関与する者（引受人その他の発行体以外の参加者）は，分売中の証券の買付けができない（ルール242.101，242.102，242.100）。

ただし，発行体が大規模な公開会社（パブリック・フロートが1億5,000万ドル以上及び直前の60日間の一日平均取引量が100万ドル以上）について，引受人による買付けを許容している。また，**価格安定操作**（stabilization）について，証券価格の下落を防ぐ目的で，募集価格以下で，市場に通知をするなどの条件を充たしたものを許容している（ルール242.104）。

コラム　米国法における意図〜Recklessとは？

米国法では，意図を表す単語が非常に多く，日本法にはない概念もあるため，混乱が生じることも多い。意図による効果の差異は，特に刑法の分野に細かく定められている。米国法律協会（American Law Institute）の定めた模範刑法典（Model Penal Code）の2.02条は，**purposely**, **knowingly**, **recklessly**, **negligently** の4つについて，以下のように定める。

- purposely（意図的に）：犯罪行為の重要な要素について，そのような性質の行為を行うこと又はそのような結果を起こすことが，行為者の意識的な目的であった場合
- knowingly（故意に）：犯罪行為の重要な要素について，行為者が，自らの行為がそのような性質のものであること又はそのような状況が存在することを知っている場合
- recklessly（無謀に，あえて）：犯罪行為の重要な要素について，行為者

が，重要な要素が存在するか又は自分の行為から生じる重大かつ正当
化できないリスクを，意図的に無視した場合

- negligently（過失で）：犯罪行為の重要な要素について，行為者が，重
要な要素が存在するか又は自分の行為から生じる重大かつ正当化でき
ないリスクを，知っているべきであった場合

また，Model Penal Code には定義されていないが，willfully 及び
maliciuosly を要件とする刑法もある。これらは，非常に knowingly と近
いが，やや要件としては重く，行為者が，自分の行為が違法であることを
知っているという要素が加味される場合もある。

いずれにせよ，定義を読んでもそれぞれの違いがピンと来ないかもしれな
いが，たとえば，麻薬をメキシコから密輸して，米国で売って儲けてやろう
という行為は，purposely 又は knowingly であるといえよう。また，メキ
シコで他人から「これは米国の知人へのプレゼントなので持っていってほし
い」と言われて受け取るような場合，大金とともに白い粉を受け取るような
ケースは recklessly，いかにもプレゼントのようなものを受け取るのは
negligently になるのではないだろうか。

（3）　空売りの規制

空売りは，証券価格の下落局面において利益を得ることを可能にする。つまり，
投資家は，証券を保有する証券会社や機関投資家から証券を借りてきて株を市場
で売り，その後証券価格が下落すれば，より安い価格で証券を買い戻して返却す
ればよい。

空売りには，証券価格の下落を加速させるという懸念があり，10条(a)(1)は
SEC に空売りを規制する権限を与えている。1938年に，SEC はレギュレーショ
ン SHO の一環として，いわゆる**上昇（up-tick）ルール**を制定し，直前の約定価格
よりも低い値段で上場株式を借りて空売りすることを禁じた。しかし，空売りに
は，流動性の提供や価格の効率化といったメリットもあることから，SEC は2007
年に上昇ルールを廃止し，空売りが不正な価格操作目的である場合には，相場操
縦の規制で取り締まるという立場をとった[137]。

ところが，2008年の金融危機をきっかけとして空売りに対する懸念が再燃し，
2010年にSECはレギュレーションSHOを改正し，日中に前日の終値から10％以

---

137) Exchange Act Release No. 55970 (July 3, 2007).

IV . 証券取引の規制

上下落した株式については，最良買気配値以外で空売りをすることを禁止した（ルール201）。また，ブローカー・ディーラーは，売り注文がロング（顧客が既に株式を保有）なのかショート（空売り）なのかを表示する義務を負っている（ルール200(g)）。

3. 公開会社に関する規制

取引所法は，証券法で要求されている公募の登録制度を流通市場にも適用し，公開市場で取引されている株式の発行体に対して SEC への登録を義務付けた。

- 登録された会社は，SECに**継続開示**（**periodic disclosure**）を行い，投資家に情報を開示しなければならない。そのような会社を**報告会社**（**reporting company**）という。また，継続開示義務に伴い，記録の保存や，内部会計統制システムの維持が必要であり，委任状規制にも服する。
- 登録会社の株式に対する公開買付けを行おうとする者は，SEC，対象会社の経営陣，株主に対して開示をしなければならない。
- 登録会社の取締役，役員及び10％超を所有する株主は，自社株取引により6か月間以内に収益を上げるか損失を被った場合に，当該取引を開示しなければならない。

(1) 登録会社の開示規制

①12条の開示義務
株式又は債券を取引所に上場させている会社は，取引所に登録して写しを SEC に提出しなければならない（12条）。また，2,000人以上（適格投資家でない場合は500人以上）の株主及び1,000万ドルを超える資産を有する会社は，SEC に登録しなければならない（12条(g)，ルール12g-1）[138]。これは，非公開の発行体に，より長い期間にわたって非公開であることを維持し，**IPO** の実施前に大規模な株主基盤を形成するという柔軟性を与えている。ただし，従業員報酬プランに従って株式を保有している者は，株主に含めない（12条(g)(5)）。

②新興成長会社
年間収益が10億ドル未満の**新興成長会社**（**EGC，emerging growth company**）については，**IPO** における規制が緩和されている。取引所法においても以下のよう

138）JOBS法によって，株主数値水準が引き上げられた。

98

に同様の緩和措置がある（JOBS法102条，103条）。

- IPO前の監査済み財務諸表を3年間ではなく2年間要求され，
- 株主による報酬に関する投票や取締役報酬の開示を省略することができ，
- **PCAOB**によって義務付けられている監査人の変更も免除され，
- 内部統制について監査人が証明する必要もない。

　これらの制度は，新興成長会社にとってIPO後に公開企業となることに伴う経常費用負担を減らすものである。
　なお，新興成長会社としての取扱いは，IPO後5年間か，又は（a）年間収益が10億ドル以上になる，（b）パブリック・フロートが7億ドル以上の**大規模期間短縮報告者**（**large accelerated filer**）になる（ルール12b-2），（c）3年間で10億ドル超の非転換社債を発行するまで，いずれかが最初に起こったときまで継続する（証券法2条（a）（19））。

(2) 継続開示義務

①義務の内容
　報告会社は，（a）登録を有効に継続し，（b）年次，四半期及び臨時報告書を使ってSECと市場に継続的な開示を行わなければならない。同様の継続開示義務は，12条による登録条件に該当しなくても，証券法で登録が必要な公募を行った会社にも適用される（取引所法15条（d），ルール15d-1ないし15d-17）。

- **年次報告書**（**フォーム10-K**）：財政年度終了後90日以内に，登録届出書と同様の詳細を開示する。
- **四半期報告書**（**フォーム10-Q**）：四半期終了後45日以内に，四半期財務諸表とリスク要素の更新を中心とする開示を行う。
- **臨時報告書**（**フォーム8-K**）：特定の重要な事項が発生してから4営業日以内に提出する。

　レギュレーションS-Kには，これらのフォームに関する詳細な指示書が含まれている。報告会社は，たとえフォームで要求されていなかったとしても，開示内容が誤解を招くようなものにならないために必要な，重要な事実を含めなくてはならない（ルール12b-20）。提出は，SECの電子システム（**EDGAR, Electronic Data Gathering, Analysis and Retrieval**）を使って行わなければならない（レギュレーションS-T）。

かつて SEC は，これらの報告書を必ずしも精査してこなかったが，SOX 法により，SEC の職員は，少なくとも3年ごとに報告会社の届出を継続的かつ規則的に審査することを義務付けられた（408条）。

取引所法で要求される開示について虚偽又は誤解を招くような届出を行った者に対しては，**明示の訴訟原因**（express private cause of action）が規定されている（18条(a)）。原告は，当該開示を信頼して証券を買付け又は売付けしたこと並びに当該開示によって影響された価格及び因果関係を立証しなくてはならない。被告は，善意で行動し，届出が虚偽又は誤解を招くようなものであることを知らなかったことを立証すれば免責される。

しかし，原告への立証負担の重さから，実際には18条(a) ではなく，ルール10b-5の黙示の訴訟原因が使われることのほうが多い。ルール10b-5においては，**市場における詐欺**（fraud on the market）**理論**に基づいて信頼の存在が推定されるし，取引所法上の届出に限らず発行体の書面・口頭でのコミュニケーションも対象になるからである。

②CEOとCFOの証明書

SOX 法は，報告会社の役員に対して，年次報告書及び四半期報告書の内容が正しいことの証明を義務付けている（302条）。SEC 規則では，CEO と CFO が，年次及び四半期報告書を審査して，自らの知る限り，(a) 虚偽又は誤解を招くような重要な表示を含まないこと及び (b) 財務状況及び業績を適正に表示（fairly presents）していることを証明しなくてはならない（ルール13a-14，15d-14）。

さらに，CEO 及び CFO は，重要な情報が自らに知らされるように開示統制と手続を確立し維持している責任を負い，そうした内部統制を報告書作成前に評価していることも証明しなければならない（ルール13a-15, 15d-15, 15d-14）。SOX 法では，証明が虚偽であることを知って行われた場合には，100万ドル以下の罰金・10年以下の懲役，虚偽の証明を意図的に行った場合には，500万ドル以下の罰金及び20年以下の懲役の対象となる（SOX 法906条，18 U.S.C. § 1350）。

③臨時報告書

かつて**フォーム8-K** で要求されていたのは，破産，合併，役員の退任など限られた事象のみであった。しかし，**エンロン**事件等により，報告会社が意図的に重要な開示を遅らせているのではないかという懸念が生じたため，SEC は8-K の対象を以下のように広げている。

- 事業に関する事項：重要契約の締結又は解消，重要な顧客の逸失，破産，管財人による管理

- 財務に関する事項：資産の獲得又は処分，業績と財政状況，貸借対照表に記載されるか否かに係わらず負債の引受け，既存契約における重要な価値減少
- 証券に関する事項：上場廃止，株式の登録免除募集，債券格付けの変更，証券保有者の権利の重要な変更
- 財務の健全性に関する事項：監査人の変更，過去の財務諸表や監査報告書の信頼性に影響を与える事項
- ガバナンスに関する事項：内部統制の変更，取締役又は役員に関する変更，定款又は付則の変更，倫理規定の放棄
- 取締役報酬に関する事項：報酬契約の締結，通常の事業外での報酬支払

　レギュレーションFD（後述「**V. 2.（6）その他の関連規制**」参照）によって開示先を広げるインセンティブが生ずることに加えて，臨時報告書はリアルタイムでの開示を促す効果を有する。ただし，提出期限が事象発生から4営業日以内と短期間であるため，事象の発生が必ずしもすぐに判明しないと思われる一定の事項に関しては，臨時報告書の提出がなされていなくても，次回の年次・四半期報告書で開示すればルール10b-5責任を免除（もっとも，SECの法執行の対象にはなる）するというセーフハーバールールがある（ルール13a-11）。

（3）　会社行為の規制

　報告会社になった場合，又は報告会社にならなくても米国と一定の関係性が生じた場合，以下のように米国証券取引法の会社行為規制の対象になる。

①海外不正行為防止法

　1977年に制定された**海外不正行為防止法**（**Foreign Corrupt Practices Act**）（以下「**FCPA**」という）は，当時の米国企業の間で横行していた，海外の政府高官に賄賂を渡すとともに会計を操作してそれを隠ぺいするという行為を，防止しようとしたものである。

　FCPAは，報告会社とその取締役に対して，海外の政府役人の行動や決定に影響を与えるために金銭を支払うことを禁じている（取引所法30A条(a)）。一方で，下級官吏に対する業務促進の目的で慣習的に支払われているものについては，禁止行為から除外している（取引所法30A条(b)）。FCPA違反に対しては，SECや法務省（DOJ）による法執行だけでなく，株主が，会社が支払った罰金相当額の返還を求めて役員を提訴することもある。

　また，FCPAは，報告会社に対して，(a)会社の取引を正確に反映するために「合理的な詳細（reasonable detail）」にわたる会計記録の保存と，(b)内部的な説

IV. 証券取引の規制

明責任と適正な会計を「合理的に確保する（reasonable assurance）」**内部統制**を導入することを義務付けている（取引所法13条(b)(2)）。

✒ **コラム** ｜ **丸紅事件**

　2014年3月19日，米国法務省（DOJ, Department of Justice）は，商社の丸紅がFCPA違反の有罪を認め（guilty plea），8,800万ドルの罰金を支払うことで合意したと発表した[139]。丸紅はFCPAで定義されている発行体（issuer）ではないため，SECによる法執行は行われていない。しかし，日本の会社が米国外の行為について米国において法執行を受けたという，非常に注目すべきケースである。

　丸紅とその共同事業者は，1億1,800万ドル規模の電力プロジェクトを受注するために，インドネシアの高官に7年にわたって約230万ドルの賄賂を贈り，そのことを隠ぺいしたとされる。なぜインドネシアにおける行為が，米国の法執行の対象になるのだろうか？

　それは，共同事業者の米国子会社があるコネチカット州でプロジェクトに関する会議が行われたことと，丸紅のニューヨーク州にある銀行口座から，賄賂の仲介人となったコンサルタントのメリーランド州にある銀行口座に賄賂が送られたことが，DOJの管轄権を定めた条項[140]における「米国国内にいる間の」（while in the territory of the United States）行為に該当したからである。

　この事件は，海外で事業を行う日本の会社に対して，次のような重要な示唆を与える。第一に，不正行為そのものが米国で行われていなくても，米国と何らかの関係性が生ずることにより法執行の対象になり得る。第二に，DOJは，丸紅が調査に協力しなかったことを，法執行の内容を決定するにあたって考慮したことを明言しており，調査段階での協力が重要なファクターになっている。第三に，DOJは，不正行為が行われた時点で丸紅の社内のコンプライアンス及び倫理プログラムが機能していなかったことも，法執行の内容に影響したと指摘しており，こうしたプログラムの整備が重要であるといえる。

---

139) Marubeni Corporation Agrees to Plead Guilty to Foreign Bribery Charges and to Pay an $88 Million Fine, Department of Justice, Justice News (Mar. 19, 2014).

140) 15 U.S.C. § 78dd-3.

②SOX法

SOX 法は，監査監督の強化及び監査人の独立確保のために，以下を規定している。

- SOX法に基づいて，監査人を監督するために，自主規制機関であり公開会社が出資する**PCAOB**が設立された。PCAOBは，公開会社の財務諸表を監査する監査法人の登録と検査を行い（SOX法101条），監査の品質管理，独立性その他の基準を定め，監査規則の違反を調査し処分を行う。5人の委員はSECに任命され，PCAOB及びその規則はSECの監督下に置かれる。
- 監査委員会がすべての監査業務について事前承認する（SOX法202条，取引所法10A条(i)）。
- 会計管理や資産価値評価など一定の業務について，監査法人が監査を行う顧客に対して提供できない（SOX法201条，取引所法10A条(g)）。
- 監査法人のパートナーは5年ごとに変わらなければならず，監査後1年間，監査チームのメンバーは発行体の財務責任者になってはならない（SOX法204条，206条，取引所法10A条(j)，10A条(l)）。

さらに，以下のように，コーポレートガバナンスに関する規制を強化している。

- 報告会社は，年次報告書の中で，内部統制に関する経営者の責任に関する表明，内部統制の評価，当該評価に対する監査人の証明について記載しなければならない（SOX法404条，レギュレーションS-K, Item 307, 308, Exchange Act Rel. No. 47986(2003)）。
- SECは，SOX法の要請を受けて，**SECに関する業務を行う**（appearing and practicing before the SEC）弁護士に対して，重要な証券取引法違反や信任義務の違反の証拠を見つけたときに，社内の法務責任者（general counsel）又はCEOに報告する義務を課している（SOX法307条）。さらに，上記報告に対する反応がない場合は，会社の監査委員会，その他社外取締役のみで構成される委員会又は取締役会に報告を行わなければならない。これらを「**梯子を上る**（up the ladder）」報告義務と呼び，社内**弁護士**と社外弁護士の双方に適用される。
- 取引所に，上場会社における監査委員会の構成と機能についての基準を，上場の条件にするよう求めた（SOX法301条，取引所法10A条(m)）。
- 上場会社の監査委員会はすべて独立取締役で構成されなくてはならず，そのうちの少なくとも1人が財務の専門家であるかどうか開示しなければならない（SOX法407条，レギュレーションS-K, Item 401）。

Ⅳ. 証券取引の規制

- 監査委員会は独立の監査法人を監査人として任命し，報酬を払い，監督する権限を有するとともに，会社の費用で独立の弁護士その他のアドバイザーを雇用することができる（ルール10A-3, Exchange Act Release No. 47654（Apr. 9, 2003））。
- SECに，報告会社に対して財務部門及び会計部門の長に適用される**倫理規定**（**code of ethics**）を採用しているかどうか，もし採用していない場合はその理由も開示させるよう要求した（SOX法406条，レギュレーションS-K, Item 406）。当該倫理規定に変更や免除があった場合は，直ちにフォーム8-Kで開示しなくてはならない（Exchange Act Release No. 47235（Jan. 23, 2003））。なお，取引所は，開示だけでなく，倫理規定を採用することを義務付けている（NYSE規則303A条（10），NASDAQ規則4350(n)）。

③公益通報制度

SOX法は，公開会社における**通報者**（**whistleblower**）を保護するために，証券不正を政府機関，議会又は会社の上司に報告した通報者に対して，降格，差別などの報復を禁止している（SOX法806条，18 U.S.C. § 1514A）。報復は，罰金・10年以下の懲役の刑事罰の対象でもある（SOX法1107条，18 U.S.C. § 1513(e)）。

しかし連邦裁判所は，SOX法の制度のもとでは，公益通報者による訴訟をあまり受け入れてこなかった。そのため，ドッド・フランク法は，公益通報制度を強化した。まず，SECに対して公益通報を処理し，規則を制定する専門の部署立ち上げを義務付けたドッド・フランク法924条により，SECにおける公益通報制度が正式に始まった。それまでも，1988年に**インサイダー取引制裁法**（**Insider Trading Sanctions Act** of 1988）により，インサイダー取引に関する公益通報制度は存在したが，20年間で5人の通報者に対して16万ドルの報酬の支払いにとどまっており，活用されてこなかった。

ドッド・フランク法のもとで2010年に導入された制度では，以下の条件が充たされた場合に，SECが回収した金額の10～30％を**報奨金**として支払うことになった（ドッド・フランク法922条(b)，(c)，取引所法21F条）。

- 個人の通報者であること。複数が共同して通報することは可能だが，組織による通報は対象外
- 通報者が自ら発見したか分析したオリジナルな情報であって，SECが既知のものではないこと
- SEC等政府機関の請求に応じてではなく，通報者が自発的に提供したこと

3. 公開会社に関する規制

- 情報に基づいてSECの法的手続が開始されたか，法執行の過程で重要な情報を提供したこと
- 金銭的制裁（民事制裁金，不当利得，経過利子）が100万ドルを超えること

　SECは，報奨金について上記の10〜30％の範囲で，情報や事案の重要性に応じて増額できるとともに，通報者が違反行為に加担していた場合や，違反の拡大によって多くの報奨金を得るためにわざと通報を遅らせたような場合には，減額することができる。報奨金が上記の範囲内に収まる限り，SECの決定については控訴できない。

　2014年度には，SECは3,620件の通報を受理した[141]。分野は，開示に関するものが全体の16.9％で最も多く，証券詐欺が16％，相場操縦が15.5％，その他インサイダー取引や登録義務違反など，多岐にわたる。まだ制度の歴史が浅いため，報奨金の支払いの対象となったのは2010年度からの通算で14件，うち9件が2014年度のものであり，9件の合計で約200万ドルが支払われている。

　また，報復に対する制裁も強化し，従来の労働省への通報に加えて，被害者に明示の訴訟原因を与え，救済措置として職場への復帰と未払い給与の2倍額の支払いを導入した（取引所法21F条(h)）。SECは2014年6月に，報復禁止規定違反初の事例として，投資顧問のParadigm Capital Managementを処分している[142]。

　本件では，同社が顧客との利益相反取引を行っていることを，同社のチーフトレーダーがSECに通報したところ，管理職から「コンプライアンスアシスタント」に格下げするなどの報復を受けたものである。SECは行政手続により，計220万ドルの支払いと行為差止で和解しているが，違法行為は肯定も否定もされてもいない。

(4) 委任状の規制

　かつて，州会社法の規制を受けていた公開会社では，株主に決議事項の詳細や委任状がどのように使われるかを説明することなく，白紙委任状を株主から獲得するという行為が横行していた。そのため，株主投票が形骸化されているという指摘がされていた。そこで取引法は，SECに委任状勧誘に関する規制を強化するよう権限を与えた。

141）以下のデータはSEC Home Page, https://www.sec.gov/whistleblowerから抜粋。
142）SEC Charges Hedge Fund Adviser with Conducting Conflicted Transactions and Retaliating Against Whistleblower, SEC Press Release (June 16, 2014).

会社の経営陣を含む，公開会社の株主から委任状を獲得しようとする者は，SEC
に届出を行い，**委任状説明書（proxy statement）**を株主に交付しなければならな
い（ルール14a-3）。不実の又は誤解を招くような委任状勧誘は禁止されている
（ルール14a-9）。ただし，委任状に関する権限を要求せず，書面によるコミュニ
ケーションがSECに届出される限り，委任状説明書を届出する前に，決議事項に
ついて書面又は口頭で株主に伝達することはできる（ルール14a-12）。また，委任
状の書式や内容についてもSECが規定している（ルール14a-4）。

2014年から2015年にかけて，**プロキシー・アクセス（proxy access）**は非常に
注目されたトピックであった。プロキシー・アクセスとは，委任状説明書に，株
主も独自に取締役を推薦する提案を掲載できるようにする制度のことである。ドッ
ド・フランク法971条に基づき，SECは，取締役の選任に関連する株主提案を除
外する権利を会社に認めたルール14a-8の例外として，プロキシー・アクセスを
定めたルール14a-11を提唱したが，経営者側のロビイング団体の反対によって規
則案は無効となった。

そのため，株主が通常の株主提案の一環として，プロキシー・アクセスを認め
させるような定款変更を求めるケースが頻出した。それに対し，会社側も，株主
提案より狭い範囲でのプロキシー・アクセスを提案することにより対抗してきた。

たとえば，2014年に，米流通大手のWhole Foodsの株主が「3％以上の発行
済株式を3年以上保有する株主は，取締役の2割を推薦できる」という提案をした
のに対し，経営者側は「9％以上の株式を5年以上保有する株主は，取締役の1割
を推薦できる」という対抗案を示した。経営者側は，株主提案の排除について
SECにノーアクションレターを求め，2014年12月にSECは経営者側案を承認し
たものの，翌年1月その判断を撤回した[143]。

✒️ コラム　SEC委員対ハーバード大教授

2014年12月，SECの委員の1人であるDaniel Gallagherは，元委員で
現スタンフォード大学ロースクール教授であるJoseph Grundfestと共著
で論文を発表し[144]，ハーバード大学ロースクールのコーポレートガバナンス

---

143) Ross Kerber and Tanvi Mehta, *UPDATE 1-U.S. SEC Steps Back After
Challenge on Whole Foods Proxy Access*, REUTERS, Jan. 16, 2015.

144) Daniel M. Gallagher & Joseph Grundfest, *Did Harvard Violate Federal
Securities Law? The Campaign Against Classified Boards of Directors*,
ROCK CENTER FOR CORP. GOVERNANCE AT STAN. U. (2014).

に関する株主権利プロジェクト (Shareholder Rights Project) は，SEC や投資家の訴訟の対象になるものであると批判を行った。

　同大学のプロジェクトは，年金基金などの大株主が株主提案を行うにあたって，ロースクールの学生が提案のドラフトをサポートするという実習授業である。プロジェクトを指導する Lucian Bebchuk 教授は，投資家は会社の方向性に関して権限を行使すべきという主張を有しており，たとえば，取締役の任期を5年としてそれぞれの任期を1年ずつずらす**任期別取締役 (staggered board)** については，それを廃止して毎年取締役の選任を行うことにより，株主に対する説明責任を高めるべきとしている。

　Gallagher と Grundfest は，同プロジェクトの主張は，賛成論と反対論を十分に検討したものでなく偏見に基づいており，重要な点で虚偽であり誤解を招くようなものである (materially false and misleading) であるから，SEC や投資家に訴訟を起こされると負ける可能性がある，と結論付けている。どちらの主張が正しいかはともかく，このような公の場での議論を現役の SEC の委員が教授に対してけしかけるというところは，いかにも米国らしい。

(5)　公開買付けの規制[145]

　1968年に制定された**ウィリアムズ法**も，州の会社法では規制が不十分とされていた，公開会社の株式の買付けに関する規則を定めたものである。もっとも，ウィリアムズ法では公開買付けが定義されておらず，SEC は以下の8つの要素を考慮して公開買付けであるかどうかを判断する**8要素基準 (eight factor test)** を主張している[146]。

①　一般株主に対する活発で広範な勧誘
②　発行者の株のかなりの部分の買付け
③　市場価格を超えるプレミアムの支払い
④　比較的固定的な買付条件
⑤　最低買付株数の条件付けと最高買付株数の設定

---

145)　日本の公開会社に対する影響については，後述「**Ⅶ. 2. (2) 公開買付規制の適用**」参照。
146)　この8要素基準は，Wellman v. Dickinson, 475 F. Supp. 783 (S.D.N.Y. 1979) で提唱されたものである（13条(d) のグループとは，共通の目的を遂行するために集まったメンバーのことであり，本件において被告らは共同で株式を売り付けるという認識を有していたから，スケジュール13Dを提出しなければならないと判示）。

Ⅳ. 証券取引の規制

⑥　買付期間の限定
⑦　株主に対する応募圧力の存在
⑧　購入計画の公表

　登録会社の株式を5%超実質的に保有することになった者又はグループは，SEC
に**スケジュール13D**を提出しなければならない（取引所法13条(d)）。スケジュー
ル13Dでは，(a)取得者の情報，(b)買付け資金源と金額，(c)既に所有している
株式数，(d)当該株式についての取決め，(e)保有の目的と対象会社に関する意図
を開示しなくてはならない。スケジュールは5%超過後10日以内に提出しなけれ
ばならないことから，10日間は開示をせずに対象会社の株式を買い集めることが
できる。
　登録会社の株式の5%を超えて取得するために公開買付けをする者は，買付け
を始める日に**スケジュールTO**をSECに提出しなければならない（14条(d)）。こ
れは，公開買付けに応じるかどうかについて，投資家が正確で十分な情報に基づ
いた投資判断ができるようにするためである。スケジュールTOの内容はスケ
ジュール13Dに類似しているが，公開買付けの条件，対象会社との交渉履歴，対
象会社の財務諸表等も記載しなくてはならない。また，対象会社の経営者は，申
込の10営業日以内に，**スケジュール14D-9**をSECに届け出ることにより，公開買
付けに対する立場を明確にしなければならない。
　対象会社の株主を保護するために，以下のような法規制（レギュレーション14D
及び14E）が定められている。

- 公開買付けの申込はすべての株主に対して最低20営業日受諾可能なものでな
くてはならない（ルール14d-10(a)(1)，14e-1(a)）。
- 買付価格又は買付数が変更された場合は，上記機関は10営業日延長される
（ルール14e-1）
- 株主は，公開買付期間中，いつでも承諾を撤回できる（ルール14d-7）。
- すべての株主は，同一の価格を提示されなければならない（ルール14d-10(c)）
- 買付予定数よりも多くの株が提供された場合は，比例按分で購入し，買い付
けなかった株式を株主に返却しなくてはならない（14条(d)(6)，ルール14d-8）。
- 公開買付期間中は，公開買付け以外の方法で株式を買い付けてはならない
（ルール14e-5）。
- 公開買付けに関して又は買付けの応諾若しくは拒否に関する勧誘について，

不実又は誤解を招くような表示及び不正，詐欺的又は操縦的な行動[147]をしてはならない（14条(e)）[148]。

4. 証券業の規制

　証券業者とは，証券市場と投資家の仲介役としての機能を果たす，**ブローカー・ディーラー**，**投資顧問**，**投資会社**，**信用格付会社**等のことである。証券業者の規制は，① SEC 登録と SEC 規則，② FINRA 登録及び FINRA/NASD 基準，③取引所規則，④詐欺防止条項，⑤州法等によって行われている。

(1) 証券業者等の定義

　証券取引法上，ブローカー，ディーラー，投資顧問は，以下のとおり定義されている。顧客のために証券取引を執行する証券会社は，SEC の規制の中で，「ブローカー・ディーラー」として一体として扱われている。

① **ブローカー**：他人の計算で，証券取引を執行することを通常の業務とする者（銀行を除く）（取引所法3条(a)(4)）
② **ディーラー**：自らの計算で，通常の業務として，証券の売買を行う者（取引所法3条(a)(5)）
③ **投資顧問**：報酬をもらって，証券の売買に関する助言を通常の業務として行う者（投資顧問法202条(a)(11)）

　ミューチュアル・ファンド，**ヘッジファンド**，**プライベート・エクイティ・ファンド**等の**投資ファンド**は，プロの運用者に資金をプールして運用してもらう投資形式である。投資ファンドは，**ファンド・アドバイザー**によって設立・運用されるが，ファンド・アドバイザーは，投資顧問として SEC に登録しなければならない（ドッド・フランク法402条）。ファンド・アドバイザーは，通常ファンドのために証券取引を執行することから，ブローカー・ディーラーとしても登録しなければならない。
　信用格付会社は，投資家に債券についての格付けを提供する会社であるが，投資顧問の定義からは除外されている（投資顧問法2条(a)(11)(F)）。しかし，投資

---

147) *See* Schreiber v. Burlington Northern, Inc., 472 U.S. 1 (1985)（公開買付の撤回は該当しないと判示）。
148) *See* Piper v. Chris-Craft Industries, Inc., 430 U.S. 1 (1977)（ウィリアムズ法の保護対象は対象会社の株主であるから，買付者は原告適格を有しないと判示）。

に関する助言を行う信用格付会社は，レギュレーション FD の対象になる。すなわち，発行体から信用格付会社に提供される未公開の重要な情報は，同時に公開されなければならない。

(2) ブローカー・ディーラーの規制

①SEC及びFINRAによる規制

　ブローカー・ディーラーとして州際の証券取引を業務として行うすべての証券会社は，**フォーム BD** で SEC に登録しなければならない（取引所法15条(a)）。SEC は，証券業者としての**行為基準**やその他の証券取引法に違反した業者に対して登録停止や取消しなどの制裁手続を取ることができる（取引所法15条(b)）。ブローカー・ディーラーは，行為基準を充たしていることを SEC に定期的に報告しなければならない（取引所法17条(a)）。SEC は，行動基準に加えて，顧客の資産管理や財務基準についてのルールも定めている（ルール15c3-1など）。

　1983年に取引所法が改正されて強制加入制度が導入されたことにより，SEC に登録済みのブローカー・ディーラーであっても，FINRA の会員であるか，又は，全米証券取引所の会員として当該取引所でのみ取引を行う場合でなければ，証券取引等を行えないことになった（取引所法15条(a)）。

　FINRA は，全米証券業者協会（**NASD, National Association of Securities Dealers**）を前身として2007年に設立され，それ自体が SEC に登録された，ブローカー・ディーラーを会員とする非政府組織であり，会員の行為を自ら規制する**自主規制機関**でもある（詳細は次節「**(3) 自主規制機関**」参照）。SEC は，FINRA による自主的制裁措置を審査する権限を有する。

　SEC と FINRA による規制は，以下を含んでいる。

- **顧客を精査すること**（know your customer）
- 推奨する証券の発行体，条件，リスク，性質等を熟知すること
- 顧客の財務状況に照らして，適切な証券取引であると信じるに足る合理的理由を有すること
- 自らの計算の取引よりも顧客の取引を優先させることを含む，顧客の発注の速やかな遂行
- 手数料を獲得するために過剰な取引を行わないこと

②公募における規制

　公募に参加するブローカー・ディーラーは，証券法上，様々な責任を負う。まず，ブローカー・ディーラーは，ガン・ジャンピングの規制対象であり，無過失

責任を負う(証券法12条(a)(1))。また,登録公募の引受人となるブローカー・ディーラーは,公募で開示される情報の正確性に責任を負う(証券法11条(a))。さらに,公募において投資家に証券を売り付けるブローカー・ディーラーは,投資家に対するコミュニケーションの正確性にも責任を負う(証券法12条(a)(2))。

なお,**相場操縦**の禁止の例外として,一定の条件のもと,ブローカー・ディーラーによる**安定操作**が許容されている(レギュレーションM)。また,FINRAは,公募における引受人の手数料が「公正で合理的であること(20%以下と解されている)」を要求している(FINRAマニュアル5110条(c))。

③クラウドファンディング・ポータルに関する規制

JOBS法により,**クラウドファンディング**によって,多数の少額の投資家からインターネットを通じて資金を集めることが可能になった(証券法4条(a)(6))。クラウドファンディングを行うウェブサイトであるファンドポータルは,証券業者の一種であり,ブローカー・ディーラーとしてではないが,SECに登録して,米国内の証券業界(FINRA)等に属することが要求される。ファンドポータルは,投資助言の禁止,投資家の勧誘の禁止,手数料に関する開示など,様々な規制を受ける。

④デリバティブ取引の規制

ドッド・フランク法は,SEC(及び**CFTC, Commodity Futures Trading Commission**)に,店頭デリバティブ取引を規制する大きな権限を与えた(ドッド・フランク法701〜774条)。規制対象になる店頭デリバティブ取引には,金融危機の引き金にもなった,いわゆる**CDS(credit default swap)**を含んでいる。これは,一定の会社が支払不能に至った場合に支払われる約束手形の機能を有する証券であった。

店頭デリバティブは,従来,2000年**商品先物近代化法(Commodity Futures Modernization Act** of 2000)で自由化されており,私募で発行されていたため,公開市場における価格形成機能が働いていなかった。ドッド・フランク法はそれを変えるために,市場,参加者及び商品に対する以下のような包括的な規制スキームを導入した。

第一に,規制の対象となる市場参加者について,**スワップ・ディーラー(swap dealer**,スワップのトレードやマーケット・メークを行う者等)及び**主要スワップ参加者(major swap participant**,一定規模のスワップのポジションを有する者等)を定義付けた。第二に,規制下にある集中清算機関を通じた清算と,規制下にある取引所又は**スワップ執行所(swap execution facility**)を通じた取引を義務付けた。

IV. 証券取引の規制

（3） 自主規制機関[149]

①沿革

　証券業界の初期の自主規制としては，1792年5月にニューヨーク州の24名のブローカーが，証券取引における最低手数料と会員間における有利な取引条件について合意した，「**すずかけの木協定（Buttonwood Agreement）**」がある。また，1817年には**ニューヨーク証券取引所理事会（New York Stock and Exchange Board）**が創設され，取引や会員に関する規則が定められていた。

　取引所法は，SEC の監督のもとに**全米証券取引所（national securities exchange）**が自主規制を行うという仕組みを導入した。1938年のマロニー法により取引所法が改正され，SEC の監督のもとに**登録証券協会（registered securities association）**が自主規制を行う仕組みが導入され，1939年に創設された NASD が登録証券協会となった。

　自主規制機関の役割が特に高まったのは，1983年に取引所法が改正されて，強制加入制度が導入されたことによる。すなわち，SEC に登録済みのブローカー・ディーラーであっても，登録証券協会の会員であるか，又は，全米証券取引所の会員として当該取引所でのみ取引を行う場合でなければ，証券取引等を行えないことになった（取引所法15条(a)）。

　近年では，投資顧問業者の連邦証券取引法上の自主規制機関が存在しないことから，当該機関を設置することや，自主規制機関が政府機関並みに強大になってきていることから，政府機関と同レベルの適正手続の確保などが主張されている。

　なお，NASD は，幾度かの組織改変や合併を経て，2007年に新たな自主規制機関である FINRA となった[150]。FINRA は政府機関ではなく，独立した非営利機関として，約63万人のブローカーを擁する3,700以上の証券会社の検査及び適用規則の制定並びに執行を行う[151]。2018年には，登録業者に対して921の法執行を開始し，6,100万ドルの罰金，2,550万ドルの不当利得吐出しを命令するとともに，SEC に対して900以上の不正行為やインサイダー取引案件を付託している。

149）本節「**自主規制機関**」の記述の多くは，河村賢治「米国証券業の自主規制に関する調査・研究報告書」日本証券業協会（2012）の内容をまとめたものである。

150）日本証券業協会に相当する。

151）FINRAホームページ（http://www.finra.org/）。

②証券取引法と自主規制

取引所法3条(a)(26)は，自主規制機関として，**全米証券取引所**（national securities exchange），**登録証券協会**（registered securities association），**登録クリアリング機関**（registered clearing agency）等を列挙する。なお，証券団体であっても，たとえば**証券業・金融市場協会**（Securities Industry and Financial Markets Association）は，業界の利益代表団体としての要素が強く，証券取引法上の登録証券協会及び自主規制機関ではない。

証券取引所が全米証券取引所として，また証券協会が登録証券協会として，登録されるためには，SECが定める，自主規制機関としての役割を果たすに足る体制や規則を整備しているかどうかの条件を充たさなければならない（取引所法6条(a)，(b)，15A条(a)，(b)）。なお，自主規制機関規則の違反は，それ自体を根拠として投資家に損害賠償請求権，いわゆる**黙示の訴訟原因**（implied private cause of action）を認めるものではない。

③SECとFINRA

SECは，自主規制機関の(1)監督者（overseer）であると同時に(2)共同規制機関（co-regulator）であるといわれている[152]。まず監督者としては，取引所法19条に基づき自主規制機関に対して，登録申請の審査（同条(a)），規則改正の承認（同条(b)），規則改正（同条(c)），懲戒処分に対する不服申立ての審査（同条(d)），業務停止，登録取消などの処分（同条(h)）を行うことができる。たとえば，2011年にFINRAの支局でSECの検査官に提出すべき書類が改ざんされたとして，当該法令違反の停止命令を出した[153]。

一方共同規制機関としては，たとえばブローカー・ディーラーの規制について，FINRAと以下のような役割分担を行っている。

- 登録について，ブローカー・ディーラーとしての業務を行おうとするものは，フォームBDでSECに登録申請が必要（取引所法15条(b)，ルール15b1-1）であり，さらに，前述のとおり自主規制機関に強制加入することになっている。
- 行為規制について，SECの定めるルール10b-5は詐欺禁止規定としてブローカー・ディーラーにも適用される[154]。また，FINRA規則でも，顧客に対する

---

152) Boston Consulting Group, U.S. SEC Organizational Study and Reform 63 (2011).

153) SEC Orders FINRA to Improve Internal Compliance Policies and Procedures, SEC Press Release (Oct. 27, 2011).

154) *See* Charles Hughes & Co. v. SEC, 139 F.2d 434 (2d Cir. 1943)（いわゆる「看板

IV. 証券取引の規制

推奨は適合的でなければならないとする，**適合性（suitability）の原則**が定められている（FINRA規則2011）。

- 検査について，SECとFINRAの両方が行っているが，2010年においてその検査回数は前者が490，後者が9,987，検査員数は前者が380人，後者が843人と，FINRAがより大きな役割を果たしている[155]。

- エンフォースメントについて，SECとFINRAの両方が積極的に行っており，2014年度に，SECは755の法執行案件を開始し，不当利得吐出しと民事制裁金で合計41億6,000万ドルの支払命令をしているのに対して[156]，FINRAは1,397の法執行案件を開始し，481人の登録取消と701人の登録停止を行っている[157]。

なお，ドッド・フランク法967条は，SEC に対して，独立したコンサルタントを雇用して改革の必要性を調査するよう義務付けた。ボストン・コンサルティング・グループが2011年3月にまとめた報告書[158]では，自主規制機関に対する監督の強化，自主規制機関との情報伝達の仕組みの整理，自主規制機関規則の提案手続の強化などが改善策として挙げられている。

（4） 投資顧問の規制

投資顧問法202条(a)(11) の定義からは，①銀行，②業務に付随的なものとして投資関係サービスを提供する者，③証券業務に付随して投資助言を行うブローカー・ディーラー，④新聞などの一般に配布される出版物の出版者が明示的に除外されている。

投資顧問は，SEC に**フォーム ADV** を使って登録した上で，報告書を定期的に提出しなければならない（投資顧問法203条，203A 条）。フォーム ADV のパート1は，空欄を埋める形式で，助言業者の業務，背景情報，顧客の種類等の開示を要求している。パート2では，助言業の内容，報酬，利益相反，役職員の経歴等

　理論（shingle theory）」に基づいて，ブローカー・ディーラーによる不公正取引や不当勧誘を，ブローカー・ディーラーという看板を掲げて営業を行う上での表示違反としてルール10b-5違反を構成すると判示）。

155) BOSTON CONSULTING GROUP, *supra* note 151, at 251.

156) SEC's FY 2014 Enforcement Actions Span Securities Industry and Include First-Ever Cases, SEC Press Release (Oct. 16, 2014).

157) FINRA Home Page, Statistics & Data, http://www.finra.org/Newsroom/Statistics/.

158) BOSTON CONSULTING GROUP, *supra* note 151.

を**プレイン・イングリッシュ**で表記しなくてはならない。登録内容は，SEC の
ウェブサイト[159] で閲覧可能である。

　すべての投資顧問は，助言提供に関して，重要な不実表示や，不正行為を行う
ことを禁止される（投資顧問法206条）。一定の高所得で洗練された（sophisticat-
ed）顧客を対象としたものを除き，成功報酬の設定を禁止されている（投資顧問法
205条(a)(1)，同ルール205-3）。

(5) ミューチュアル・ファンドの規制

　ミューチュアル・ファンドは，多数の投資家からプールした資金を使って，プ
ロの投資家が株式，債券等の証券に投資する仕組みである。投資家は，ミューチュ
アル・ファンドの株式を所有することによりファンドの資産についての持分を有
し，当該持分をいつでも償還することができる（オープン・エンド型）。ファンド
は，ファンド会社によって設立・運用される。ミューチュアル・ファンドは，以
下のように様々な連邦法の規制を受ける。

① 1940年**投資会社法**：ミューチュアル・ファンドはSECに登録しなければなら
　ず，開示や運営に関する規制を受ける。
② 証券法：ファンドの持分を投資家に売り付ける際に，目論見書の配布義務や，
　詐欺防止情報の適用を受ける。
③ 取引所法：ファンド会社は，ファンド持分の引受人とされ，ブローカー・
　ディーラーとしてSECに登録しなければならない。
④ 1940年**投資顧問法**：ファンド会社は，投資顧問としてSECに登録しなければ
　ならない。

(6) プライベート・ファンドの規制

　ミューチュアル・ファンドのように投資家の資金をプールして投資する仕組み
として，**プライベート・ファンド**がある。プライベート・ファンドは通常非登録
（4条(a)(2) の私募免除等を利用）で，限られた機関投資家や富裕層から資金をプー
ルするが，その投資先によって，以下の3つに大別される。

① **ベンチャー・キャピタル**：設立間もない会社（スタート・アップ会社）の株式
　（通常は優先株）に投資
② **ヘッジファンド**：株式や債券などを裁定取引で運用

---

159) SEC Home Page, Invetment Adviser Public Disclosure Website, http://www.
　adviserinfo.sec.gov/IAPD/Content/IapdMain/iapd_SiteMap.aspx.

③ **プライベート・エクイティ**：未上場又は非公開化された会社に投資して，企業の経営に関与して価値増大を目指す。

　以下のプライベート・ファンドは，投資会社法の適用対象外となる：①100名以下の投資家を有するファンド（3条(c)(1)）及び②投資家がすべて適格投資家（500万ドル以上の投資資産を有する個人又は2,500万ドル以上の投資資産を有する機関投資家）のファンド。一方，ドッド・フランク法により，プライベート・ファンドに助言を行う者は，投資顧問としてSECへの登録，報告，開示が要求されるようになった（ドッド・フランク法402条，403条，404条）。

（7）　信用格付会社の規制

　リーマンショックの原因の1つは，**信用格付会社**が，本来投資不適格であるはずの仕組債を高く格付けしたことと考えられており，ドッド・フランク法は，信用格付会社の規制を強化し透明化するべく様々な改革を行った。たとえば，信用格付会社は，SECへの登録が義務付けられ，もし当該信用格付会社が一定期間特定の証券に関する正確な格付けを行わなかったとSECが判断した場合には，登録の停止又は取消しの対象になる（取引所法15E条）。

　2015年1月，SECは大手信用格付会社 Standard & Poor's（以下「S&P」という）が不動産担保証券の格付けに関して不正行為を行っていたとして行政処分を発表した[160]。SECによれば，S&Pは以下の3つの行為により証券取引法に違反し，計5,800万ドル超の支払いで和解した。

① 商業不動産担保証券（CMBS, commercial mortgage-backed securities）の格付け方法について，公表した方法とは異なる方法を使っていた。
② 新しく採用した商業不動産担保証券の格付基準について，虚偽の含まれた記事を発表した。
③ 住宅ローン担保証券（residential mortgage-backed securities）の格付基準の基礎を，公表していたものから変更するにあたって，社内規則を遵守しなかった。

---

160) *In re* Standard & Poor's Ratings Services (SEC Jan. 21, 2015).

(8) HFTの規制

2014年，当時の SEC 委員長 **Mary Jo White** は，**HFT** が市場を不安定なものにするリスクについて言及し，様々な規制改革を行うことを明言した[161]。その後SECは，以下のような仕組み・規制を導入している。

- 複数のソースに分散していた取引データを集約し，リアルタイムに全米市場の取引状況が把握できる総合監査追跡システム（**CAT，consolidated audit trail**）を構築（ルール613）。
- それまで登録を免除されていた小規模なHFT業者をFINRAの監督下に置くように，FINRAの登録義務を見直し（ルール15b9-1）。
- FINRAが集計している取引所外取引に関するデータの対象に，証券会社が投資家から受託した注文を取引所に発注せずに自己勘定注文とマッチングさせる仕組みである**SDP**（**single dealer platforms**）を追加。
- 上場株式を取り扱うダーク・プールに対して，その活動内容や運営状況を報告する**フォーム ATS-N**の提出を義務付け。

もっとも，これらの規制は，**アルゴリズム**取引や HFT を直接的に規制するものではなく，取引情報や活動内容を迅速・的確に把握することにより，市場が混乱するリスクに対応しようとしているものと考えられる[162]。一方で，HFT による不正取引に関しては，積極的に法執行を行っている（後述 「**V. 3. (4) 米国における HFT に対する法執行**」 参照）。

---

161) Mary Jo White, Chair, SEC, Enhancing Our Equity Market Structure, Sandler O'Neill & Partners, L.P. Global Exchange and Brokerage Conference, New York (June 5, 2014).

162) 米国を含む各国のHFT規制について，大墳剛士 「諸外国における市場構造とHFTを巡る規制動向」 金融庁金融研究センター・ディスカッション・ペーパー（2016）が詳しい。

V. 証券の不公正取引

【第Ⅴ章のまとめ】

- **本章の目的**：証券詐欺，インサイダー取引及び相場操縦について，ルール10b-5を中心とした法規制と判例理論を理解する。
- ルール10b-5は，詐欺防止条項であり，証券取引法の執行や民事訴訟において最も使われている。判例により，重要性，悪意，信頼，因果関係，損害の5つの要件が必要とされている。
- インサイダー取引にルール10b-5を適用するにあたって，判例理論により，証券の発行体又は株主に対して信任義務を負う者と，情報源に対して負う信任義務に違反して情報を不正流用した者が対象となる。
- 相場操縦にルール10b-5を適用するにあたって，判例理論により，操縦意図の立証が必要である。情報技術の進歩により，操縦意図の立証は難しくなっているが，HFT業者による相場操縦に対して，SECが初めて2014年に法執行を行った。

1. ルール10b-5

(1) 総説

　本項では，米国証券取引法で最も有名で，かつ最も使われているルールである，詐欺防止条項のルール10b-5（テンビーファイブと読む）について取り上げる。このルール10b-5は，後述のように，発行者の情報開示違反，相場操縦，インサイダー取引，企業買収の攻防，証券業者の行為規制など，投資者保護の重要問題のほぼすべてにおいて使われる。裁判所が1つのルールを多くの問題に適用することから，以下で説明するように，非常に複雑な判例理論が構築されている。

　1942年，会社の社長が会社業績について悲観的な表明をしつつ自社株を取引しているという報告を受けた SEC は，「詐欺的な証券の購入」を禁止するために，取引所法10条(b)に基づいてルール10b-5を制定した。ルール10b-5は，以下のとおり規定する。

V．証券の不公正取引

相場操縦的及び詐欺的策略を用いることの禁止

　何人も，直接的又は間接的に，州際通商の手段を用いて又は全米証券取引所の施設を利用して以下の行為を行ってはならない。

① 詐欺を行うための策略，計略又は技巧を用いること
② 重要な事実について不実表示をすること，又は，状況に照らして，誤解を避けるために必要な重要事実の表示を省略すること
③ 詐欺若しくは欺罔となる，又は，そのおそれのある行為，慣行又は業務を行うこと

　SEC は，取引所法21条に基づき，ルール10b-5違反を理由として民事訴訟を提起することができる。また，連邦地方検事に対して，ルール10b-5違反を理由として刑事裁判を提起するよう付託することができる。一般の投資家（証券の売り手又は買い手[163]）も，ルール10b-5を根拠に民事訴訟を提起できる[164]。このことを，**黙示の訴訟原因**（implied private cause of action）がある，という。

(2) 要件

　取引所法10(b)条もルール10b-5も，要件を明示してはいない。しかし判例によって，一般の投資家がルール10b-5を根拠に民事訴訟を提起する場合は，①**重要性**（materiality），②**欺罔の意図**（scienter），③**信頼**（reliance），④**因果関係**（causation），⑤**損害**（damages）という5つの要件が必要であるということが確立されている。以下では，各要件を詳細に見ていく。

①重要性

　被告が，重要な事実の不実表明を行ったか，重要な事実を伝達せずに誤解を招いたか，重要な事実を開示する義務があるにもかかわらず開示をしなかったことを必要とする[165]。

---

163) Blue Chip Stamps v. Manor Drug Stores, 421 U.S. 723 (1975).
164) Kardon v. National Gypsum Co., 73 F. Supp. 798 (E.D. Pa. 1947); Superintendent of Insurance v. Bankers Life and Casualty Company, 404 U.S. 6 (1971).
165) *See* Santa Fe Industries, Inc. v. Green, 430 U.S. 462 (1977)（単なる不公正な会社行為や信任義務違反はルール10b-5の規制対象外であると判示）。

最高裁判例によれば，ある事実は，「合理的な投資家が，**投資決定における情報の総体（total mix of information）**を変えると考えるであろう（would[166]）可能性が非常に高い（substantial likelihood）」場合に重要とされる[167]。つまり，開示された（又は開示されなかった）情報が企業の株価に影響するような場合は，重要性を充たす。（重要性について，前述「**Ⅲ. 2. 重要性**」参照）

通常，沈黙はルール10b-5違反とはならない。ただし，**信任関係（relationship of trust and confidence）**が存在する場合には，ルール10b-5により**情報を開示する義務（duty to speak）**が課されることがある（インサイダー取引における開示義務について，次節「**2. インサイダー取引**」のChiarella事件を参照されたい）。

開示時点では正確でも，その後の状況により内容が不正確になってしまうこともある。多くの連邦高等裁判所は，**将来指向記載（forward-looking statements）**（前述「**Ⅲ. 7. (3) 将来指向記載**」参照）がまだ市場で有効なうちに不正確になってしまった場合は，情報を更新する義務があると判示している。

たとえば，資金借入に関する計画を発表した後に，会社が代替案として増資を考え始めた場合，**情報更新の義務（duty to update）**が生ずる[168]。将来予測に関する開示を行う企業にとっては，当該開示に市場が依拠しているかどうかを，継続してモニタリングする義務が生じている。

②欺罔の意図

主観的要件として，原告は，被告が事実を知っており，かつ原告が信頼するかもしれないと認識していたことを証明しなければならず，過失では不十分とされる[169]。事実を知らないことについて**recklessly**（無謀にも又はあえて無視した）[170]であった場合には，この要件を充たすとする判例もある[171]。

もっとも，SECは行政手続においては，過失で十分としている。また，**ビジネスジャッジメントルール**[172]による抗弁，つまり，取締役が会社の目的を達成するために不実表示を行ったという抗弁は認められていない。

---

166) 「かもしれない（might）」ではない。

167) Basic, Inc. v. Levinson, 485 U.S. 224 (1988)

168) *In re* Time Warner Securities Litigation, 9 F.3d 259 (2d Cir. 1993).

169) Ernst & Ernst v. Hochfelder, 425 U.S. 185 (1976)（不正会計を過失により見逃した会計事務所に対するルール10b-5訴訟を却下）。

170) Recklesslyの意味について，前述「**コラム：米国法における意図～Recklessとは？**」参照。

171) *See* Greebel v. FTP Software, Inc., 194 F.3d 185 (1st Cir. 1999)（欺罔の意図に関する連邦高裁の立場を概観）。

172) 会社法上，取締役の業務執行に関する意思決定を尊重すること。

③信頼

原告は，不実表示を信頼したことを証明しなくてはならない。なお，信頼と因果関係の違いについて，前者は不実表示と投資家の決定を関連付けるもの，後者は不実表示と損害を関連付けるものである。対面での独立当事者間での取引においては，当該情報を知っていたことを証明すれば足りる。

不実表示が市場で行われた場合，信頼は推定される[173]。これは，市場参加者は相場の信頼性に依拠しており，真実が開示されれば，投資家は不実表示に基づいて形成された株価では取引をしなかったであろう，という理論に基づく。これを**「市場における詐欺理論」**（fraud on the market）といい，市場での重大な不実表示に関する多くのルール10b-5訴訟が可能にしている。

この理論に対しては，そもそも投資家は市場価格が真実の価格であるとは信じていないのではないか，という批判がある。しかし，同理論の有効性が争われた2014年の最高裁判例でも否定されてはいない[174]。

さらに，開示義務のあるケースでは，非開示の事実が重要な場合は信頼の要件は不要とされる[175]。情報が開示されなかったことについての信頼を証明するのは非常に困難だからである。

④因果関係

原告は，不実表示と損害に相当因果関係があったことを証明しなくてはならない。通常は，不実表示が行われた時点の価格変動と，不実表示が訂正された時点での逆方向の価格変動によって相当因果関係が証明できる。

⑤損害

原告は，損害を被ったことを証明しなくてはならない。ルール10b-5における損害の測定には，以下のように様々な方法がある。

- **disgorgement**（**不当利得吐出し**。不実表示により利得を得た売り手から買い手への利得返還）
- **cover damages**（原告が取引後に反対売買を行って損害額を減少させた場合，両取引の差額）

---

173) Basic, Inc. v. Levinson, 485 U.S. 224 (1988).

174) Halliburton Co. v. Erica P. John Fund, Inc., 573 U.S. 258(2014). (被告が市場における詐欺理論を覆すだけの証拠を提示していないと認定)。

175) Affiliated Ute Citizens v. United States, 406 U.S. 128 (1972). 本判例に関する詳細については，巻末の**重要判例解説**を参照されたい。

- **out-of-pocket damages**（実際の取引価格と，不実表示がなかった場合の価格との差額）
- **contract damages**（実際の取引価格と，契約上の価格の差額）
- **rescissory damages**（原状回復。売主の原告に対して，証券の現在価値と売却価格の差額）

なお，上限額は実際の損害額（取引所法28条）及び取引価格と情報の訂正後90日間の平均価格の差額（取引所法21D条(e)）に設定され，懲罰的損害賠償も認められない。

裁判所は事実関係に基づいて損害の算出方法を選択する。その多くでは，相対取引において，不実表示がなければ取引は行われなかったであろうとの推定から，不当利得吐出しが選択され，市場取引において，不実表示がなければ投資家はより正確な価格で取引できたであろうとの推定から，out-of-pocket damagesが選択されている。

(3) 抗弁

被告の抗弁としては，時効，被告と同等の責任，求償などがある。ルール10b-5訴訟における**時効**は，**SOX法**によって，違反を構成する事実が発見されてから2年以内かつ違反行為発生時から5年以内とされている[176]。最高裁によれば，「発見されたとき」とは，「ルール10b-5の構成要素のすべてを示す情報を得たとき」とされる[177]。

原告に被告と同等の責任があるという抗弁は，理論的には成立するものの，実際に不実表示のケースで被害を受けた投資家が，被告と同等の責任があるケースは想像しにくい。一方で，多くの被告が存在することが多い証券訴訟では，自分の責任に応じた割合以上の損害賠償を行った被告が，他の行為者に対して責任に応じて求償すること（**contribution**）[178]や，契約に基づいて他者に求償すること（**indemnification**）を認めている。

---

176) 28 U.S.C. § 1658(b).

177) Merck & Co. v. Reynolds, 559 U.S. 633 (2010)（鎮痛剤の安全性についての不実表示に関するルール10b-5訴訟の時効は，当該表示が不実であり欺罔の意図があったことを示す情報を原告が得たときから計算すると判示）。

178) Musick, Peeler & Garrett v. Employers Insurance of Wausau, 508 U.S. 286 (1993)（被告間の黙示の求償権を認める）。

V . 証券の不公正取引

（4） 支配を及ぼす者の責任

第一次違反者（primary violator）に支配を及ぼす者（以下「**支配者**」（**controlling person**）という）は，善意で（in good faith）行動しかつ違反を誘引しなかったことを立証しない限り，第一次違反者と共同及び単独で（jointly and severally）責任を負う（取引所法20条(a)）。

たとえば，子会社が違法行為を行った場合，親会社は支配者である。ただし，責任を負うのは，違反者を支配する権限を有するだけではなく，実際に支配していることが必要とされる[179]。「善意で」とは，被支配者が違反行為を行うことを防ぐために，積極的な努力を行ったことを意味する[180]。なお，ドッド・フランク法929O条(c)は，SECが取引所法20条(a)に基づいて支配者に対して民事訴訟を起こす権利を，明確化している。

（5） 教唆・幇助者の責任

1994年まで，下級審は，財務諸表に関して虚偽の証明をした会計士や，証券取引法潜脱を助言した弁護士などの**第二次違反者**（**secondary violator**）に対して，ルール10b-5違反の**教唆・幇助責任**（**aiding and abetting liability**）[181]を認めてきた。

しかし，1994年に最高裁は，5対4の賛成意見で，ルール10b-5における教唆・幇助責任を否定した[182]。その理由として，10条(b)の「相場操縦的又は詐欺的策略又は計略（maniplulative or deceptive device or contrivance）」という文言は，ルール10b-5の違反者が実際の違反行為を行ったことを要求していると解されることと，取引所法の他の私的訴訟原因条項は教唆・幇助責任を認めていないことを挙げている。

また，最高裁は，必要であれば法律改正により手当をすべきであると示唆した。これを受けて1995年に制定されたPSLRA法は，第一次違反者のルール10b-5違反を知りながら**相当な援助**（**substantial assistance**）を行った者に対して，教唆・幇助による差止命令又は損害賠償を求める権利をSECに与えた（取引所法20条(e)）。ドッド・フランク法は，さらに，実際に知って（actual knowledge）いな

---

179) Lustgraaf v. Behrens, 619 F.3d 867 (8th Cir. 2010) (ポンジースキームを行った代表者を実際に支配していた会社は，支配者としての責任を負う可能性があると判示)。

180) Arthur's Children's Trust v. Keim, 994 F.2d 1390 (9th Cir. 1993) (証券に関する不実表示を知りながら，それを防ごうとしなかった経営委員会のメンバーは，支配者として責任を負う可能性があると判示)。

181) 米国における教唆・幇助責任は，刑事責任だけでなく民事責任の概念でもある。

182) Central Bank of Denver v. First Interstate Bank of Denver, 511 U.S. 164 (1994). 本判例に関する詳細については，巻末の**重要判例解説**を参照されたい。

くとも，recklessly に相当な援助を行った者に対しても，SEC による教唆・幇助責任追及を認めている（929M 条，929N 条，929O 条）。

Apuzzo 事件[183]では，会社のCFOが取引先と虚偽のセールス・リースバック取引を行って取引先の粉飾決算に関与したケースで，SEC の教唆・幇助責任に関する立証責任が争われた。第一次違反者のルール10b-5違反の要件である相当因果関係を要求した下級審に対して，控訴審は，教唆・幇助責任は被害者を救済するためではなく違法行為を防ぐことが目的であるから，相当因果関係は必要とされず，違法行為に関与し援助したという「相当な援助」の立証で足りると判示した。

(6) 刑法上の詐欺

SOX 法の807条は，報告会社の証券の取引に関する詐欺について，刑事責任を課している。連邦刑法では，「**知りながら（knowingly）**」，①報告会社の証券に関して何者かをだました，又は②報告会社の証券の売買に関して虚偽の態度，表明，約束等の手段を用いて金銭その他の財産を取得した場合，刑事罰又は懲役の対象になるとされている[184]。ルール10b-5違反との明らかな違いは，「報告会社の証券」に限定されていることと，「**無謀にも（reckless）**」の立証では不十分な場合もあることである。

> ✒ コラム 　**様々な証券詐欺**
>
> 　古典的な詐欺行為として，**ピラミッドスキーム**と**ポンジースキーム**がある。これらは，既存の投資家に高い配当を約束しておきながら，実際には資金の運用ではなく，新規の投資家から得た資金を既存の投資家の配当に充当する仕組みである。ピラミッドスキームは，いわゆるネズミ講のことであり，1人の投資家が新たな投資家を何人も募ることによって手数料を得られる仕組みである。ポンジースキームでは，ピラミッド構造ではなく，詐欺行為者を中心としてすべての投資家がフラットな構造になっている。1920年頃，ボストンにいた Carlo Ponzi という詐欺師が考案したといわれている。
>
> 　こうしたスキームは，投資家から資金をだまし取るという点では，刑法上の詐欺行為にあたる可能性が高い。しかし，ビジネスそのものは形式的には合法である（たとえば，宝石販売や事業への投資）ため，単にビジネスがうまくいかなかったという弁明も可能であり，刑法上の意図を証明することが難

---

183) SEC v. Apuzzo, 689 F.3d 204 (2d Cir. 2012).
184) 18 U.S.C. §1348.

Ⅴ.証券の不公正取引

しい。そのため，こうしたスキームは，伝統的に，スキームを証券取引と認定することにより，未登録の証券の売付けや，証券売買に関する不正行為として，SECの法執行の対象にされてきた。

　裁判所は，**Howeyテスト**に則り，①投資を募っていること，②主催者が多数の投資家の資金をプールしていること，③投資に対する高い配当を約束していること，④主に主催者が新たな投資家を募ることにより収益を生んでいることなどから，詐欺的スキームの証券該当性を肯定してきた。たとえば，オンライン投資ゲームを提供する主催者がプレーヤーにバーチャル投資を行わせ，主催者やプレーヤーが新たなプレーヤーを勧誘するごとに，バーチャル配当を受け取るという仕組みについて，証券性が認められている[185]。

　米国市場最大のポンジースキームとして有名なのが，**Bernie Madoff**事件である。マドフ[186]は，NASDAQの会長も勤めたことがある投資業界のセレブであり，自らが投資資金を募り，10〜12％の配当を約束したが，実際には新たな投資家からの資金を既存の投資家に配当しているだけであった。それでも，マドフの名声や口コミで投資家は拡大し続け，マドフは約20年にわたってこのスキームを続けた。不正行為が発覚した2008年には，約650億ドルが消失していたといわれる。SECは，投資家からマドフのスキームに対する疑義について繰り返し通報を受けていたが法執行を行わなかったため，後に大きな批判の対象となった。マドフは，2009年に刑事裁判で有罪を認め，150年（！）の懲役刑を宣告された。

　その他の典型的な詐欺手法としては，**ボイラールーム詐欺**（boiler room operation）と，**小型株詐欺**（penny stock fraud / microcap fraud）がある。前者は，電話帳や住所録を使ってランダムに電話をかけ，虚偽の情報や脅迫的な手段を用いて証券取引を強要するものである。典型的に，ボイラー（煮沸器）が置いてあるような，地下の薄暗い狭い部屋から電話をかけていたため，この呼び名になった。後者は，1株数ドル程度で特に店頭市場を中心に取引されている小型株について，虚偽情報を流布して株価を乱高下させたり（**pump and dump**），引受価格に大幅なプレミアムを加算して投資家に売り付けたり（**chop stocks**）といった手法で利益を得るものである[187]。

　いずれも古典的な詐欺のようであるが，近年も，特に高齢者の資産を狙っ

---

185) SEC v. SG Ltd., 265 F.3d 42 (1st Cir. 2001).

186) メイドフと読むのが正しいが，ここでは日本での報道に合わせてマドフと表記する。

187) 2013年，レオナルド・ディカプリオ主演でヒットした映画「ウルフ・オブ・ウォールストリート」でも，小型株詐欺が使われていた。

た悪質な多くの事例が SEC によって摘発されており，事情は洋の東西を問わないようである。

(7) 証券法，取引所法の救済手段の比較

　以下の表は，証券法及び取引所法における様々な不正行為に対する，投資家による民事訴訟における救済手段をまとめたものである[188]。

	取引所法			証券法		
	ルール 10b-5	18条(a)	9条(e)	11条	12条(a)(1)	12条(a)(2)
対象	証券の売買	SECファイリング	証券の取引	公募	無登録の非免除募集	公募
原告	売り手，買い手	売り手，買い手	売り手，買い手	買い手	買い手	買い手
被告	一次違反者	不実表示をした者	悪意で(willfully)行為を行った者	発行者，役員，専門家，引受人	売り手	売り手
違反行為	証券の売買に関する重要な事実の不実表示又は非開示	ファイリングに関する重要な事実に関する不実表示又は非開示	相場操縦行為	登録届出書における重要事実の不実表示又は非開示	無登録の募集又はガン・ジャンピング違反	重要な不実表示を含む目論見書又は口頭の伝達による募集
違法性の認識	悪意(recklessを含む)	善意及び不知は抗弁になる	悪意	発行者は無過失，それ以外にはDDの抗弁あり	不要	合理的な注意及び不知は抗弁になる
信頼	必要(開示義務のケースを除く)	必要	不要	不要	不要	買い手が不実を知っていた場合抗弁になる
因果関係	損害との因果関係	価格変動との因果関係	価格変動との因果関係	抗弁になる	不要	抗弁になる
損害賠償	通常はout-of-pocket	信頼によって発生した損害	違反によって発生した損害	算定式に基づく	取引解除	取引解除
時効	発見後2年かつ違反後5年以内	発見後2年かつ違反後5年以内	発見後2年かつ違反後5年以内	発見後1年かつ違反後3年以内	違反後1年以内	発見後1年かつ違反後3年以内

188) PALMITER, *supra* note 18, at 431-32の表を再構成したもの。

V.証券の不公正取引

2. インサイダー取引

(1) インサイダー取引を規制すべきか

　米国でインサイダー取引の規制が始まったのは，1960年代に入ってからである。それまでは，インサイダー取引をそもそも規制すべきかどうかが明確に定まっていなかった。ここでは，インサイダー取引を，とりあえず「非公開の情報を有する者が，その情報に基づいて証券を売買して利益を得ること」と定義した上で，米国における規制の是非の議論を紹介したい。

①投資者の公平性説

　インサイダー取引を認めることは，インサイダーが所有しているような情報にアクセスできない投資家に対して不公平だと主張する。しかし，自助努力によって情報格差が生じている場合に取引を規制することは，健全な競争を否定するものではないだろうか。

②市場の信頼性説

　インサイダー取引により，市場の信頼性がゆがめられ，投資家を遠ざけるようになると主張する。たしかに，取引所法の目的は，資本の獲得に必要不可欠な，公正で情報を反映した取引市場を作り出すことであった。

　しかし，多くの市場取引者は，自ら獲得した情報に基づいて利益を得ようとしているし，市場が効率的であれば，市場価格は既にこうした情報を反映しているはずである。また，未公開情報に基づいた取引が活発に行われ，その状況が市場に知られることによってかえって効率的に価格形成がなされるという考えもあろう。

③企業の資本コスト説

　インサイダー取引により，投資家が企業の株価を割り引いて評価するようになり，結果として企業の資本調達コストが増加すると主張する。

④モラルハザード説

　インサイダー取引を認めてしまうと，会社に損を与えるような企画を考え，自社株売りをして儲ける人がいると主張する。これに対しては，会社に損失を与えれば，結果として経営者としての地位において不利益を被ることになるからモラルハザードはないとか，会社に損を与えるような企画は他の経営者によるチェックが働くため実際には実現しない，といった反論がなされている。また，インサ

128

イダー取引を禁止したとしても，たとえば，ライバル会社の株を買って自社の損失で儲けるといったモラルハザードはなお残る。

⑤危険な投資説

リスクが大きいほど成功した場合の利益が大きいから，経営者がリスクの大きい事業を行ってインサイダー取引によって儲けようとするインセンティブが生ずると主張する。しかし，ハイリスク・ハイリターンの事業のほうが結果として企業の価値を高める可能性がある。

⑥会社の財産説

重要な未公開情報は会社の財産だから，経営者が自己の利益のために用いることは許されないと主張する。しかし，情報が会社の財産か経営者の報酬かは契約で決めるべきという考えもある。

なお，日本の金融商品取引法（金商法）におけるインサイダー取引の禁止理由は，市場の公正性及び健全性並びに一般投資家の信頼確保である。すなわち，発行会社の役員等「一般投資家の知らない会社内部の特別の情報を知」る立場にある者は，「開示されなければそのような情報を知り得ない一般の投資家と比べて著しく有利となり，そのような取引はきわめて不公平であって，これが放置されるとすれば，証券市場の公正性と健全性が損なわれ，さらに一般投資家の証券市場に対する信頼が失われる」[189]。

(2) 米国におけるインサイダー取引規制の歴史[190]

1960年代の後半，SEC や連邦裁判所は，ルール10b-5に基づき，重要な非公開情報に基づいて取引を行ったインサイダーに「**取引しないか開示するか（abstain or disclose）**」を求めるようになった。1980年代には，1984年の**インサイダー取引制裁法（Insider Trading Sanctions Act）**による民事制裁金の導入や，刑罰の強化等が行われた。

2000年には SEC が，「取引しないか開示するか」の義務を負う者とその主観的要件について，ルールで明確化した。2002年には，SOX 法により，役員が虚偽の財務諸表に基づいて利益を得ることを防止しようとし，2010年には，ドッド・フランク法により，不当利得の吐出しメカニズムを強化した。

---

189) 横畠裕介『逐条解説インサイダー取引規制と罰則』（商事法務研究会・1989）1-2頁。

190) 米国のインサイダー取引に関する法の発展について非常に詳細に分析した書籍として，萬澤陽子『アメリカのインサイダー取引と法』（弘文堂・2011）を参照されたい。

Ⅴ．証券の不公正取引

しかし，今日まで，取引所法には，インサイダー取引そのものを違法とする規定は存在しないし，インサイダー取引の法律上の明確な定義もない。現在でも，SEC及び連邦裁判所は，インサイダー取引を証券詐欺の一種として，ルール10b-5違反として扱っている。

1960年代からの判例の流れは，以下のとおりである。

①Texas Gulf Sulphur事件（1968年）[191]

この事件では，鉱山会社の Texas Gulf Sulphur 社が有望な金属の鉱床を発見したが，まわりの土地を買い占めようとして，情報を公表しなかった。そして，公表までの間，会社の役員や従業員が自社の株を購入していた。連邦高裁は，重要な内部情報を有するものが証券の取引をする場合には，情報を開示するか取引を断念しなくてはならないという，「**開示・取引断念義務（duty to abstain or disclose）**」を提示した。

しかし，この判例には，「重要な内部情報を有するもの」という定義が広すぎるという問題があり，1980年代に入って，判例の蓄積により当該義務の内容が明確化していくことになる。

②Chiarella事件（1980年）[192]

公開買付けの資料の印刷を請け負った印刷会社の社員 Chiarella が，公開買付けの公表前に，公表後に市場価格よりも高い価格で買付けされることを期待して，株式を購入していた。Chiarella は「重要な内部情報を有する」が，最高裁は，重要な内部情報を持っているだけでなく，証券の発行会社や株主に対して**信任義務（fiduciary duty）**を負っている者が開示・取引断念義務を負うと判示した（**信任義務理論**）。

つまり，Chiarella は発行体や株主に対して信任義務を負っていないから，違法なインサイダー取引にもならないとされた。しかし，この判例に対しては，責任を負う者の範囲が狭すぎるのではないかという批判がなされた。

③Dirks事件（1983年）[193]

生命保険会社の元役員が，同社を告発する目的で，証券会社の役員 Dirks に同社の不正行為について伝え，調査を依頼した。Dirks が調査の過程で情報を伝えた第三者が，その情報に基づいて株取引をして利益を得た。Dirks が負うとすれ

---

191) SEC v. Texas Gulf Sulphur Co., 401 F.2d 833 (2d Cir. 1968).
192) Chiarella v. United States, 445 U.S. 222 (1980).
193) Dirks v. SEC, 463 U.S. 646 (1983).

ば，**情報提供者**（**tipper**）としての責任であると考えられた。これに対し，最高裁は，元役員が発行体又は株主に対して信任義務を負っており，かつ Dirks がそのことを知っていた場合，**開示・取引断念義務**を負うと判示した。

本件では，元役員は既に生命保険会社を辞めており，信任義務を負っていないので，Dirks に情報提供者としての責任は生じない。さらに，そこで責任の連鎖が途切れるため，株取引を行った第三者にも内部者としての責任は生じないとされた。しかし，発行体又は株主に信任義務を負わない者であれば，誰でもインサイダー取引を行ってよいものであろうか。その疑問に答えたのが，次の O'Hagan 事件である。

④O'Hagan事件（1997年）[194]

買収会社の顧問弁護士 O'Hagan が，対象会社の株価が上がると思って，買収の公表前に株取引を行った。O'Hagan は対象会社に対して信任義務を負わないから，従来の信任義務理論ではインサイダー取引にならない。

しかし最高裁は，ある者が情報源に対して負う信任義務に違反して，証券取引の目的で機密情報を**不正流用**（**misappropriation**）した場合，証券取引に関する詐欺を行ったものとした（**不正流用理論**）。本件において，O'Hagan は情報源である買収会社に対して信任義務を負うから，その情報を使って証券取引を行うのは不正流用であるとされた。

（3）判例理論のまとめ

判例により確立されたインサイダー規制の対象者は，以下のとおりである。

①内部者

会社の内部者としての地位に基づき重要な未公開情報を所有する者は，明確なルール10b-5の取引禁止対象となる。

②擬制的内部者

会社の内部者ではないが，信任関係に基づいて重要な未公開情報を所有する者も，ルール10b-5の取引禁止対象となる。

---

194) United States v. O'Hagan, 521 U.S. 642 (1997). 日本語による解説として，『別冊ジュリスト　アメリカ法判例百選』（有斐閣・2012）246-47頁（黒沼悦郎教授）が詳しい。

Ⅴ. 証券の不公正取引

③情報提供者（tipper）

信任義務を有し，情報受領者が情報に基づいて取引を行うことと，自らが何らかの便益を受けられることを知って，情報提供を行い，情報受領者が実際に取引を行った場合，ルール10b-5違反となる。

便益は金銭的なものに限られず，自らの評判を高めるためや，将来の事業を獲得するためといったものも含まれる[195]。二次的（及びそれ以降の）情報提供者も，情報が重要な未公開情報であり，情報源が信任義務に反して情報を取得したことを知っている（又は知っているべき）場合，ルール10b-5違反となる可能性がある。

④情報受領者（tippee）

情報提供者が信任義務に反して重要な未公開情報を提供したことを知って（又は知っているべき理由があり），取引を行った場合，ルール10b-5違反となる。第二次（及びそれ以降の）情報受領者も，情報が信任義務に反して伝わっていることを知っている（又は知っているべき）場合，同様である[196]。

⑤第三者

情報源に全く関係のない第三者（当該情報をたまたま聞いたものや，独自に開発した者を含む）は，取引してもルール10b-5違反とはならない。

（4） 制定法による判例理論の補完

以下の規定は，インサイダー取引そのものや，「重要な非公開の情報」を明確に定義するものではないが，判例理論を補完している。

---

195) 2016年の最高裁判例 Salman v. United States, 137 S. Ct. 420 (2016)では，会社役員が親戚又は友人に未公開情報をギフトとして提供することは「便益の提供」であると判示された。本件の日本語による解説として，宮崎裕介「米国会社・証取法判例研究（No.361）情報受領者の責任と「個人的便益」の要件」旬刊商事法務2147号（2017）が詳しい。See also United States v. Martoma, 894 F.3d 64 (2d Cir. 2017)（「個人的な近い関係」までは不要と判示），SEC v. Payton, 726 Fed. Appx. 832 (2d Cir. 2018)（情報受領者が未公開情報の出所をあえて知ろうとしなかった場合にも責任が生ずると判示）。

196) See United States v. Newman, 773 F.3d 438 (2d Cir. 2014)（刑事事件において，「情報提供者が信任義務に反していること」を情報受領者が知っているという要件を，「情報提供者が情報提供によって何らかの便益を受けていること」まで知っていなければならないと解釈）。なお，国側（DOJ）は判決の再考を申し立てていたが，控訴審は2015年4月に同申立てを却下している。本判決の基準は，特に情報提供者と離れた第二次以降の情報受領者（remote tippee）に対する刑事訴訟において，国側の立証負担を重くするものである。

①取引所法21A条

重要な非公開の情報を所有しつつ，証券の売買や当該情報の伝達により証券取引所法に違反した者に対して，SECは民事裁判を提起できる。

②ルール10b5-1

取引所法10条(b)及びルール10b-5によって禁止される「操縦的及び欺罔的な手段」とは，証券又は発行体についての重要な未公開の情報に基づいて，発行体，発行体の株主又は情報源に対して直接，間接，又は付随的に負う信任義務に違反して証券を売買することを含むと規定する[197]。

③ルール10b5-1（c）（知る前契約）

以下のすべての条件を充たす場合に，その後内部情報を知って取引しても規制の対象外になる。

- 内部情報を知る前に拘束力のある証券売買契約を締結
- 当該契約が，売買の数量，価格，日付を特定
- 当該契約に従って実際の売買が行われる

④ルール10b5-2（b）

重要な内部情報の取得者が情報提供者に対して信任義務を負うとみなされる場合として，以下を例示列挙している。

- ある者が情報の機密を守ることに合意している場合
- 情報提供者と情報受領者の過去の関係から，情報受領者が情報の機密を守るであろうことを情報提供者が期待しているということを，情報受領者が知っている又は合理的に知っているべき場合
- 配偶者，両親，子供又は兄弟姉妹から重要な未公開情報を受領した場合（例外規定あり）

---

197) このルールの注記（preliminary note）には，ルールは「基づいて」の意味を明確にしようとしたものに過ぎず，判例理論を修正するものではない，と書かれている。

V . 証券の不公正取引

(5) 救済手段

①行政，民事上の救済

　SEC は行政手続と民事手続の両方において，行為差止，不当利得吐出し及び**民事制裁金**を求めることができる。民事制裁金の上限は，不当利得の3倍である（取引所法21A 条(a)(2)）。SEC はまた，インサイダー取引違反者の支配者に対して，追加的に100万ドル又は不当利得の3倍の大きいほうを上限として民事制裁金を求めることができる（取引所法21A 条(a)(3)）。

　また，1988年の**インサイダー取引及び証券詐欺執行法**に基づき，公益通報者に対して民事制裁金の10%の成功報酬を提供することとした。

②刑事罰

　意図的に（**willfully**）（インサイダー取引違反になることを知って）インサイダー取引に係わった場合，20年以下の懲役刑・500万ドル以下の罰金又はその併科，法人は2,500万ドル以下の罰金の対象となる（取引所法32条(a)）。なお，情報の不正流用の場合は，連邦法上の**郵便・通信詐欺**としても刑事罰の対象になる。

(6) その他の関連規制

①ルール14e-3

　公開買付けの過程で，公開買付者以外で公開買付けに係わる重要な未公開情報を所有するものは，買付者又は被買付者からの情報だと知って（又は知る理由があって）取引をしてはならない。ルール10b-5の場合と異なり，情報提供者が信任義務に反して情報を提供したことを証明する必要はない。

②レギュレーションFD

　2000年，SEC はレギュレーション FD（Fair Disclosure）を制定して，公開会社が重要な未公開情報を一部の投資家，アナリスト等に選択的に提供することを禁止した。選択的な情報公開が「意図的」である場合には，投資家一般にも「同時に」公開しなくてはならず（ルール100(a)(1)），「非意図的」である場合には，投資家一般にも「速やかに（通常24時間以内）」公開しなくてはならない（ルール100(a)(2)）。公開の方法は，インターネットなどの合理的な手段か，フォーム8-K の提出による（ルール101(e)）。

　このレギュレーション FD は，選択的な情報公開の1つひとつをインサイダー取引違反に係わる情報提供として扱うのではなく，重要な情報を速やかに公開させることによってインサイダー取引を未然に防ぐ効果を持つものといえる。

③短期利益吐出し

　取引所法16条は，内部者による相場操縦を防ぎ，内部者が長期的に株式を所有することを奨励するため，SECに登録された証券の発行体の取締役，役員及び10％超を所有する大株主に関して，以下を規定している。

- 自社株の取引報告義務（16条(a)）
- 6か月以内の取引で確定した利益を会社（又は株主）が返還請求できる（16条(b)）
- 株式の空売り禁止（16条(c)）

　ルール10b-5に基づくインサイダー取引規制と比べると，6か月以内の登録された証券の発行体の証券の取引に限定されているという点では対象が狭いが，インサイダー情報に基づいた取引であるかどうかは問わないという点では対象が広いといえる。

④同時取引者の訴訟原因

　インサイダー取引により取引所法又は規則に違反した者と同時期に，インサイダー取引の対象となった銘柄を取引した者（**contemporaneous trader**）は，違反行為者に対して損害賠償を求めることができる（取引所法20A条）。

⑤SOX法とドッド・フランク法による改正

　2002年のSOX法により，会社役員による取引について2つのルールが定められた。まず，企業年金基金において自社株を取引できない，いわゆる「**ブラックアウト期間**」が3営業日以上連続する場合には，当該企業の役員も自社株の取引を行うことができない（306条(a)）。これは，企業の株価下落時に，役員が企業年金基金による取引を停止しつつ，自らの株式を売り付ける行為を防止するものである。

　もう1つは，公開会社のCEOとCFOを含む役員の業績連動賞与について，違法行為により業績修正が必要になった場合，会社による「**取戻し（clawback）**」を要求するものである（SOX法304条）。

　この取戻制度は，2010年のドッド・フランク法によって強化され，SECは，証券取引法上の財務報告義務に重要な違反があって財務諸表が修正された場合，過去3年間に遡って現在及び過去の取締役から報酬の取戻しを強制するルールを，取引所に要求することとなった（ドッド・フランク法954条）。

V．証券の不公正取引

3. 相場操縦[198]とHFT

本項では，情報技術革新による新たな取引手法であるHFT（前述「**コラム：HFT とアルゴリズム**」参照）と，相場操縦規制の接点について実際の法執行例に言及しつつ解説する。

（1）相場操縦の原型

オランダの詩人 Joseph de la Vega が1688年に出版した「Confusion of Confusions」は，1600年代のアムステルダム証券市場の様子を，以下のとおり描写している[199]。同市場では，オランダ東インド会社とオランダ西インド会社という2つの貿易会社の株式が活発に取引されており，株式の価格は入港する船の積荷の予想によって変動した。

そこで最も有効な相場操縦は，ディーラーやブローカーが集まるカフェにおいて嘘の情報を流すことであった。たとえば，「今度入港する船は，紅茶やスパイスではなくて，毛皮やダイヤを積んでいるらしい」という噂は，すぐに大げさな「沢山の毛皮と非常に大きなダイヤらしい」という噂に変わってゆき，やがて株価の大きな変動につながっていった。

（2）相場操縦の類型

証券監督者国際機構（IOSCO）は，現代における相場操縦の定義が国により異なることから，画一的に定義付けるのではなく，以下のような典型的な相場操縦の手法を例示するにとどめる[200]。

- 実体の伴わない一連の取引を行い，証券の需給や価格について誤った印象を与えようとすること
- 単一の者による，証券の実質的所有権が移転しない取引（**仮装取引**）
- 複数の者が意を通じ，同時期に同価格・同量の売り注文と買い注文を行う取引（**馴合取引**）

198）相場操縦一般についての規制は，前述「**Ⅳ. 2. (2) 相場操縦の規制**」を参照されたい。

199）*See* David J. Leinweber & Ananth N. Madhavan, *Three Hundred Years of Stock Market Manipulations*, The Journal of Investing (Summer 2001). 以下，Vegaを引用した同論文を参照。

200）Technical Committee of the International Organization of Securities Commissions, Investigating and Prosecuting Market Manipulation 5-6 (2000).

- 市場取引が終わる直前に売買を行うことによって，証券の終値を変動させようとすること（**終値関与**）
- 証券や先物の価格を騰貴させるために買い注文を増やすこと
- メディア等を通して虚偽の又は誤解を生じさせるような情報を流して，証券の価格を操作しようとすること（**風説の流布**）

　300年前，カフェで船の積荷について嘘の情報を流したとしても，その情報が広まり市場価格に反映されるには相当な時間がかかったと考えられる。しかし，現代においては，インターネットの普及により，情報の伝わる速度が飛躍的に進化した。

　たとえば，1999年に UCLA の学生が，破産しかけた会社が買収のターゲットになったという虚偽のメッセージを500回，50の異なる ID を使ってインターネット上の掲示板に流したところ，同社の株式価格はすぐに変動し，結果として2日間で13セントから15ドルと100倍以上も値上がりした[201]。さらに，HFT の登場により，相場操縦の速度と規模は格段に進化している。

（3）　HFTと相場操縦

　HFT そのものは違法ではないが，HFT により以前は不可能であった速度や規模で相場操縦が行われる可能性があることが問題である。HFT を利用した相場操縦の具体例として，**英国金融行為規制機構**（**FCA，Financial Conduct Authority**）及び米国 **CFTC** に処分を受けた投資家，**Michael Coscia** が使ったレイヤリングと呼ばれる取引形態を紹介する。

　レイヤリングとは，最良買気配値より上値の複数の価格帯（レイヤー）に，約定させる意思のない売り注文（売り**見せ玉**（ぎょく））を大量に発注することをいう[202]。典型的に，他の投資者の売り注文を安値に誘引して安く仕込みの買付けを行った後，売り見せ玉を取り消し，その後反対の板において，最良売気配値より下値の複数の価格帯に約定させる意思のない買い注文（買い見せ玉）を大量に発注し，他の投資者の買い注文を高値に誘引して仕込んだ買付け分を高く売り抜けた後，買い見せ玉を取り消すという一連の手法がとられることが多い。

　このレイヤリングという手法自体は目新しいものではないが，**アルゴリズム**を使うことにより，一連の取引が概ね1秒に満たないごく短時間で完了するところ

---

201) *See* Leinweber & Madhavan, *supra* note 195.
202) いわゆる見せ玉として，**スプーフィング**という言葉が使われることもある。レイヤリングは見せ玉を階層で発注すること。スプーフィングは，レイヤリングも含めた見せ玉全般のことをいう。

V．証券の不公正取引

に特徴がある。Coscia による石油先物市場におけるレイヤリングの一例を表に再現すると以下のとおり[203]となる。

	累積経過時間	発注，約定等の状況	価格[204]	数量(ロット)	最良買気配値	最良売気配値
①	00:00:00:000	買い注文	115.86	17	115.86	115.88
②	00:00:00:023	売り注文	115.89	122	115.87	115.88
③	00:00:00:122	売り注文	115.88	85	115.86	115.88
④	00:00:00:231	売り注文	115.87	54	115.86	115.88
⑤	00:00:00:232	買い注文（①の一部）が約定	115.86	3		
⑥	00:00:00:234	買い注文（①の残り）が約定	115.86	14		
⑦	00:00:00:257	売り注文（②）の取消し		122	115.84	115.86
⑧	00:00:00:261	売り注文（③）の取消し		85	115.84	115.86
⑨	00:00:00:265	売り注文（④）の取消し		54	115.84	115.86
⑩	00:00:00:294	売り注文	115.88	17	115.84	115.86
⑪	00:00:00:316	買い注文	115.82	99	115.84	115.86
⑫	00:00:00:423	買い注文	115.83	88	115.84	115.86
⑬	00:00:00:550	買い注文	115.86	122	115.85	115.88
⑭	00:00:00:579	売り注文（⑩のすべて）が約定	115.88	17		
⑮	00:00:00:593	買い注文（⑪）の取消し		122	115.87	115.90
⑯	00:00:00:607	買い注文（⑫）の取消し		88	115.87	115.90
⑰	00:00:00:609	買い注文（⑬）の取消し		99	115.87	115.90

　まず，①において17ロットの買い注文を115.86の買い最良気配値に出す。そして②～④において，最良買気配値よりも上値の115.87から115.89の価格帯に大量（54から122ロット）の約定する意思のない売り注文を出す。売り旺盛と考えた他の市場参加者が誘引され[205]，最良売気配値よりも下値の115.86で売り注文が出ることにより，⑤⑥において買いポジションを取得し，⑦～⑨において売り見せ玉をすべてキャンセルする。⑩以降はそれまでとは逆方向の取引を繰り返す。

203) *In re* Michael Coscia (FCA July 3, 2013) (final notice)より再構成。
204) 単位は1,000ドル。
205) ミリ秒単位で注文に反応していることから，誘引されたのもアルゴリズム等の自動的発注プログラムを使っていた他の投資家であると考えられる。

138

この一連の取引にかかった時間は1秒以下の609ミリ秒であり、結果として17ロットを115.86で買い付け、115.88で売り抜けることにより、340ドルの利益を得ている。Cosciaは、この一連の取引を1日に数百回繰り返していた[206]。

(4) 米国におけるHFTに対する法執行

①取引所法の適用

前述「**Ⅳ. 2. (2) 相場操縦の規制**」のとおり、相場操縦の規制としては、取引所法9条よりも、ルール10b-5のほうが活用されている。SECは、相場操縦にルール10b-5を適用するにあたっては、行為者の主要な目的が操縦であった場合に、相場操縦が行われたと認定している。

実務家の分析によれば、**アルゴリズム**による高速取引を利用した相場操縦が行われた場合、SECはプログラムが**操縦意図**をもって作られ執行されたかどうかを精査するはずであり、また、SECや裁判所がそのような操縦意図の有無を判断するにあたっては、以下の要素を含む、総合考慮がなされるはずである[207]。

- 取消しの頻度
- メールやインスタント・メッセージに現れた行為者の意図
- 行為者の有するポジション（ショート、ロング）の価値変動
- 行為者の市場占有率
- 取引の経済合理性

②FINRAによる法執行

SECに先駆けて、**FINRA**によって、HFTによる相場操縦が疑われる取引に係わった証券業者の取締りが行われている。たとえば、FINRAは2013年6月11日、証券業者Newedgeが、同社の提供する**DMA**及び**SA**[208]を用いて顧客が取引所法違反の相場操縦を疑わせる行為を行っていたにもかかわらず、そうした顧客を

---

206) Cosciaの注文が約定させる意思のないものであったことは、違反行為期間中の小ロット（10から20）の注文の約定率が44.5%であったのに対して、大ロット（50以上）の注文の約定率が0.1%にすぎなかったことからも窺える。

207) David L. Kornblau, Allison Lurton & Jonathan M. Sperling, *Market Manipulation and Algorithmic Trading: The Next Wave of Regulatory Enforcement?*, 43 SEC. REG. REP. 369 (2012).

208) それぞれ**Direct Market Access**、**Sponsored Access**の略であり、証券業者が顧客に証券取引所に直接注文を執行できる仕組みのこと。DMAは注文を一旦証券業者のシステムに通すが、SAは当該システムに通さないという違いがある。

Ⅴ. 証券の不公正取引

適切に監視していなかったことは，FINRA の自主規制ルールに反するとして，同社に対し950万ドルの民事制裁金を課した[209]。もっとも，本件では，当該顧客が実際に相場操縦を行っていたかどうかの認定は行われていない。

③CFTCによる法執行── Coscia事件

ところで，2012年に**ドッド・フランク法**によって改正された**商品先物取引法**（**Commodity Exchange Act**）の4c 条(a)(5)は，商品先物取引所における「約定前に取り消す意図をもった売り注文又は買い注文を発注すること，すなわち『**スプーフィング**』として一般に知られている，又はそうした性質をもつ行為」を「**破壊的慣行**（**disruptive practice**）」の1つとして禁じている。

スプーフィングが成立するには，ある程度の意図又は悪意の存在が必要であるが[210]，ある行為がスプーフィングであると認定されれば，理論上，通常取引か HFT かの区別なく処分が可能である。

CFTC は，2013年7月12日，エネルギー先物取引会社パンサー・エナジー・トレーディングと，同社の代表を務める Coscia（前節「**(3) HFT と相場操縦**」参照）が，18種類の商品先物について，HFT を使ってスプーフィングを行っていたとして，140万ドルの民事制裁金の支払いと，140万ドルの不当利得吐き出し（disgorgement）を命じた[211]。CFTC は，行為者の意図，取引パターン，**アルゴリズム**の設計等を総合考慮し，行為者は法の禁ずるスプーフィングを行ったと認定している。

④SECによる法執行── Athena事件

SEC が初めて HFT による相場操縦を摘発したのは，2014年の Athena 事件[212]である。HFT 業者の Athena 社は，需給の予測に従って発注を行う Collars と，瞬間に大量の発注を行う Gravy という2つのアルゴリズムを駆使して，NASDAQ 市場で約半年にわたって数千銘柄において**終値関与**を行ったとされる。SEC が相場操縦を認定するにあたって，以下のような事実が貢献したと思われる。

---

209) FINRA Joins Exchanges in Fining Newedge USA, LLC $9.5 Million for Supervisory, Regulation SHO, and Books and Records Violations, FINRA News Release (July 11, 2013).

210) CFTC Proposed Interpretive Order, 76 Fed. Reg. 14943 (Mar. 18, 2011).

211) *In re* Panther Energy Trading LLC and Michael J. Coscia (CFTC July 22, 2013).

212) *In re* Athena Capital Research, LLC (SEC Oct. 16, 2014).

- 自分たちの戦略が成功していることに対して，「我々は終値を決めるオークションを支配している」というメールを出した。
- Gravyの初期バージョンがどう株価に影響を与えたかを分析した資料を「銘柄ごとのGravy変動」と名付けていた。
- 取引量が少なく，損失を出してしまった日の取引を分析して，「十分に大きなサイズでGravyしろ」というメールを出した。
- 採用した役員が，Athena社の取引の違法性の疑いを指摘し，法律意見書を取るように推奨（結局法律意見書は取らず）したところ，その後メールのやり取りを社内メールではなく個人メールでするようになった。
- NASDAQが「疑わしい取引」に関する自動メッセージを市場参加者に発出した際に，社内で「金の卵を産むガチョウを殺すな」というメールを流した。

Ⅵ. 証券取引法の執行

【第Ⅵ章のまとめ】

- **本章の目的**：連邦証券取引法の執行について，SECによる実際の法執行を中心に学ぶ。
- SECの法執行部門は，広範な調査権限及び法執行機能を有している。
- SECは，自らが雇用する行政法判事が主催する行政手続によって，違反者に対して取引停止，排除命令，不当利得吐出し等を命じることができる。ドッド・フランク法により，SECの法執行機能はさらに強化されたが，批判も多い。
- SECは，自らが原告となって，違反者に対して連邦民事訴訟を提起し，差止命令，不当利得吐出し，民事制裁金等の救済を求めることができる。
- 行政手続及び民事手続の大部分は和解で解決しており，「違法行為を肯定も否定もしない」という文言が入れられることが多かった。しかし近年では，非常に悪質な一部のケースの和解において，違法行為の肯定が求められることもある。
- SECは，事案の性質により，連邦地方検事に事案を刑事事件として付託できる。

　本章では，SEC の証券取引法上の広範な法執行権について，調査権限（第1節），行政手続（第2節），民事手続（第3節），刑事手続（第4節）の順で述べる。

1. SECによる調査と和解

（1） 調査権

　SEC の調査の対象は広い。たとえば，証券法8条(e)（公募の登録中止命令を発出するかどうか），証券法19条(c)（証券法の執行），取引所法21条(a)（取引所法及びルール等の違反）について，調査を行うことができる。調査の端緒も多岐にわたる。たとえば，スタッフによる開示書類の審査，メディア，証券業者の検査，一般投資家からの通報，スタッフによる市場の定期的な監視などである。また，

143

SOX法により，**内部通報者**（whistleblower）は，雇用者による報復から特別に守られている。

　調査は原則として非公開であるが，SECは，**情報公開法**（Freedom of Information Act）に基づいて，過去の調査に関する書類や情報を公開する義務を負う。また，憲法上の保障は，SECの調査にも及ぶ。たとえば，不合理な捜索や没収を禁じた修正第4条や，**自己負罪**（self-incrimination）に関する証言の秘匿特権を規定した修正第5条である。ただしSECに，調査の対象者に通知する義務はない[213]。

　SECは，非公式な調査により，対象者から自発的に情報を求めることができる。この段階での調査協力は自発的なものであり，通常証言は宣誓されたものではないが，知りながらかつ意図的に（knowingly and willfully）虚偽の供述をすると犯罪になる[214]。カリスマ主婦としてテレビ番組などで人気を博していたマーサ・スチュワートが実刑を受けたことは，記憶に新しい[215]。

　非公式な調査の結果，必要に応じて，SECは**公式調査命令**（formal order of investigation）を発出することができる。当該命令が発出されると，SECは調査に関する重要情報を有する者に対して**召喚状**を発出し，宣誓証言や書類提出を求めることができる（証券法19条(c)，取引所法21条(a)）。召喚状に従わない場合は，**法定侮辱罪**（contempt for noncompliance with the court's order）に問われる可能性がある。

（2）　法執行と規制のとりこ

　調査終了後，SECはいわゆる「**21条(a)レポート**」を発出して意見表明をすることもできるが，違反行為があったと判断した場合には，通常，行政手続，民事手続，刑事手続のいずれかを委員会に推奨する。

　SECは，1972年に**法執行部**（Division of Enforcement）を立ち上げ，様々な部門で分担していた法執行機能を集約させた[216]。法執行部は，証券取引法違反行為に対して，SECを代理して連邦地方裁判所に民事裁判を提起するか，行政法判事により行政手続を開始させることができる[217]。対象となる行為は，①証券に関する

---

213)　*See* SEC v. Jerry T. O'Brien, Inc., 467 U.S. 735 (1984)（SECが調査において第三者に召喚状を出したことについて，調査対象者に知らせる法令上の義務はないと判示）。

214)　18 U.S.C.§§1001, 1512, SOX法802条。

215)　インサイダー取引に関するSEC等の政府機関の調査に対して虚偽の供述を行ったことを含む，4つの違反に対して実刑判決を受けた。United States v. Martha Stewart, 317 F. Supp. 2d 426 (S.D.N.Y. 2004).

216)　SEC Home Page, About the Division of Enforcement, http://www.sec.gov/divisions/enforce/about.htm.

217)　SEC Home Page, How Investigations Work, http://www.sec.gov/News/

不実表示，②相場操縦，③規制対象業者の義務違反，④インサイダー取引，⑤未登録の証券の売付けなど，様々である。

なお，法執行部門のスタッフを含め，SEC を退職して投資銀行や法律事務所に就職する者が多いことから，そうした将来の雇用者に対しては法執行が甘い，すなわち**規制のとりこ**（**regulatory capture**）があるのではないかという批判もある。

✒ コラム 回転ドア

　複雑な証券取引に係る行政機関として，SEC は弁護士や会計士など，多くの専門家をスタッフとして雇用している。そして，そのような専門家は，SEC で働いた後，また民間の弁護士事務所，会計事務所及び証券業者などに戻って活躍することが多い。たとえば，現在の SEC 委員長の Mary J. White 及び法執行部長の Andrew Ceresney は，ニューヨークの弁護士事務所 Debevoise & Plimpton のパートナーであった。この慣習は，**回転ドア**（**revolving door**）としてよく知られているところである。

　ある調査によれば，2001年から2010年まで，419人の元 SEC 職員が，社外弁護士又は社内弁護士として，SEC の法執行案件に携わることについて，1949件の届出を行っている[218]。当該届出は，SEC を退職後2年間について要求されているため，実際に元 SEC 職員が係わっている法執行案件は，はるかに多いと考えられる。

　ところで，証券法違反を行った発行体は **WKSI** としての優遇措置を受けられなくなってしまうが，個別に SEC から免除を受けることができる。同調査は，2006年から2012年までの WKSI に関する免除承認64件のうち，35件に元 SEC 職員が係わっていたことを指摘し，特に，次のような例を挙げている。

　2008年に，UBS AG の関係会社2社が，証券投資のリスクについて不実表示を行ったとして SEC と和解を行った。その際に，UBS AG の代理人であった元 SEC の職員が，免除を申請して認められている。その後2011年，UBS AG の同じ関係会社の1社が，地方債に関する証券詐欺を行ったとして，再度 SEC に法執行を受け和解したが，同じ元職員が SEC に免除を申請して認められた。2012年には，再度別の事案で関係会社が法執行を受け，

Article/Detail/Article/1356125787012.

218) Michael Smallberg, *SEC Alumni Help Fuirms Get a Break*, Project on Gov't Oversight (Feb. 11, 2013).

VI . 証券取引法の執行

免除を申請して認められている。その免除申請には、「UBS AGとその関係会社は、常に証券取引法を遵守していた」と書かれていた。

（3） SECと和解

①和解のメリット

SECは、その行政手続や民事訴訟の大部分で被告と**和解**してきた[219]。民事訴訟の場合は、和解案に執行力を持たせるため裁判官に承認を求めることが多い。和解案を承認した裁判所の命令（**consent decree**）に違反すると、**法定侮辱罪**が適用される可能性がある。通常の和解案には、以下の内容が含まれる。

- 不当利得の吐出し及び民事制裁金の支払い
- 将来にわたる証券取引法違反行為の差止め
- 違法行為について、「SECの訴えを**肯定も否定もしない**（**without admitting or denying the allegation of the complaint**）」という定型的な文言

和解はSECと被告の双方にメリットがあるといわれている。SECにとって第一に、訴訟に時間的・金銭的なコストをかけずに、限られたリソースを有効活用できる。第二に、和解を仄めかすことにより、被告の調査協力が得られる可能性が高まる。第三に、SECと民間法曹の間でキャリアチェンジが頻繁に行われており（前述「**コラム：回転ドア**」参照）、SECの弁護士と被告の代理人というそれぞれの立場が将来入れ替わる可能性があるため、和解により対立を避けることができると想定される。

一方被告にとっても第一に、訴訟にかかる時間的・金銭的コストや、広範な証拠開示手続によって業務に多大な支障が出る可能性を避けることができる。第二に、早期和解により、裁判で公開されてしまうおそれのある情報を守ることができる。第三に、一般的に和解には**先例拘束性**がないため[220]、被害者や関連当事者

---

219) 2012年には約98％の行政・民事手続で和解をしている。Ross MacDonald, *Setting Examples, Not Settling: Toward a New SEC Enforcement Paradigm*, 91 Tex. L. Rev. 419, 421 (2012).

220) 伝統的に、先例拘束性は同一の当事者間で同一の論点についてのみ適用される。もっとも近年、別の当事者に対しても、重要な論点で最終決定されたものについては、先例拘束性を適用する判例もある。

が多く様々な関連訴訟が想定される事案であっても，関連訴訟への影響が敗訴した場合に比べて少ない。

SEC は，和解を含めた勝利件数で評価されるため，早期和解に走りやすい傾向にあるとの批判もある[221]。しかし，SEC の法執行部長は，SEC が和解するのは「案件の内容，裁判に必要な時間とリソース，被害者を速やかに救済するメリット，裁判で負ける可能性など，様々な要素を考慮した上で，和解によって得られる結果が，裁判で勝利したときに得られる結果の合理的予想の範囲にある」場合であり，安易に和解をしているわけではないと説明している[222]。

②肯定も否定もしない

SEC の和解事案の特徴の1つは，他の行政機関による和解事案と同様，ほぼすべての事案で違法行為を「**肯定も否定もしない**」という文言が含まれていることである[223]。SEC の法執行部長は，「肯定も否定もしない」ポリシーについて，「違反行為が肯定されないからといって，（その他の条件において）合理的な和解案を放棄することは，賢明とは言えない」と述べている[224]。

違法行為を「肯定も否定もしない」ことには，被告にとって大きなメリットがある。前述のとおり一般的に和解には先例拘束性がないとされるが，違法行為を肯定したことにより，実務上，その後の行政，民事，刑事訴訟において不利な証拠として使われる可能性がある。特に，資金が豊富（deep pocket）な大企業は，違法行為を肯定することにより，多数の民事訴訟の標的になってしまう可能性がある。また，訴訟以外でも，否定的な報道につながったり，保険金の支払い否認や返還につながったりする可能性もある[225]。しかし，2013年頃から，以下のコラムにあるように，SEC のポリシーに明確な変化が出てきている。

---

221) *See* Jonathan R. Macey, *The Distorting Incentives Facing the U.S. Securities and Exchange Commission*, 33 Harv. J.L. & Pub. Pol'y 639, 646 (2010).

222) Robert Khuzami, Dir., Div. of Enforcement, SEC, Remarks Before the Consumer Federation of America's Financial Services Conference (Dec. 1, 2011).

223) *See* Mary Jo White, Chair, SEC, Deploying the Full Enforcement Arsenal, Address at Council of Institutional Investors Fall Conference in Chicago (Sept. 26, 2013).

224) Khuzami, *supra* note 218.

225) こうした訴訟以外における影響を，「法的副作用」と表現するメディアもある。*See* Alexandra Stevenson & Ben Protess, *Legal Side Effect in Admission of Wrongdoing to the SEC*, N.Y. Times, Oct. 7, 2013.

Ⅵ. 証券取引法の執行

コラム 肯定も否定もしない[226]

　SECと被告の和解案は，通常連邦地方裁判所で承認される必要があるところ，2011年に，「**肯定も否定もしない**」という文言を含む和解案が却下された。SECはシティグループ証券に対して，債務担保証券（**CDO, collateralized debt obligation**）の販売において不実開示を行ったとして，民事訴訟を提起した[227]。本件取引によってシティグループ証券が1億6,000万ドルの利益を得た一方で，投資家は7億ドルの損失を被ったとされる。

　これに対し，連邦地裁の **Jed Rakoff** 判事は，シティグループ証券がSECに合計2億8,500万ドル支払うという内容の和解案を却下した。Rakoff判事によれば，①和解案では，「和解案が正当，合理的，十分，かつ公共の利益に資するかどうか」が示されていない，②裁判所は民間当事者が隠れて交渉した和解案を公衆に伝えるだけの単なる「メイド」になってしまっており，③SECのポリシーは，理由もなく単に歴史により神格化されており，④シティグループ証券は違法行為があったかどうかを含め何も認めることなく，もしSECの主張が間違っているとしても，2億8,500万ドルという金額は，シティグループ証券にとってポケットの中の小銭（pocket change）程度にすぎない。

　上記の決定から約2年後の2013年9月，SECの **Mary Jo White** 委員長は，多くの場合「肯定も否定もしない」ポリシーは合理的で重要な武器であるが，十分な罰と強いメッセージを与えるにはそれ以上の何か，すなわち違法行為の肯定を要求することが必要とされる場合もあると明言した。そして，新ポリシーが適用される可能性のあるケースとして，①多数の投資家が損害を受けた又は行為が非常に悪質であった，②行為が市場や投資家に対して重大なリスクを与えた，③違法行為の肯定が，投資家が将来その当事者と係わるかどうかを決めるにあたっての一助となる，④明白な事実を提示することが，市場に対して重要なメッセージを送ることになる，の4つを挙げた。

　このホワイト委員長の宣言に前後して，2つの事案で和解が行われている。SECは，ヘッジファンド・アドバイザーが，ファンドの資金を私的流用したり，高利回り債の価格を不正操作したりしたとして民事訴訟を提起し

226）SECの和解ポリシーの変遷詳細及びSECによる和解一般について，拙稿「米国SECの民事訴訟における和解ポリシーの変更と和解事案の動向」旬刊商事法務2033号（2014）を参照されたい。

227）SEC v. Citigroup Global Mkts., Inc., 827 F. Supp. 2d 328 (S.D.N.Y. 2011).

た[228]。その後2013年8月19日に裁判所に承認された和解案では，行為者が肯定した「事実」が46ものパラグラフにわたって詳述されている。

さらに，2013年9月19日，JPモルガン・チェースは，財務数値の不実表示や，証券を過大評価することを防ぐための内部統制を欠いたことを理由として，SECに約2億ドルを支払う内容の和解に応じた[229]。同社は，和解案の中で，適正な内部管理手続条項違反があったことを認めている。

その後も徐々に和解案の中で違法行為を認める事案が出てきているが，ホワイト委員長の挙げた4つの事案の解釈については，今後数年の事案の蓄積を待たざるを得ない。

2. 行政手続[230]

(1) 行政手続の概要

行政手続は，SECによって任命され雇用される**行政法判事（administrative law judge）**[231] の前で行われる裁判類似の手続であり，1946年**行政手続法（Administrative Procedures Act** of 1946）によって導入された。1つの事案につき1名の行政法判事が聴聞を主宰し，SECの法執行部門と被審人が提出した証拠を検討し，事実認定や法的結論を含む命令を発出する。SECには行政法判事室が置かれ，若手の弁護士がロー・クラークとして行政法判事をサポートしている。

行政法判事の決定は，法執行部，被審人又はSEC自らの審理請求がなければ，最終決定として確定し，SECは行政法判事が推奨する制裁措置を発動する。審理請求がなされた場合，SECにより**新たな観点（de novo）**から審理が行われる。SECの決定については，連邦控訴裁判所ワシントン巡回区に控訴することが可能である。

---

228) SEC v. Falcone, No. 12 Civ. 5027 (PAC) (S.D.N.Y. 2012); SEC v. Harbinger Capital Partners LLC, No. 12 Civ. 5028 (PAC) (S.D.N.Y. 2012).

229) *In re* JPMorgan Chase & Co. (SEC Sept. 19, 2013).

230) SECの行政手続の詳細な歴史と動向について，拙稿「米国SECの法執行における行政手続の強化と活用」旬刊商事法務2047号（2014）を参照されたい。

231) 行政法判事は，あくまで行政庁の職員であり，裁判官ではない。

（2） 救済の種類

①拒否・停止命令（refusal / stop order）
　SEC は，**拒否命令**（**refusal order**）により登録届出書が効力を発することを妨げたり，**停止命令**（**stop order**）により既に効力が発生している登録届出書の効力を停止させたりすることができる（証券法8条(b)，8条(d)）。

②取引停止（trade suspension）
　上場又は店頭公開証券について，10日間まで取引を停止させることができ（取引所法12条(k)），新たな状況に基づいて，さらに10日間延長することができる[232]。通知と聴聞の機会を与えたのち，取引所法又はルールに抵触する場合は，12か月までの取引停止か，登録届出書の取消しを命ずることができる（取引所法12条(j)）。

③排除命令（cease and desist order）
　SEC は，現在及び将来の違法行為の差止めを命ずることができる（証券法8A条，取引所法21C条）。排除命令は，過失による証券取引法違反に対しても可能である[233]。また，過去の違反は，将来の違反の危険の証拠となる[234]。

　排除命令に違反した場合，SEC は連邦裁判所に遵守命令を求めることができ，当該命令に違反した場合には**法定侮辱罪**が適用される。ただし，排除命令の違反がとがめられることはまれであり，連邦地方裁判所ニューヨーク南部地区の **Jed Rakoff** 判事は，「（永久と言いながら）少なくとも10年間はその違反をチェックしない」と批判している[235]。

④不当利得吐出し（disgorgement）
　会計士を使って証券取引法違反者の不当利得を計算し，当該利得の吐出しを命じることができる（証券法8A条(e)，取引所法21B条(e)）。なお，不当利得吐出し金額及び後述の民事制裁金は，SEC の裁量により，**被害者救済ファンド**（**fair fund**）に組み込むことができる（SOX 法308条）。

---

232) SEC v. Sloan, 436 U.S. 103 (1978).
233) KPMG, LLP v. SEC, 289 F.3d 109 (D.C. Cir. 2002)（会計事務所は，監査業務が成功報酬ベースであってはならないと「知っているべきであった」と認定）。
234) *In re* KPMG Peat Marwick LLP (SEC Jan. 19, 2001)（過去の違反は，将来の違反の「十分なリスク」を構成すると決定）。
235) SEC v. Citigroup Global Mkts., Inc., 827 F. Supp. 3d 328 (S.D.N.Y. 2011).

⑤役職員からの排除

詐欺防止条項に対する違反者を，報告会社の役員から排除することができる（証券法8A条(f)，取引所法21C条(f)）。**SOX法**による改正前は，SECが将来の違反の蓋然性を示すことが必要であった。

(3) 民事制裁金の導入

①導入の歴史

2004年から2013年まで，SECは行政手続と民事裁判手続をあわせて，計89億ドルもの民事制裁金を科してきた[236]。しかし，SECはその設立から約50年間，民事制裁金を科すことはできなかった。

かつて，制裁金を請求するには，刑事裁判手続が必要であった。しかし，1984年の**インサイダー取引制裁法**（**Insider Trading Sanctions Act** of 1984）の制定により，SECは民事裁判手続で民事制裁金を請求できるようになった。その後1988年，**インサイダー取引及び証券詐欺執行法**（**Insider Trading and Securities Fraud Enforcement Act** of 1988）の制定により，SECはインサイダー取引を行った者の**支配者**（**controlling person**）に対して，行政手続でも民事制裁金を請求できるようになった。

さらに1990年，**証券法執行救済・定額株改革法**（**Securities Enforcement Remedies and Penny Stock Reform Act** of 1990）の制定により，民事制裁金の対象がインサイダー取引以外の証券取引法違反に拡大されるとともに，規制対象業者及びその役職員に対しては，民事裁判手続，行政手続のどちらでも民事制裁金を請求できるようになった。

1984年から90年までの一連の法改正の後も，SECは，被規制対象業者や一般投資家に対しては，行政手続において民事制裁金を請求することができなかった。そのため，民事制裁金を求める民事裁判手続と，行為差止などその他の救済を求める行政手続が並行して進められることもあった。

しかし，2010年に，ドッド・フランク法929P条により，すべての行為者に対して，行政手続において民事制裁金を請求することができるようになった（証券法8A条(g)，取引所法21B条(a)）。法遵守の命令に比べ，巨額の民事制裁金の支払命令は行為者にとっての負担が大きく，一連の民事制裁金に関する法改正を通じて，SECの権限は大きく強化されたといえる。

---

236) Jon Eisenberg, *Brother Can You Spare $8.9 Billion? Making Sense of SEC Civil Money Penalties.* K&L GATES LEGAL INSIGHT, Feb. 11, 2014.

1984年から2010年まで，法改正により民事制裁金の対象がどのように拡大してきたかをまとめたのが以下の表である。

対象 改正年	インサイダー取引		インサイダー取引以外の証券取引法違反			
			規制対象業者等		非規制対象業者等	
	民事	行政	民事	行政	民事	行政
1984年	○	×	×	×	×	×
1988年	○	△	×	×	×	×
1990年	○	○	○	○	○	×
2010年	○	○	○	○	○	○

（○は民事制裁金の対象であることを示す。△は行為者の支配者のみが対象）

②民事制裁金の規模

SECが科すことのできる民事制裁金の上限額は，以下のとおり，違反行為の内容に応じて3段階に分けられる（証券法8A条(g)，取引所法21B条(b)）。これらは民事手続における上限額と共通しているが，民事手続の場合は，下記の金額と不当利得金額のうち大きい金額が上限となるため，民事手続における民事制裁金のほうが高くなる可能性がある。

	自然人	法人
1. 通常の違反	7,500ドル	8万ドル
2. 故意又は無謀	8万ドル	40万ドル
3. 多額の損失・利益	16万ドル	77万5,000ドル
	ただし，民事手続の場合は，上記金額又は不当利得金額のうち，大きな金額が上限となる。	

これらの上限は違反行為「ごと」に適用されるところ，何をもって1つの違反行為と数えるのかが問題になる。この点，たとえば，2012年のRapoport事件[237]は，民事制裁金に関するSECの裁量権に一定の制限を課している。2008年，SECは，ロシア在住の個人ブローカーであるRapoportがSECに登録せずに証券業務を行ったとして，行政手続を開始し，その後，行政法判事により決定された民事制裁金31万5,000ドルの相当性が争われた。

---

237) Rapoport v. SEC, 682 F.3d 98 (D.C. Cir. 2012).

本件において，行政法判事は，違法行為が5年間続いたとして法定の上限金額を5倍にして計算していた。しかし，巡回区は，乗数は違法行為の年数ではなく違法行為の回数であるとして，行政法判事の決定を覆した。また，「SECは一貫性のある法適用を行わなくてはならず」，「先例に従わない場合にはその理由を明らかにしなければならない」と，行政手続における先例拘束性についても基準を示した。

一方，2013年の別の事案[238]では，31万ドルの民事制裁金が「**恣意的で気まぐれ（arbitrary and capricious）**」であり，米国憲法修正第8条で禁じられている「**過大な罰金**」に該当するかどうかが争われた。巡回区は，類似のSEC事案と比較した上で一貫性が見られるとして，当該金額を支持した[239]。

民事制裁金の適用に規則性を要求したRapoport事件以降の，行政法判事命令が興味深い。以下のような事例から，少なくとも，行政法判事が法の文言を機械的に適用して巨額の制裁金を科す可能性は低いといえる。

- 2013年，累計5万人のセミナー参加者に対する証券詐欺が問われた事件[240]で，Elliot行政法判事は，行為者は理論上5万回の違反を行ったことになるが，上限額を5万倍することは不相当で不合理であるとして，第三段階の違反の上限額の約3分の1の制裁金を科した。
- 別の証券詐欺事件[241]でFoelak行政法判事は，不実表示の回数，書類の数，投資家の人数等にかかわらず，2種類の行為，すなわち一次的違反及び二次的違反（aiding and abetting）があったとして，上限額を2倍にするにとどめた。
- 証券取引法違反の空売り行為が1,200回行われたとされた事案[242]で，Murray行政法判事長は，上限額を1,200倍すると8億7,000万ドルという不合理な数字になってしまうとして，制裁金を200万ドルにとどめた。

---

238) Collins v. SEC, No. 12-1241 (D.C. Cir. Nov. 26, 2013).

239) この点，民事裁判においては，多くの地区があり，地域によって陪審の性質も異なると考えられることから，制裁金の額に一貫性はさほど要求されないが，行政手続においては，SECという1つの組織の中で3人の行政法判事が下す判断であるため，一貫性が要求されているという分析がある。*See* Eisenberg, *supra* note 232.

240) *In re* Raymond J. Lucia Companies, Inc. (SEC Dec. 6, 2013).

241) *In re* Danial Bogar (SEC Aug. 2, 2013).

242) *In re* optionsXpress, Inc. (SEC June 7, 2013).

VI．証券取引法の執行

（4） 行政手続のメリットと増加傾向

①メリット

　行政手続と，次節「**3. 民事手続**」で述べる民事手続の比較をまとめたのが以下の表である。

	行政手続	民事手続
手続開始	開始命令	連邦地裁起訴
主宰者	行政法判事	連邦裁判官
陪審	なし	あり
スピード	4～5か月	数年
証拠採用基準	緩やか	厳しい
証拠開示	限定	広範
控訴手続	SEC⇒連邦高裁	連邦高裁
和解の承認	不要	連邦裁判官の承認

　SECにとって行政手続を選択するメリットとして，以下が挙げられる[243]。

- 陪審が存在せず，行政法判事が手続を行うため，SECの望む結果が出やすく，和解する場合にも行政法判事の承認を得る必要がない。
- 手続が4，5か月で終了することも多く，金銭的・人的なリソースを節約できる。
- 被審人に許される証拠開示手続や申立手続が限定されている一方で，手続開始前に十分な準備をすることができる。
- 証拠が広く採用される可能性がある。
- 行政法判事の決定に関する審査はまずSECが行い，その後の連邦高裁における審査でもSECの判断は尊重される。
- 差止請求における挙証責任が軽い。

　行政法判事の決定に不服がある場合，被審人はまずSECに対して控訴しなければならない。この場合，SECは**新たな観点**（**de novo**）から審査を行う。もっとも，そもそも行政手続開始時に法執行部が十分な根拠があると判断していること

---

243) より詳細な比較については，Luke T. Cadigan, *Litigating an SEC Administrative Proceeding*, BOSTON BAR J., Jan. 7, 2014. が詳しい。

154

や，SEC が行政法判事を任命していることから，SEC が行政法判事の決定を覆すということは考えにくい。

SEC の決定に対しては，連邦高裁ワシントン D.C. 巡回区に控訴することができる。連邦高裁の審査の基準は，行政手続法の706条に列挙され，特に SEC の決定が「恣意的，気まぐれ，裁量権の逸脱又は法を遵守していない（arbitrary, capricious, an abuse of discretion, or otherwise not in accordance with law)」かどうかという基準を含んでいる。連邦高裁は，SEC の決定を一般的に尊重すると考えられるものの，決定を覆す場合もある。

SEC は，民事裁判手続と行政手続のどちらを選択するかについて，「様々な要素によって決まり，場合によっては両者を並行して進めることもある」と述べるにとどめており，その基準は明確ではない[244]。しかし，以下のように，近年では行政手続が増加している。

②増加傾向

近年の SEC の法執行の実績を見ると，行政手続の増加傾向は明らかである。2013年1月1日から2014年3月31日までのデータ[245]によれば，SEC は2013年に185件の民事訴訟を提起した一方で，133件の行政手続を開始している[246]。さらに四半期のデータを見ると，全体の案件に占める行政手続の割合は，2013年第一四半期から2014年第一四半期まで，25％，38％，43％，56％，58％である。

2013年10月から2014年6月にかけて，SEC はインサイダー取引に係わる4つの重要な民事裁判のうち3つの事案で敗北した[247]。まず，ニューヨークのファンドマネージャーが証券アナリストからメーカーの合併情報を得て合併公表前に大量の株式を購入したかどうか争われた事案で，連邦地方裁判所ニューヨーク南部地区の陪審は無罪を評決した。

その1週間後，コンピューター関連機器メーカーの創業者が，大きな損失が発

---

244) SEC Home Page, How Investigations Work, http://www.sec.gov/News/Article/Detail/Article/1356125787012.

245) MORVILLO ABRAMOWITZ, SEC ENFORCEMENT DATA ANALYSES, Volume 2, Issue 1 (2014).

246) 当該分析においては，法執行の傾向をよりわかりやすくするために，調査の対象を，同じ行為者に対する追加的な訴訟や，SECファイリングの遅延に対する訴訟を除いた，いわゆる「コア」事案に限定している。また，上記の数字は，非詐欺的事件を除いた，インサイダー取引，相場操縦，証券詐欺，開示不正などの「悪意に基づく」事案に限定している。

247) Edvard Pettersson & Maurice Possley, *SEC Loses Latest Insider-Trading Trial to Former STEC CEO*, BLOOMBERG, June 7, 2014.

VI. 証券取引法の執行

生することを知りながら，財務数値の公表前に大量の株を売り付けたかどうか争われた事案で，連邦地方裁判所カリフォルニア中央地区の陪審は無罪を評決した。本件はインサイダー取引事案に関する民事訴訟としては過去最大規模（約2億6,000万ドル）であった。

2014年6月，SECの法執行部長は，「今までインサイダー取引事案を行政手続で取り扱うことはまれであったが，今後は行政手続を大いに活用していく」ことを表明した[248]。さらに同月，SECは新たに2名の行政法判事と3名のロー・クラークを採用することを発表した[249]。同リリースによれば，2013年に行政法判事は200件の案件を依頼され，34件の初期決定を発出している。この増員により，行政法判事室の人員はほぼ倍増した。

（5）　米国における批判

2010年ドッド・フランク法による行政手続の強化や，近年の行政手続の活用を受けて，米国では特に中立性と憲法違反という観点から多くの批判が行われている。

行政法判事は独立した司法官とされている[250]ところ，行政法判事を任命及び雇用しているのはSECであることから，SECは「ホームコートアドバンテージ」を有しているのではないかという声は多い。実際に，SECは行政手続で高い勝率を誇っており，2011年に終結した行政手続においては88％（8件中7件），民事裁判手続では63％（12件中7.5件）の勝率であった[251]。

行政手続そのものを憲法違反とする主張もある[252]。SECは行政機関であり，米国憲法第3章に基づいて作られた裁判所ではない。憲法上，行政機関は司法権を持たず，行政手続法によって与えられた行政手続の場は準司法廷であって，法廷ではない。行政法判事は，憲法によって任命された裁判官でもない。SECが法執行の強化を表明し[253]，行政手続の強化，活用が見られる中で，SECが検事，裁判

---

248) Sarah N. Lynch, *U.S. SEC to File Some Insider-Trading Cases in Its In-House Court*, REUTERS, June 11, 2014.

249) SEC Announces New Hires in the Office of Administrative Law Judges, SEC Press Release (June 30, 2014).

250) SEC Home Page, Office of Administrative Law Judges, http://www.sec.gov/alj.

251) Gretchen Morgenson, *At the SEC, a Question of Home Court Edge*, N.Y. TIMES, Oct. 5, 2013. なお，0.5件は裁判官の判断が2つに割れた（Split）事案である。

252) Russell Ryan, *The SEC as Prosecutor and Judge*, WALL STREET J., Aug. 1, 2014.

253) たとえば，SEC委員長のMary Jo Whiteは2013年9月に，強力な法執行を行っていくことを明言した。*See* Mary Jo White, Chair, SEC, Deploying the Full Enforcement

官，処罰者すべての機能を果たすことは，憲法違反の疑いをより強めている。

さらに，被審人が民事手続で保障されるような権利を持たないために，誤った事実認定や法的判断が行われる可能性があるという，適正手続の面からも問題点が指摘されている[254]。たとえば，被審人には数か月の準備期間しかない。民事裁判では採用されない証拠が採用される可能性もあるし，証拠開示手続も限られている。行政法判事の決定については，まず SEC に控訴しなくてはならず，連邦高裁における控訴審でも行政府の判断は尊重される。

また，行政手続に対して批判的な連邦判事もいる。たとえば，ドッド・フランク法施行後に初めて SEC が行政手続を行おうとしたインサイダー取引の事案では，被審人が連邦裁判所に憲法違反を主張して提訴[255] し，連邦地方裁判所ニューヨーク南部地区の **Jed Rakoff** 判事の命令に応じて，SEC は行政手続を中止した。

Rakoff 判事は，同様の行為者が全部で28名いたにもかかわらず，被告人だけが対象となったため，被告人は SEC に対して，連邦憲法の平等条項違反を理由として訴訟を提起することができると判示した。SEC が「自分の庭」で手続を進めようとしたことは，被告人が民事手続であれば有するはずの様々な権利を奪うものであり，「不公平な有利性」を与えているとされた（その後日談について，下記**コラム**参照）。

コラム　SEC対Judge Rakoff

Rakoff 判事は，SEC の民事訴訟に何度も登場する，非常に興味深い人物である。1943年フィラデルフィアに生まれ，連邦検事や弁護士事務所の訴訟部門のパートナー等を歴任した後，1996年にクリントン大統領の指名を受けて連邦地方裁判所ニューヨーク南部地区の裁判官となった。2014 年には，米フォーチュン誌によって，ローマ法王やドイツのメルケル首相と並んで，世界のリーダー50人に選出された。

2002年の Quinones 事件[256] においては，連邦死刑制度は憲法違反であるという大胆な判決を出し，注目を集めたが，当該判決は控訴審で棄却され

Arsenal, Address at Council of Institutional Investors Fall Conference in Chicago (Sept. 26, 2013).

254) Kenneth Winer & Laura Kwaterski, *Assessing SEC Power in Administrative Proceedings*, Law 360, Mar. 24, 2011.

255) SEC v. Gupta, 796 F. Supp. 2d 503 (S.D.N.Y. 2011).

256) United States v. Quinones, 205 F. Supp. 2d 256 (S.D.N.Y. 2002).

VI. 証券取引法の執行

た[257]。Rakoff判事が判決の前に妻に，この判決のために控訴審判事に出世することはなくなっただろうと伝えたところ，妻は，あなたは地裁にいたほうが楽しめるでしょう，と答えたそうである[258]。

SECの訴訟は，被告の多くがマンハッタンに本拠地を置いていることから，ニューヨーク南部地区の管轄になることが多く，Rakoff判事が担当するケースも少なくない。たとえば2009年に，バンク・オブ・アメリカが買収案件において株主に誤った情報を与えたとされた事案において，バンク・オブ・アメリカがSECに3,300万ドル支払うという和解案を，フェアではないという理由で，却下している[259]。その後SECがバンク・オブ・アメリカの違法行為を証明する追加的証拠を提出したことにより，判事は和解案を承認した。

また，前述のシティグループ証券に係わる和解案の否認決定については，SECとシティグループ証券の双方が控訴し，連邦控訴裁判所第二巡回区で争われた。2014年6月，連邦控訴審は「SECの裁量権を裁判所は邪魔するべきではない」として，事案を地裁に差し戻し，同年8月，Rakoff判事は「結局裁判所に残ったのは酸っぱいぶどう（sour grape）だけだった」としながらも，和解案を承認した。

さらに，前述の行政手続の合憲性が争われたインサイダー取引の事案では，SECの平等条項違反を示唆した[260]。もっとも，その後SECが行政手続を中止し，新たに民事裁判を提起したところ，判事は行為者に1,390万ドルの民事制裁金支払いを命じている[261]。今後もSECとRakoff判事の戦い（?）は続いていく。。。

---

257) United States v. Quinones, 313 F.3d 49 (2d Cir. 2002).

258) Michael Rothfeld, *Judge Jed Rakoff: The Outtakes*, WALL STREET J., Nov. 9, 2011.

259) Edward Wyatt, *Judge Blocks Citigroup Settlement with SEC*, N.Y. TIMES, Nov. 28. 2011.

260) SEC v. Gupta, 796 F. Supp. 2d 503 (S.D.N.Y. 2011).

261) SEC Obtains $13.9 Million Penalty Against Rajat Gupta, SEC Press Release (July 17, 2013).

(6) 合憲性に関する近年の動向[262]

上記(5)のような批判を受けて，2016年7月にSECは，行政手続に関する実務規則について，以下の4点を含む改定を行った[263]。①開始決定から初期決定までの期間を，120日，210日又は300日から，30日，75日又は120日に短縮（ルール360）。②120日の期間が適用される手続について，被審人に3回の証言録取の権利付与（ルール233）。③被審人が行える3種類の申立てについて，手続と基準を明確に規定（ルール250）。④証拠の採用基準を明確化（ルール320）。

2016年に高裁第10巡回区は，**行政法判事**は重要な機能と大きな権限を有していることから「下級公務員」であり，憲法第2条のいわゆる「任命条項が適用され，大統領，行政機関の長又は裁判所によって任命されなければならないと判示した[264]。そして，任命条項に従わずにSECの1部門である人事局によって任命されている行政法判事は違憲状態にあると認定した。

この判決を受けて2017年11月，SECは，違憲状態を解消するために，5人の行政法判事の任命について，SECとしてあらためて承認した[265]。また，行政法判事に対して，第10巡回区に控訴される可能性があるすべての進行中の行政手続を，一旦停止するように命じた[266]。

一方で，高裁ワシントンD. C. 巡回区は，行政法判事が「職員」であり任命手続は要請されないと判示した[267]。2つの高裁巡回区で判断が分かれていた（circuit splitと呼ばれる）ことを受けて，最高裁は，2018年6月，第10巡回区の判断に同意し，行政法判事は下級公務員であり，任命条項の適用を受けると判示した[268]。ただし，上記のように違憲状態は既に解消されているため，2017年11月より前に行政法判事に審査された案件についてのみ，再審を行うか，異なる行政法判事によって審査することを命じた。

---

262) 詳細について，拙稿「米国SECの行政手続の違憲性をめぐる争い」旬刊商事法務2167号（2018）を参照されたい。

263) SEC Adopts Amendments to Rules of Practice for Administrative Proceedings, SEC Press Release (July 13, 2016).

264) Bandimere v. SEC, 844 F.3d 1168 (10th Cir. 2016).

265) SEC Ratifies Appointment of Administrative Law Judges, SEC Press Release (Nov. 30, 2017).

266) Pending Administrative Proceedings, Securities Act Release No. 10365 et al. (May 22, 2017)

267) Lucia v. SEC, 832 F.3d 277 (D.C. Cir. 2017)

268) Lucia v. SEC, 138 S. Ct. 2044 (2018).

VI. 証券取引法の執行

（7） 専門家の処罰

①ブローカー・ディーラー
　証券業界の監督者として，SEC は広範な処罰権限を持つ。ブローカー・ディーラーに対しては，登録の取消しや停止，業界からの追放が可能である（取引所法15条(b)(4)，15条(b)(6)，19条(h)）。

②ゲートキーパー
　2000年代のエンロン・ワールドコムといったスキャンダルは，弁護士や会計士といった会社に証券取引法や会計に関する助言を行う専門家をどう規制すべきかという課題を投げかけた。かつては，会計士の責任は **Financial Accounting Standards Board**（**FASB**）等の独立機関によって定められており，一方弁護士の責任は，州法による倫理規則や制裁手続によって担保されていた。
　2002年に作られた実務規則（rules of practice）の102条(e)により，「**SEC に関する業務を行う者**（**person appearing or practicing before it**）」が必要な資格を欠く場合や，意図的に証券取引法に違反又は違反を幇助した場合に，SEC に関連した業務を行う権利を一時的又は永久的に否認することができるようになった。SEC は同ルールを広く解釈し，SEC と直接的に係わったものだけでなく，SEC ファイリング等において顧客に助言を行った弁護士，会計士，技術者等を処罰している。
　SOX 法101条に基づき，会計士を規制するために，政府から独立した非営利団体として **Public Company Accounting Oversight Board**（**PCAOB**）が設立された。同機関の5人の委員は，SEC に任命され，在任中は他の職業に就くことができない。PCAOB は SEC の監督のもと，公開会社の監査を行う会計士に関する監査，倫理，法執行の基準を作成する。PCAOB は SOX 法，PCAOB 規則，会計士規則，証券取引法違反に関する広範な調査権限を有し（SOX 法105条(c)），民事制裁金，業務停止等の法執行を行うことができる（SOX 法107条）。

③弁護士
　一方弁護士に対しては，SOX 法に基づき，顧客の詐欺行為の報告義務等を含む新たな規則を制定した。2003年に制定された実務規則205条は，公開会社の顧問弁護士及び社内弁護士に対して，証券取引法の重大な違反の証拠又は信任義務の重大な違反を発見した場合は内部の上位者（法務部長や役員）に報告を行う（**up the ladder**）ことを義務付けた。同条に違反した弁護士は，SEC により警告や業務停止（民事制裁金は含まない）の制裁を受けることがある。しかし，報告に対して適

160

切な反応がない場合，弁護士が辞任する義務を負うかどうかについては，明確な
答えが出ていない。

3. 民事手続

(1) 民事手続の概要

　証券取引法上，SEC は証券取引法違反について連邦地方裁判所に民事訴訟を提
起する権利を有している（証券法20条(b)，取引所法21条(d)）。ドッド・フランク
法に基づき，SEC は米国内のどこにでも**召喚状**を発出し，裁判所内で証言を強制
することができる（929E 条）。

　通常の民事訴訟と同じく，手続については連邦民事手続法，証拠の採用につい
ては連邦証拠法が適用される。SEC は，「**preponderance of evidence**」（主張が
正しくない可能性よりも正しい可能性のほうが高い）の基準に従って，自らの主張を
立証しなくてはならない[269]。被告人は，憲法修正第7条により，**陪審裁判**を受ける
権利を保障されている。

(2) 救済の種類

①差止命令（injunction）

　SEC は，違反行為をしている者又はしようとしている者に対する，**暫定的差止
命令（temporary restraining order）**及び**仮差止命令（preliminary injunction）**を請
求することができる（取引所法21条(d)）。

　また，将来の違反の「**合理的な蓋然性（reasonable likelihood）**」を示した場合
は，**資産凍結（asset freeze）**を含む**永久差止命令（permanent injunction）**も可能
である。なお，**SOX 法**により，公開会社が内部者に「異常な支払い」をしようと
している場合には，45日間の資産凍結（asset freeze）を請求できるようになった
（取引所法21C 条(c)(3)）。

　ところで，SOX 法は「投資家の利益に必要な又は適切なあらゆる衡平法上の救
済（any equitable relief that may be appropriate or necessary for the benefit of
investors）」も認めており（305条），SEC の書面にもこのような文言が通常入っ
ているが，実際にこれが何を意味するのかは明らかではない。

---

269) Steadman v. SEC, 450 U.S. 91 (1981). なお，刑事裁判の場合は，より高い，**beyond
reasonable doubt**（有罪であることに関する合理的な疑いが生じていない）の基準が
適用される。

VI. 証券取引法の執行

②不当利得吐出し (disgorgement)

行政手続と同様（前節「**2. (2) 救済の種類**」参照）。

③民事制裁金 (civil penalty)

SEC は，証券取引法又は SEC の排除命令に違反した者に対して，制裁が公益に資する場合は，民事制裁金を請求することができる（証券法20条(d)，取引所法21条(d)(3)）。民事裁判手続における民事制裁金の上限は，違反行為により得られた金額又は証券取引法違反「ごと」に設定された金額のうち「大きい」金額とされ，一方，行政手続の場合は証券取引法違反「ごと」に設定された金額である（そのため，民事裁判手続における上限額のほうが高くなる可能性がある）。

SEC が科すことのできる民事制裁金の上限額は，違反行為の内容に応じて三段階に分けられ，自然人の場合は7,500ドルから16万ドル，法人の場合は8万ドルから77万5,000ドルとなっている（前節「**2. (3) ②表**」参照）。これらの上限は違反行為「毎」に適用されるところ，何をもって1つの違反行為と数えるのかが問題になる（前節「**2. (3) 民事制裁金の導入**」参照）。なお，不当利得吐出しや民事制裁金によって得た金銭は，裁判官の裁量により，被害者の救済ファンド (**fair fund**) に入れることができる（SOX 法308条）。

④その他

その他の救済として，会社が違反行為者の場合，独立第三者の役員や特別弁護士の任命を命じることもある。また，報告会社の役員になることを禁じる場合もある（証券法20条(e)，取引所法21条(d)(2)）。

さらに，ドッド・フランク法により，「付随的禁止」措置が認められるようになった。たとえば，ブローカー・ディーラーの代表者が義務違反を犯した場合，ブローカー・ディーラーだけでなく，投資顧問や投資会社などその他の規制事業体で働くことを禁止できる（925条）。

(3) 時効

2013年の最高裁の Gabelli 判決[270]で，「時効について定めた連邦法2462条[271]の解釈として，SEC は，『違法行為を発見してから』ではなく，『違法行為が終了してから』5年以内に民事制裁金を求める訴訟を提起しなければならない」というルールが確定した。

---

270) Gabelli v. SEC, 133 S. Ct. 1216 (2013).
271) 28 U.S.C. § 2462.

SECの「2462条の解釈について，一般的な詐欺被害者における時効に関する『違法行為を発見してから』というルールを準用すべき」という主張について，連邦控訴審は受け入れたものの，最高裁は，「証券詐欺を調査する専門機関であるSECと，一般的な詐欺被害者では，事情が異なる」ことを理由に，全裁判官一致で退けている。

　一方，違法行為をどこまで遡って民事制裁金や不当利得吐出し等の救済手段を適用できるかについて，訴訟を5年以内に提起しなければいけないのだから，当然に遡及期間も5年間に限定すべきである，という主張も考えられる。しかしこの点について，最高裁は，SECの不当利得吐出し請求は「制裁」に該当するとして，5年の時効を適用した[272]。時効は違法行為差止請求には適用されないと考えられるものの，同判決はSECの法執行全体に影響を与えている。たとえば，SECが違反行為を認識した時点で既にかなりの時間が経過してしまっている場合に，時効を延長する時効契約が速やかに結ばれる事例や，調査そのものを行わない事例が出てきている。

(4) 民事裁判の効果

　差止命令の対象者が登録会社やその役員に関する者である場合には，証券法及び取引所法上要求される報告書で開示しなくてはならない（レギュレーションS-K，Item 401(f)）。また，当該会社が5年以内に差止命令を受けていた場合は，レギュレーションAやルール505による免除が受けられない（ルール262，ルール505(b)(2)(iii)）。

　民事裁判における法的結論は，その後の民事訴訟で付随的に使われることがある[273]。これは，SECの行政訴訟における決定も，もし被審人が争う機会が十分にあったのであれば，同様である。さらに，和解案における法的結論がもしあれば，SECの以後の訴訟に，先例的な効果を有する（だからこそ，否定も肯定もしないのである）。しかし，行政手続における和解案（及び最終決定）は，裁判所に承認されたものではなく，SECが一方的に立法機能を果たしているとの指摘もある[274]。

---

272) Kokesh v. SEC, 137 S. Ct. 1635 (2017).

273) Parklane Hosiery Co. v. Shore, 439 U.S. 322 (1979)（原告がSECによる民事訴訟に参加することができず，被告が当該論点について争う機会を十分に与えられていた場合は，後の民事訴訟で証拠として使うことができると判示）。

274) PALMITER, *supra* note 18, at 561.

Ⅵ. 証券取引法の執行

4. 刑事手続

（1）　刑事手続の概要

　SECは，事案の性質等から民事手続や行政手続よりも刑事手続のほうがふさわしいと判断した場合，連邦地方検事に事案を付託することもある。SECの法執行マニュアルは，その際に考慮すべき要素として，行為の悪質性と常習性及び投資家の保護への寄与度を挙げている[275]。連邦地方検事は，事案を受け入れるかどうかについて裁量権を有する。1992年から2001年まで，SECは連邦地方検事に609件の事案を送付し，うち525件が受け入れられている[276]。

　証券取引法又は規則の「**意図的な（willfully）**」違反は刑事罰の対象になる（証券法24条(a)，取引所法32条(a)）。刑事罰は，強い違反防止効果がある。行政手続や民事手続の多くは個人ではなく法人の責任を追及するものであるが，刑事罰は主に個人を対象としている。

　登録義務，詐欺防止条項など，証券法の意図的違反は5年以下の懲役・1万ドル以下の罰金の対象になる。一方，相場操縦，インサイダー取引等，取引所法の意図的違反は20年以下の懲役・500万ドル以下（個人）又は2,500万ドル以下（法人）の罰金の対象となる。なお，時効はドッド・フランク法により5年から6年に延長された（1079A条）。

　「意図的な」とは，違法な目的があったことを意味し，被告人が法に違反する目的を有していたことまでは要しない。判例によれば，国側が証明する必要があるのは，①被告は悪いことをしている認識があった，②当該行為が証券取引法に違反した，③当該行為により違反の可能性が高まった，の3つである。

（2）　刑事罰の対象になる行為

　連邦裁判所は伝統的に，証券取引法違反の要素について，民事，刑事の間でそれほど区別をしてこなかった。しかし，SOX法は，新たな刑事責任を設け，①公開会社の証券に関して人をだまそうとするため，又は②公開会社の証券の取引に関して不正に金銭や物を得るために，「**知りながら（knowingly）**」ある計画を実行又は実行しようとすることを，25年以下の懲役刑にしている[277]。「知りながら」は

275）　SEC, Division of Enforcement, Enforcement Manual §5.6.1.

276）　Paul Radvany, *The SEC Adds a New Weapon: How Does the New Admission Requirement Change the Landscape?*, 15 Cardozo J. Conflict Resol. 665, 674 (2014).

277）　18 U.S.C. §1348.

164

少なくとも「意図的に」よりは低い基準である（前述「**コラム：米国法における意図～ Reckless とは？**」参照）。

証券法，取引所法とも，SEC に虚偽の書類を提出することを刑事罰の対象にしている（証券法24条，取引所法32条）。書類提出の際に虚偽の発言が伴った場合は，証券取引法ではなく，より一般的に政府に対する虚偽の書類提出又は発言を罰する刑法1001条(a)[278] を適用する。

また **SOX 法**により，公開会社の役員の財務諸表に関する責任について，新たな刑事罰が科された[279]。取引所法上の定期的報告書について，CEO 及び CFO は，①財務諸表を含む報告書は SEC の開示基準に完全に準拠していること，及び，②報告書の内容は，会社の財務を適切に示していることを，書面で証明しなければならない。証明が正しくないことを「知りながら」署名した場合には，100万ドル以下の罰金・10年以下の懲役，「意図的に」署名した場合には，500万ドル以下の罰金・20年以下の懲役の対象となる。

SOX 法はさらに，より一般的な刑法の一部として，「連邦政府の調査や破産手続に関係する記録の破棄，改ざん，虚偽」「監査記録の破棄」及び「記録の改ざんやその他政府の手続を邪魔すること」を刑事罰の対象にしている（1102条）。これは，エンロン事件で数々の書類破棄が行われていたことを反映している。

なお，共犯者の処罰については，刑法の**教唆・幇助**（aiding and abetting）に関する一般的規定が適用されている[280]。ルール10b-5違反に関する教唆については，①独立した開示義務違反の存在，②不実表示と自分の役割について教唆者が知っているか無謀にも無視したこと，③実質的な補助を行ったこと，が要求される。

（3） その他刑法の適用

①連邦通信詐欺（mail and wire fraud）法

連邦通信詐欺法は，(a) 不正の計画を遂行すること又は不正に物や金銭を得て，(b) 州を越えて電信又は郵便を使って不正の計画を達成し又は不正な外見を作り出すこと，を刑事罰の対象にしている[281]。不正な情報が電信又は郵便で伝えられたことは必要ではなく，単に不正な計画の一部に使われていれば足りる。SOX 法により，罰則は20年以下（金融機関については30年以下）の懲役刑になった。

この規定は広く使われているが，特にインサイダー取引によく使われる。たと

---

278) 18 U.S.C. § 1001(a).
279) SOX法906条，18 U.S.C. § 1350.
280) 18 U.S.C. § 2.
281) 18 U.S.C. §§ 1341, 1343.

えば Carpenter 事件[282] では，ウォールストリートジャーナル紙の記者が，影響の大きなコラムの内容を事前に漏らしていたことについて，電信又は郵便で配信される新聞に関して，未公開の情報という「物」を不正に得たとして同法が適用された。

②RICO法

また，組織的犯罪に対処するために1970年に制定された **Racketeer Influenced and Corrupt Organization Act**（**RICO法**）は，以下の4つの行為を禁止している[283]。(a) 恐喝（racketeering）による利益で事業のすべて又は一部を買うこと，(b) 恐喝を通じて事業のすべて又は一部を得ること，(c) 恐喝を通じて事業を行うこと，(d)(a) から (c) について共謀すること。

RICO法は，損害額の3倍の賠償金と弁護士費用を許容していたため[284]，民事裁判に多く使われたが，1995年の **Private Securities Litigation Reform Act** により，民事裁判による RICO 法の適用は，既に被告が刑事罰を受けている場合に限定された。RICO 法違反は，資産凍結，罰金，資産没収，20年以下の懲役刑の対象となる。

（4） 民事・行政手続との関係

民事訴訟や行政手続は，刑事裁判に対する影響（**prejudice**）や**自己負罪**（**self-incrimination**）を防ぐために，停止されることがあるが，停止するかどうかはあくまで裁判官や SEC の裁量である。連邦憲法の**二重処罰**（**double jeopardy**）**禁止条項**により，同一の行為で二度刑事罰を受けることはないが，同一の行為に対して民事罰と刑事罰の両方を科すことは可能である。また，自主規制機関（SRO）と SEC による処罰も並存可能である。

民事手続や行政手続が「悪意をもって」起こされたものでない限り，民事手続や行政手続で得られた証拠を刑事裁判で使うことができる。SEC はその所有する情報を，刑事裁判で使うために法務省に渡すことができる（証券法20条(b)，取引所法21条(d)）。

一般的に，行政，民事，刑事に係わらず，その結論が他の手続で再度審議されることはない。刑事裁判における認定は，最も厳しい基準で認定されているという理由から，以後の民事裁判や行政手続を拘束する。

---

282) Carpenter v. United States, 484 U.S. 19 (1987).
283) 18 U.S.C. § 1962.
284) 18 U.S.C. § 1964(c).

5. 2014年度のSECによる法執行[285]

　2012年度から2014年度にかけて，SECは非常に積極的な法執行を行い，行政手続又は民事手続を開始した事案はそれぞれ734，686，755，不当利得吐出しと民事制裁金の合計額はそれぞれ31億ドル，34億ドル，41億6,000万ドルと推移している。2014年度の主な法執行案件の代表例は，史上初のものも含め，以下のとおりである。

- 虚偽の財務情報や開示に関して，135の当事者を開示違反で摘発，ペニーストック詐欺防止のため数百の低価格株の取引停止，移民を対象にした11のピラミッド・ポンジー主催者を摘発，株式保有や取引に関する法規制違反で34の個人と企業を摘発
- 取引所，ブローカー・ディーラー，その他の市場参加者に関して，顧客に市場での直接取引（market access）を許可する際に十分な監視をしていなかったとして2つの証券業者を摘発，ATSの提供者に過去最大の制裁金，ダークプール業者の顧客情報不正利用を摘発，HFT業者に登録条件違反で過去最大の制裁金，NYSEとその子会社に対して取引所に関する規則違反で処分
- 投資顧問や投資会社による不正行為に関して，政治家への献金を制限したpay-to-playルール違反でプライベートエクイティファームを初めて摘発，プライベートエクイティファームの報酬や費用に関して初の法執行，3つの投資顧問を顧客の資産不正管理で摘発
- 公益通報（whistleblower）プログラムの活用に関して，9人の通報者に計3,500万ドルの支払い，通報者の報復に対する初の法執行，個人に対する過去最大の3,000万ドルの報奨金を承認
- 証券の専門家（gatekeeper）に関して，監査人の独立に関する規則違反でErnst & Youngに対して法執行，未登録の株式を交付した譲渡代理人とその弁護士を摘発，会社の不正行為に対して行動しなかった監査委員長に対して法執行
- インサイダー取引に関して，ヘッジファンドのトレーダー，取締役会長，会計士など80人を処分，疑わしい取引を発見する分析ツールを開発
- 地方自治体が発行する証券の開示に関して，シカゴ郊外の都市による地方債の発行を緊急差止，地方自治体に対する初めての民事制裁金をカンザス州に

---

285) 本項の内容は，SECのプレスリリースをまとめたものである。SEC's FY 2014 Enforcement Actions Span Securities Industry and Include First Ever Cases, SEC Press Release (Oct. 16, 2014).

科し，地方自治体や地方債の引受人に対して違反の自主的報告を奨励するプログラム（MCDC initiative）を導入し，同プログラムに基づいてカリフォルニアの学校区と和解
- FCPA違反の摘発が増加し，特にSiemensの元役員に対して過去最高のFCPA違反制裁金を科した。
- 違法行為の肯定を求める新たな和解ポリシーを，顧客に虚偽の株価を提示した事案，登録義務に長期間違反した事案，SECの調査に対して不正確な情報を提供した事案などに適用

6. SEC Speaks

毎年春頃に，SEC は SEC Speaks という公開のシンポジウムを開催し，SECの現状や優先課題について明らかにしている。2018年度においては，以下の内容が注目された。

- Clayton委員長は，SECは一般投資家の資産を守り，不当利得を最大限に返還することを目指すべきだと述べた。
- Stein委員は，デリバティブ取引などを活用した複雑な商品について，問題は一般投資家にとって本当に必要なものかどうかであると述べた。同委員は，複雑な商品を，科学者でさえその危険性を正しく理解していないジュラシック・パークの恐竜に例えた。
- 2018年2月に導入した**Share Class Selection Disclosure Initiative**プログラムは，高額な手数料がかかる種類株式を含む商品を不当に販売した投資顧問業者に対して，自主的に報告した場合には民事制裁金を科さないことを約束する。
- 2017年9月に法執行部の中に設置した**Retail Strategy Task Force**は，ビッグデータ解析などの新技術を活用して，一般投資家を狙った大規模な証券詐欺行為を調査する。
- 2018年2月に発表したサイバーセキュリティに関する開示解釈指針[286] に関して，サイバーセキュリティ問題の適時開示のためには，重要な問題が会社の中で適切に報告される仕組みが必要であると指摘。

---

286) 日本語の論文として，池谷誠「米国SECによるサイバーセキュリティリスク開示に係る解釈ガイダンス」旬刊商事法務2167号（2018）が非常に詳しい。

6．SEC Speaks

- 2017年9月に法執行部の中に設置した**サイバーユニット**は，電子的手段を利用した不公正取引を調査する。
- SECが注目している**ICO**には3種類ある：①目新しいブロックチェーンや仮想通貨という言葉を使って投資家を惹きつけ，典型的な証券詐欺を行うもの，②証券詐欺とまではいえないが，重要な不実記載を伴うもの，③トークンは証券ではないからという誤った理解に基づいて，未登録で**ICO**を行うもの。
- Lorenzo事件で，高裁ワシントンD.C.巡回区は，上司が作成した不実記載をそのまま自分のメールに貼付して投資家にメールを送ったことが，詐欺防止条項違反にあたると判示[287]。
- Kokesh 事件で，最高裁は，SECの不当利得吐出し請求は「制裁」に該当するとして，5年の時効を適用[288]。
- 近年の行政手続に関する違憲訴訟について言及（前述「**2.(6) 合憲性に関する近年の動向**」参照）。
- 近年のインサイダー取引に関する訴訟について言及（注195参照）。

---

287) Lorenzo v. SEC, 872 F.3d 578 (D.C. Cir. 2017).

288) Kokesh v. SEC, 137 S. Ct. 1635 (2017).

Ⅶ. クロスボーダー証券取引の規制

【第Ⅶ章のまとめ】

- **本章の目的**：連邦証券取引法が，日本企業や日本国民に，どのような場面でなぜ適用されるのかを理解する。
- 米国証券取引法の適用範囲は，米国内での取引に限られない（これを域外適用という）。
- 日本企業が海外で株式や債券を発行して資金調達を行うグローバル・オファリングでは，オフショア取引を登録から免除するレギュレーションSと，米国の適格機関投資家に対する売付けを登録から免除するルール144Aが活用されている。
- 外国企業が米国で上場する場合は，株式を直接上場させるのではなく，米国の銀行を介したADRという仕組みを活用する。
- 日本企業同士のM&Aであっても，米国居住者を対象とした株式交換又は株式移転が行われる場合には，フォームF-4を使った登録義務が生じるが，米国居住者が10％以下であればルール802による登録免除を受けることができる。
- 日本企業の公開買付けにおいて米国居住者が対象となる場合は，米国の公開買付規則が適用される。
- SEC又は法務省による連邦訴訟の管轄権は，米国内の行為が違反行為の遂行において重要な段階を構成するもの，及び，米国内において予見可能な実質的な影響を及ぼす行為に及ぶ。
- クロスボーダーの証券不公正取引において，MMoUに基づく行政協力や，MLATに基づく刑事協力が行われている。

1. グローバル・オファリング

　第Ⅲ章で述べたように，証券法の根幹を成す概念は証券の登録と開示である。しかし，証券の登録には大変な金銭的，時間的コストがかかる。そのため，クロスボーダーでの証券発行による資金調達，すなわち**グローバル・オファリング**を

行おうとする米国外の企業にとっては，いかに登録の免除を受けるかということが，最大の課題となってくる。そうした企業は，典型的に，レギュレーションSとルール144Aを活用してきた。

（1）レギュレーションS

①概要

1964年，SECは，海外で募集を行おうとする米国企業に対して，もし当該募集が海外で完結して米国内に**還流（flowback）**しないように合理的に計画されたものであれば，証券法5条による登録義務の適用がないことを表明した[289]。しかし，ルールに明確さがなく，あまり使い勝手のよいものではなかった。

1990年，海外募集の増加に対応して，SECは一連の海外募集に関するセーフハーバールールであるレギュレーションSを制定した。これは，(1)「**オフショア取引**」であって，(2)「**米国に向けた募集努力（directed selling effort）**」を含まない募集について，発行体による募集（ルール903）及び他者による**転売**（resale）（ルール904）について登録免除を認めるものである。

発行体による募集は，米国に証券が還流する可能性に応じて，後述の3つのカテゴリーに分かれている。

②オフショア取引

オフショア取引とは，「米国内の」（ルール902(h)(1)）者に対して募集が行われず，かつ，以下のいずれかの条件を充たす取引のことである（ルール902(h)(1)(ii)）。

- 発注がなされた時点で買い手が米国外にいるか，そのように売り手及びその代理人が合理的に信じている。
- （発行体による募集の場合）売付けが，確立された（established）米国外の取引所で行われる。
- （発行体以外による転売の場合）売付けが，指定の（designated）米国外の取引所で行われるとともに米国内の買い手とあらかじめ取り決められた取引ではない。

---

289) Securities Act Release No. 4708 (July 9, 1964).

米国内での取引であっても，米国人以外の口座で行われた取引は米国内の取引とはみなさない。なお，米国人とは，米国に居住する自然人，米国で設立された組織をいう（ルール902(k)）。

③米国に向けた募集努力

米国に向けた募集努力とは，**米国市場に影響を与える可能性があり（might condition）**投資家の関心を高めようとするものである（ルール902(c)）。米国法又は外国法で要求される法律上の通知，トゥームストーン広告（ルール135），海外証券会社による海外での気配値表示（ルール902(c)(3)(v)），海外で行われる記者会見に記者を出席させること（ルール902(c)(3)(vii)）などは除外されている。

④カテゴリー1（低リスク）

最もフローバックのリスクが少ないと考えられ，前記のオフショア取引及び「米国に向けた募集努力」を含まないという条件を充たせば登録の必要がない。具体的には，以下のいずれかの取引である。以下のいずれにもあてはまらない場合，カテゴリー2，さらにカテゴリー3に該当するかどうかを検討する必要がある。

(a) 海外の発行体で，実質的な米国市場が存在しない（株式については，最大の市場が米国の取引所又はNASDAQではないこと。債券については，米国の所有者が300人未満，持分が10億ドル未満かつ20％未満であること）（ルール902(j)，ルール903(b)(1)(i)）。株式を東京証券取引所に上場させているが，米国では上場させていない多くの日本企業が，この条件を充たす。

(b) 海外の発行体で海外に向けた募集（海外の法慣習に従った，1つの海外の国での募集）か，米国内の発行体の債券の海外に向けた募集（米国ドル建てでも，米国ドル建ての証券に交換可能でない）（ルール903(b)(1)(ii)）。

(c) 海外の従業員に対する，海外又は国内の発行体の募集（ルール903(b)(1)(iv)）。

(d) 海外の政府による債券の募集（ルール903(b)(1)(iii)）。

⑤カテゴリー2（中リスク）

米国還流の一定のリスクが存在すると考えられる以下のケースでは，追加の条件が必要とされる。

(a) 海外の報告発行体による株式募集又は海外の非報告発行体による債券の募集：発行体は，40日間の遵守期間において，レギュレーションSを遵守するという書面誓約をブローカー・ディーラーから取得し，かつ，目論見書に，

証券が米国で登録されたものでなく，米国での募集ができないことを明示しなければならない（ルール902(g)）。

(b) 報告国内会社による債券発行：40日間，米国内での募集及び売付けができず，ブローカー・ディーラーは買い手に同様の規制が適用されることを通知しなければならない（ルール903(b)(2)(ii)，(iii)）[290]。

⑥カテゴリー3（高リスク）

米国還流のリスクが最も高いと考えられる非報告国内発行体による債券募集や報告及び非報告国内発行体による証券募集が対象であり，カテゴリー2の規制に加えて，買い手による誓約，報告会社の場合は**フォーム6-K**による届出などが必要になる。

⑦転売

発行体以外の者によるあらゆる証券の**転売**についても，レギュレーションＳによるセーフハーバールールが適用される（ルール904）。すなわち，米国内の私募や海外での証券発行によって取得した証券をさらに取引する場合，**オフショア取引**であって，米国に向けた募集努力を含まないものであれば免除が適用される（ルール904(a)(1)(2)）。

日本の企業によるグローバル・オファリングの多くで，引受人に対して4条(a)(2)，ルール506等の私募に基づく免除が適用され，引受人による投資家への売付けに，このセーフハーバールールが活用されている。

(2) ルール144A

グローバル・オファリングを行う企業の多くは，レギュレーションＳとともに，米国内の**適格機関投資家**（**QIB，qualified institutional buyer**）に対する売付けを免除する，ルール144Aを併用することが多い。QIB又は売り手若しくは売り手の代理人が合理的にQIBであると信じている買い手にのみ売付けを行うことによって，売り手（引受証券業者など）は，「法律上の引受人」になることを避けることができる[291]（前述「Ⅲ. 6. 転売規制」参照）。QIBは，以下のものを含む：

---

290) レギュレーションＳの制定後しばらくは，明示的に要求されていないにもかかわらず，カテゴリー1に該当する募集でも40日間の制限を自主的に適用することが，保守的なアプローチとして実務上行われていた。

291) 証券法ルール144A(d)(1)。注意が必要なのは，ルール144Aは，あくまで登録が免除されるだけであって，ルール10b-5等の詐欺防止条項の適用が免除されるものではないということである。

① 1億ドル以上の投資ポートフォリオを有する機関投資家
② 1,000万ドル以上の投資ポートフォリオを有する登録ブローカー・ディーラーで，自ら又は他のQIBのために証券を購入するもの
③ QIBのために証券を購入する登録ブローカー・ディーラー
④ 1億ドル以上の投資ポートフォリオを有するミューチュアル・ファンドの関係者である登録投資会社

　かつてルール144Aは，募集と売付けの両方の対象をQIBに限定していた。しかし，JOBS法201条は，ルール506における**一般的勧誘**の解禁（前述「Ⅲ.5.(6)③一般的勧誘の禁止」参照）と同様に，ルール144Aにおいても，結果として売付けがQIBのみであることを条件として，募集の対象を一般投資家に拡大した。たとえば，かつて日本企業が国内募集とルール144Aに基づく募集を同時に行う場合，ウェブサイトでの国内募集に関する通知がルール144Aで禁止されている一般的勧誘に該当しないように，英語ではそのような通知を行わないという実務上の取扱いがあった。一般的勧誘が可能になった現在では，英語による通知も行われている[292]。

(3) 外国証券の取扱い

　米国における外国証券をどう扱うかについて，外国証券に投資する米国の投資家に対して，米国証券に投資するものと同レベルの保護を与えるべきであるとする主張がある一方で，過度に厳しい規制は外国企業が米国市場に参加することを妨げてしまうという主張が他方にある。つまり，過少な規制は投資リスクを高めてしまうし，過度の規制は投資機会を減少させてしまうのである。以下は，そのバランスをとった規制といえよう。

①外国証券の登録義務

　米国外の発行体であっても，証券を米国で募集する場合には，該当する免除がなければ，SECに登録する義務が生じる。なお，ルール3b-4は，**外国民間発行体（foreign private issuer）**を，米国外で設立された会社で，以下のいずれにも該当しないもの，と定義する：(1) 50%超の株式が米国居住者によって所有されている，又は(2) 取締役又は役員の50%以上が米国居住者又は市民であるか，その事業が

---

292) しかし，現在でも，発行体は引受契約の中で引受人から一般的勧誘の制限を要求されることが多い。これは，一般的勧誘を行うことによりルール10b-5上の責任が発生する可能性を危惧したものである。

主に米国で行われているか，又は50%超の資産が米国内にある[293]。

　米国で外国発行体が登録を行う様式は，米国発行体のそれと類似している。1つは，**小規模の又は実績が少ない**（**unseasoned**）**発行体**向けに詳細な開示を要求している**フォーム F-1**と，世界的大企業向けの簡易な**フォーム F-3**である。基本的に，米国発行体が行う開示と同様の開示を行わなければならないが，SEC は，財務諸表については，厳格な**米国会計基準**（**U.S. GAAP, Generally Accepted Accounting Principles**）に従わなくても，同基準との**調整**（**reconciliation**）を行えばよいとしてきた。現在ではさらに，**国際財務報告基準**（**IFRS, International Financial Reporting Standards**）に従った英語の財務諸表を作成している外国企業については，GAAP との差異の明示も不要とされている[294]。

②ADR

　外国企業が米国市場で上場しようとする場合，通常は，外国企業の証券をそのまま上場させるのではなく，以下のような **ADR**（**American Depositary Receipt**）という仕組みを活用する[295]。

(a) 米国の銀行が，外国発行体と**預託契約**（**depositary agreement**）を締結して，**預託銀行**（**depositary bank**）となる。

(b) 預託銀行は，米国投資家向けのADRを発行する。ADRは，外国発行体が発行する証券の一定数を表示する，譲渡可能な証書である。

(c) 預託銀行は，ADRに対応する数の外国証券を購入し，米国外のカストディアンに保管させる。

(d) ADRは，米国において，通常の取引可能な証券と同様に取引できる。ADRの価格は，原則として外国証券の価格に基づく。しかし，国内企業の証券を海外で上場させることを禁止している国の証券については，必ずしもADRの価格と外国証券の価格が連動しないこともある。

(e) ADRを発行後，預託銀行は，ADR所有者のための支払代理人となり，配当の受取り，米ドルへの転換，所有者への支払いを行う。また，発行体に関する情報も収集し，委任状に関する資料も配布する。

---

293) 外国民間発行体に関する規制の詳細について，SEC Home Page, Accessing the U.S. Capital Markets — A Brief Overview for Foreign Private Issuers, https://www.sec.gov/divisions/corpfin/internatl/foreign-private-issuers-overview.shtmlを参照。

294) Securities Act Release No. 8879 (Dec. 21, 2007).

295) LINE, ソニー，トヨタ自動車など，多くの日本企業がこの制度を利用してNYSEに上場している。

1. グローバル・オファリング

(f) 米国人同士でADRが取引された場合，預託銀行は譲渡の代理人としても機能し，取引を記録する。

　この仕組みは，いわば外国証券との引換券を取引しているようなものである。ADR は米ドル建てのため，米国投資家にとって取引しやすいというメリットもある。SEC は，ADR と ADR が表示する外国証券を，別のものとして扱う。よって，ADR の発行は米国における公募であるとみなすため，預託銀行が ADR を SEC に登録しなければならず，外国発行体も報告・開示義務に従わなければならない[296]。

　ADR は，外国発行体の承認を得て作られているか否かによって，**スポンサーなし（unsponsored）とスポンサー付き（sponsored）**に分けられる。スポンサーなし ADR は，原則として外国発行体の意思とは無関係に，その承認を得ることなく，米国証券会社と米国預託銀行が主体となって設定したものである。一方，スポンサー付き ADR とは，外国発行体が主体となって，米国預託銀行と預託契約を結ぶことで設定される。

　また，米国市場への影響の大きさに応じて，SEC は ADR を3つのレベルに分類している。レベルにより ADR プログラムを設立するコストも異なり，レベル1では2万5,000ドル程度，レベル2では100万ドル以上，レベル3では150万ドル以上といわれる[297]。

(a) レベル1のADRは，証券取引所やNASDAQで取引することができず，要求される開示も最低限である。預託銀行は，**フォームF-6**を使って登録を行うが，単にADRの内容を説明するものにすぎない。レベル1のADRを使って増資を行うことはできない。この多くがスポンサーなしのADRである。

(b) レベル2のADRは，証券取引所やNASDAQで取引可能である。預託銀行が届け出るのはフォームF-6でありレベル1と同様であるが，外国発行体には，**フォーム20-F**を使った，U.S. GAAP（又はIFRS）に従った財務諸表や，米国企業に要求される内部統制プログラムとの差異などを含む広範な開示が要求される。増資を行うことはできない。

296）ただし，ADRは，あくまで外国証券の持分を表章するものにすぎないため，ADRの発行者，すなわち預託銀行に他の登録義務（たとえば投資会社法によるもの）を課すものではない。一方，日本のJDR（Japanese Depositary Receipt）は，受益証券発行信託という信託制度を用いており，ADRとはその構造が異なる。

297）PALMITER, *supra* note 18, at 614-15.

177

VII. クロスボーダー証券取引の規制

(c) レベル3のADRは，外国発行体が米国内で公募増資を行う場合に適用される。レベル2と同様，フォーム20-Fの届出が要求される。

③外国企業に対する規制

取引所法12条により，1,000万ドル超の資産を有し，かつ世界で2,000人以上の株主又は500以上の**適格投資家**（**accredited investors**）が存在する場合は，株式を登録しなければならない。しかし，非常に多くの外国企業がこの条件を充たすため，SECにとっての事務負担も過大になってしまう。

そこでSECは，外国発行体であって，その証券が米国証券取引所又はNASDAQで取引されず，外国の証券取引所に上場され，米国での公募をしていないものに対しては，登録義務を免除した。ルール12g3-2(b)に従い，発行体が本国において開示が要求されるか，証券所有者に配布される資料など重要な情報を英語によりウェブサイトで公開していれば，登録義務が免除される。

一方で，その証券が米国証券取引所又はNASDAQで取引されている**外国民間発行体**は，フォーム20-Fによる年次報告書の提出，フォーム6-Kによる臨時報告書の提出を要求される（四半期報告書は要求されない）。また，2002年の**SOX法**は，米国か外国かを問わず，報告会社に対して厳しい内部統制を要求している。特に外国企業にとって影響の大きな項目は以下のとおりである。

- 外国企業を監査する外国監査法人も，**PCAOB**に登録し，同基準に従う。
- 監査役会又は監査委員会に少なくとも1人の財務専門家が含まれるかどうか年次報告書において開示しなければならない。
- CEOとCFOが，財務諸表が「適正に提示されている」ことを証明しなければならない。
- 内部統制の内容と評価を年次報告書で行う。
- 公益通報者の保護に関して，民事，刑事責任を負う可能性があるため，内部通報者に関する手続を確立する必要がある。
- SECに提出する年次報告書において，経営責任者，財務責任者，会計責任者に対して適用される倫理規定を採用しているか否かについて，また，採用していない場合にはその理由を説明しなければならない。
- 外国企業に対して助言する外国弁護士も，米国法に精通する必要があり，場合によって制裁の対象になる。
- 一定の調査若しくは手続を阻害する目的で行う文書の変更又は破棄が禁止されるため，文書保存の方針を法令遵守手続に組み入れる必要がある。

2. グローバルM&Aルール[298]

日本国内における企業取引も，特に2つの場面で米国証券取引法の規制対象になることがある。第一に，**株式交換**又は**株式移転**による M&A であり，対象会社に米国株主がいる場合に，米国投資家の保護のために，証券法5条の登録義務が適用され，**フォーム F-4**を使って登録が必要になる場合がある。これは，「**F-4問題**」と呼ばれている。第二に，日本国内の**公開買付け**であっても，米国株主が対象になる場合は，米国における公開買付規制が適用される場合がある。

(1) F-4問題[299]

①問題の所在

株式交換による M&A とは，たとえば**図1**のように，買収会社 (A) が対象企業 (T) を完全子会社化するために，買収会社と，対象企業の株主との間で，買収会社の株式と対象会社の株式の交換を行う取引のことである。株式移転によるM&Aとは，たとえば**図2**のように，グループ再編のために持株会社を新たに設立して対象会社1 (T1) と対象会社2 (T2) を完全子会社するために，持株会社と，対象会社1及び2の株主との間で，それぞれ持株会社の株式と対象会社の株式の交換を行う取引のことである。

(図1) 株式交換

---

298) クロスボーダーM&Aルールについて書かれた英語の論文としては, John M. Basnage, William J. Curtin, III, and Jeffrey W. Rubin, *Cross-Border Tender Offers and Other Business Combination Transactions and the U.S. Federal Securities Laws: An Overview*, 61 BUS. LAW. 1071 (2006); Stephen D. Bohrer, *The Application of U.S. Securities Laws to Overseas Business Transactions*, 11 STAN. J.L. BUS. & FIN. 126 (2005), また，日本語の論文としては，新川麻＝スティーブン・ボーラー＝泉明男「日本国内におけるM&A取引への米国証券法の適用」旬刊商事法務1815号 (2007) が詳しい。
299) F-4問題について書かれた日本語の論文としては，セオドア・A・パラダイス＝マイケル・T・ダン＝杉山浩司「米国証券法フォームF-4における組織再編取引の登録」旬刊商事法務1890号 (2010) が詳しい。

(図2) 株式移転

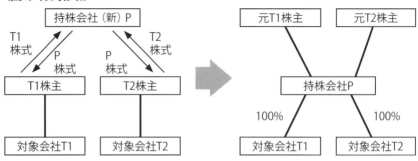

　証券法5条に基づき，証券の**募集及び売付け**（offers and sales）は免除証券や免除取引に該当しない限りSECに登録しなければならない。また，ルール145(a)は，第5条における「募集及び売付け」が，企業再編における株式交換又は株式移転を含むとしている。

　そのため，**図1**の株式交換において対象会社株主に米国居住者がいれば，買収会社Aの株式を「募集及び売付け」していることになり，**図2**の株式移転において対象会社株主に米国居住者がいれば，持株会社Pの株式を「募集及び売付け」していることになり，それぞれ登録義務が生じる。日本の上場会社であれば，米国居住者である株主が存在しないということはまずないであろう。

　SECがこのような規制をしている理由は，株式交換や株式移転における株式の受領者は，当該株式を受け取るかどうかの**投資判断**をしていることになるため，登録義務を課すことによってそのような投資家を保護しようというものである。そのため，新たな投資判断が生じないケース，たとえば現金を対価とするM&Aや，**株式分割**，**株式併合**では，このような登録義務は生じない。

　登録義務が生ずる場合，登録届出書であるフォームF-4をSECに提出することに伴い，以下の事項に対応することが必要になってくる。これらは日本企業にとって，しばしば合併の手法を再考させるほどの，多大な時間とコストを要求する[300]。

- 買収会社及び対象会社が，**国際財務報告基準**（IFRS）又は**米国会計基準**（U.S. GAAP）に従って財務諸表を作成するか，米国会計基準との**調整**（reconciliation）を行うこと
- **米国監査基準**（U.S. GAAS）に基づいて財務諸表の監査を受けること

---

300) たとえば，筆者は米国弁護士事務所時代に新日本石油と新日鉱ホールディングスの合併案件に携わった。SECに提出されたフォームF-4は460ページにもわたるものであった。

- 株式交換，株式移転に伴う影響を考慮した（**pro forma**）財務諸表を作成すること
- リスクファクター，MD&Aなど，米国の基準に合わせて開示を行うこと
- 登録届出書に対するSECのコメントに対応し，SECから効力発生命令を取得すること
- 継続的開示義務を負う登録会社として，**フォーム20-F**による年次報告書や**フォーム6-K**による臨時報告書を提出すること
- SOX法及びFCPAを遵守すること

　取引の承認を得るために株主総会招集通知書及び目論見書が対象会社の株主に対して送付される前に，**フォーム F-4**が効力を発生している必要がある。そこから逆算して，フォーム F-4の効力発生予定日の少なくとも数か月前には，ドラフトの形で SEC に非公開の形で事前提出を行い，SEC からのコメントに随時対応していかなければならない。フォーム F-4には，一般的に，以下のような項目が含まれる。

- **リスクファクター**（**risk factor**）：会社や産業に関するリスクだけでなく，特に対象会社の株主の観点から見た，計画されているM&A取引に固有のリスクを記載する必要がある。
- 取引の背景：対象会社の株主が取引に関して抱くであろう疑問のうち主要なものについての回答，株主総会に関する情報，取引の交渉経緯，**財務アドバイザーの意見書**（**fairness opinion**）の要約，合併契約書の内容等を記載する。
- 事業の状況：買収会社及び対象会社の沿革，事業，製品，資産，事業計画，規制環境等について記載する。
- 経営者による検討と分析（**MD&A, Management's Discussion and Analysis**）：買収会社と対象会社の双方の経営者が，財務状況及び経営成績について検討と分析を行い，重要な会計方針，経営成績，流動性と資金の源泉，契約上の債務といった項目ごとに記載する。SECはこの項目を非常に重視しており，以下の3つの主要な目的があるとしている[301]。
  - （a）投資家が経営者の視点から見られるように，財務諸表を文書で説明すること
  - （b）財務的開示の質を高め，財務情報がどのように分析されるべきかを提示すること

301）Securities Act Release No. 8350 (Dec. 29, 2003).

（c）過去の業績がどれだけ将来の業績を示す指標となるか判断できるように，投資家に収益やキャッシュフローの性質や変動の可能性についての情報を提供すること

②ルール802免除

F-4問題の対処法として最も現実的と考えられるのは，ルール802に基づく免除を受けることである。これは，対象会社の米国株主が10％以下であるとともに，以下の条件を充たす場合に登録を免除するものである。（a）株主に配布されるすべての書類を英訳して**フォームCB**でSECに提出，（b）米国内に送達代理人を置いて**フォームF-X**でSECに届出，（c）米国株主を平等に扱う，（d）米国株主に提供される書面に一定の注意書きを記載。

米国株主の計算方法は，原則として**ルックスルー分析**（**look through analysis**）を行う。この方法は非常に複雑であり，通常は専門の調査会社に依頼するが，概要は以下のとおりである。合併の発表の60日前から30日後までのいずれかにおいて，対象会社の株式総数（分母）に対する米国居住の保有者（分子）の割合が10％であればよい。買収会社と対象会社が保有する株式は分母と分子から除かれる。

なお，何らかの事情によりルックスルー分析が行えない場合は，1年を通じて米国における1日当たり平均取引量（ADTV, Average Daily Trading Volume）が全世界の1日当たり平均取引量の10％以下であればよいという，**ADTVテスト**を使うことができる[302]。

登録義務を回避するためには，以下のような方法も考えられるが，いずれも現実的には困難を伴うであろう。第一は，米国保有者に対しては株式交換を行わないことである。第二は，米国保有者の人数を制限することにより私募免除を受けることである。しかし，これらの方法は，日本法における株主平等原則に抵触するおそれがある。第三は，取引所法3条（a）（10）に従って，米国裁判所が取引の公正について承認する意見書に基づいて免除を受けることであるが，こちらも日本国内の取引には適用が難しいであろう。

302）一般的に，ルックスルー分析よりもADTVテストのほうが容易に行える。かつて，日本の会社においては，証券保管振替機構（ほふり）から得られる株主情報のタイミング（半期ごと又は一定の基準日時点）の問題からルックスルー分析を行えず，ADTVテストを利用できるケースがあった。現在では，株主情報が随時得られるようになったため，ルックスルー分析が主な手段になっている。いずれにせよ，M&Aの計画の初期段階で，このルール802免除が活用できるかどうかを見極めることが重要である。

③ライツ・オファリングとルール801

既存株主に対して，新株を買える権利（新株予約権＝ライツ）を無償で割り当てる資本調達法を**ライツ・オファリング**という。2006年の会社法改正後，日本でもしばしば行われるようになったこの手法においても，株式交換・株式移転と同様の問題が生ずるおそれがある。

証券法2条(a)(3)では，「売付け」は証券の「有償の」売付けを含むとされ，「募集」は証券の「有償による」処分の試み若しくは申込，又は購入の申込の勧誘を含むと定義されている。そのため，ライツを割り当てた時点では，無償であることから**「募集及び売付け」**にはならないが，ライツを行使する場合には，通常現金の支払いが行われることから「募集及び売付け」に該当し，登録義務が発生することになる。

この場合，ルール802類似のルール801に基づき，(a)**ルックスルー分析**又は**ADTVテスト**で米国居住者の保有者が10%であり，(b)**フォームCB**及び**フォームF-X**をSECに提出し，(c)株主を平等に取り扱うことにより，登録義務の免除を受けることができる。

コラム 弁護士事務所ランキングと最強の弁護士事務所 ワクテル・リプトン

米国人はランキングが大好きである。弁護士事務所についてもその例に漏れず，たとえば，Vault社という出版社が，全米の弁護士事務所について，全体的な評判，働きやすい事務所，分野別の強みなど，様々なカテゴリーで詳細なランキングを毎年発表している。こうしたランキングは，顧客が依頼先を選ぶのに使われるだけでなく，就職先を選ぶ学生や，転職先を選ぶ弁護士にも非常に参考にされている。

たとえば，全米で働く弁護士が自分の所属する事務所以外で，どこが名門(prestigious)かを10点満点で採点した結果を集計し，トップ100を選出したThe Best Law Firmsというランキングがある。日本では，規模の大きさから4大又は5大法律事務所等の呼び方をすることがあるが，米国では，さしずめ100大法律事務所とでもいえよう。2015年度のトップ10を抜粋したものが，以下の表である[303]。

---

303) Vault Home Page, The Best Law Firms, http://www.vault.com/best-companies-to-work-for/law/top-100-firms-rankings/year/2015.

1.	Wachtell, Lipton, Rosen & Katz (New York)
2.	Cravath, Swaine & Moore LLP (New York)
3.	Skadden, Arps, Slate, Meagher & Flom LLP and Affiliates (New York)
4.	Sullivan & Cromwell LLP (New York)
5.	Davis Polk & Wardwell LLP (New York)
6.	Simpson Thacher & Bartlett LLP (New York)
7.	Cleary Gottlieb Steen & Hamilton LLP (New York)
8.	Weil, Gotshal & Manges LLP (New York)
9.	Kirkland & Ellis LLP (Chicago)
10.	Latham & Watkins LLP (New York)

　これはあくまで総合的なランキングで、毎年変動もあり、事務所によって得意分野もそれぞれ異なることから、筆者の個人的イメージとしてはトップ30くらいまでならそれほど名声に差は感じられない。ただし、このランキングで毎年不動のトップ1に位置しているワクテル・リプトンという事務所だけは別格である。正に米国最強の弁護士事務所といっても過言ではない。

　ワクテル・リプトンは、1965年にニューヨーク大学ロースクールの卒業生の4人が作った、比較的新しい事務所であるが、M&Aや会社法関係の訴訟に特に強みを発揮し、瞬く間に全米トップクラスの事務所になった。創業者の1人のリプトン弁護士は、敵対的買収の対抗策としてのポイズン・ピルの発明者としても有名である。ランキングに入るような弁護士事務所は、そのほとんどが1,000人近くの弁護士数を誇り、米国各地だけでなく欧州やアジアなどにもグローバルに展開している。しかし、ワクテル・リプトンは驚くべきことに、オフィスはニューヨークただ1つのみであり、弁護士数も約260人と少数精鋭を誇っている。また、アソシエートの給料がほとんどの大規模事務所で横並びであるのに対して、ワクテル・リプトンだけは全く異なるといわれている。

　ちなみに、弁護士が自分の働く事務所について、満足度、環境、人間関係など様々な要素を採点した結果を集計した、Vault社の2015年度のThe Best Law Firms to Work for（最も働きやすい事務所）のトップ10は以下のとおりである。実はこの中には、先ほどの定評あるトップ10の事務所が1つも入っていない[304]。

---

304) Vault Home Page, The Best Law Firms, http://www.vault.com/best-companies-to-work-for/law/best-law-firms-to-work-for/year/2015.

1.	Paul Hastings LLP (New York)
2.	Ropes & Gray LLP (Boston)
3.	Foley Hoag LLP (Boston)
4.	Gibson, Dunn & Crutcher LLP (Los Angeles)
5.	Proskauer Rose LLP (New York)
6.	Williams & Connolly LLP (Washington DC)
7.	Cooley LLP (Palo Alto)
8.	O'Melveny & Myers LLP (Los Angeles)
9.	Mintz, Levin, Cohn, Ferris, Glovsky and Popeo, P.C. (Boston)
10.	Alston & Bird LLP (Atlanta)

(2) 公開買付規制の適用[305]

①問題の所在

　日本において**公開買付け**とは，不特定多数の者に対し，広告等を通じて，その保有する株式等を売却してくれるように呼びかけ，応じてくれた者の株式等を取引所外で買い付けるという手続のことである[306]。

　一方，米国においては，前述「**IV. 3. (5) 公開買付けの規制**」のとおり，取引所法による「公開買付け」の定義はなく，8要素基準に照らして公開買付けかどうかが判断される。取引所法の公開買付規制の多くは，米国の登録証券の公開買付けが対象であるが，レギュレーション14E は，米国におけるあらゆる公開買付け，すなわち米国保有者が対象になる公開買付けであれば，対象会社が登録会社ではなくても適用される。

②対策

　この対策としては，(a) 米国保有者を除外する，(b) レギュレーション14E を遵守する，(c) 免除規定（**ティアー1**）（ルール14d-1(c)）を利用するといった方法がある。第一に，米国保有者を公開買付けの対象者から除外するためには，米国での勧誘を制限し，米国の管轄に服することになるような手段を避ける[307]必要がある

---

305) 本論点について書かれた日本語の論文として，李政潤「会社法改正後の二段階買収実務と米国証券規制の適用」旬刊商事法務2047号（2014）が非常に詳しい。

306) 金融商品取引法27条の2第6項。

307) 具体的な手段について，*See* Securities Act Release No. 8597; Exchange Act Release No. 58597 (Sept. 19, 2008).

VII．クロスボーダー証券取引の規制

が，この方法が現実的であるかどうかは，株主平等原則に反しないかという点も含め，ケースバイケースの判断が必要であろう。

第二の方法において，金商法の公開買付規制とレギュレーション14Eは非常に重なる部分が多く，必ずしも企業にとって過大なコストにはならないかもしれない。もっとも，詐欺防止条項（取引所法14条(e)，ルール10b-5）が適用されることには注意が必要であり，条文上は公開買付書類の英訳は要求されていないが，リスク抑制のため重要な書類については自主的に翻訳することが望ましいであろう。

第三に，取引所法のティアー1免除は，ルール802に類似しており，米国保有者が10%以下で，米国保有者を平等に取り扱い，**フォームCB**と**フォームF-X**をSECに提出し，米国保有者に日本の保有者と同様の情報が伝わるような合理的な手段（全国紙など）を使うことにより，ルール14e-1（買付期間及び迅速な支払い）及びルール14e-2（対象会社の意見表明）の適用を免除される[308]。

③スクイーズ・アウト

対象会社の100%を取得し完全子会社化を目指す公開買付では，いわゆる2段階買収として，1段階目の公開買付けの後に，公開買付けに応募しなかった残存株主を排除するスクイーズ・アウトが2段階目に行われることが想定される。ここで，株式対価の組織再編を行う場合には，前節**(1)**のF-4問題が生じることになる。この解決策としては，ルール802免除を利用するか，取引所法3条(a)(9)の免除対象になると考えられる**全部取得条項付き種類株式**を利用する[309]ことが考えられる。

上記の場合，1段階目に米国保有者が10%以下であったとしても，公開買付けへの応募状況等により，2段階目に10%を超えてしまう懸念が生ずる。そこでSECは，(a)1段階目の開示資料で2段階目の取引を行う意図とその条件が開示されていること，及び，(b)2段階目の取引が1段階目の取引終了後合理的期間内に完了していることが充たされた場合には，2段階目に米国保有者の割合を再度算定する必要はないという見解を示している[310]。

308）もっとも，ティアー1免除を受けたとしても，金商法の公開買付規制にはいずれにせよ従わないといけないため，日本の会社にとって実質的なメリットは少ない。

309）具体的には，①種類株式を発行できるように定款変更し，②普通株式に「全部取得条項」を付与し，③対価を新たな種類株式にして，少数株主が端数株主になるように調整し，④端数株主に現金を交付する方法である。さらに，2015年5月1日施行の改正会社法により，特別支配株主の株式等売渡請求及び株式併合という選択肢も増えた。詳細は，李前掲（注290）31頁参照。

310）SEC, Division of Corporation Finance: Manual of Publicly Available Telephone Interpretations, Third Supplement, II.E.Q9 (July 2001).

3. 連邦裁判所の管轄権

①影響基準と行為基準

　証券法及び取引所法は，その管轄権が米国と外国の間の証券取引に及ぶとしている（証券法2条(a)(7)，取引所法3条(a)(17)）。この条項をどう解釈して具体的にどういった取引に及ぶのかは，結局連邦裁判所の判断によることになる。証券取引によって損害を受けた海外の被害者及びその弁護士にとっては，米国での裁判は一般的に魅力的である。それはたとえば，**クラス・アクション**が可能なこと，責任の適用基準が緩やかなこと（市場における投資家の信頼の推定など），連邦裁判官の知識と経験，広範な証拠開示制度などである。

　かつて連邦裁判所は，約40年間，2つの基準を通じてその管轄権を柔軟に解釈してきた。1つは「影響」基準であり，もし米国外での行為が米国の投資家又は米国の市場に損害をもたらした場合には管轄権が及ぶとする，投資家の保護を念頭に置いた基準である。もう1つは「行為」基準であり，損害が米国外で生じていたとしても，米国内での行為が証券取引の一部を構成している場合には管轄権が及ぶとする，市場の一体性を念頭に置いた基準である。

②Morrison判決

　上述の影響基準と行為基準は，2010年の連邦最高裁のMorrison判決[311]により，否定されることになる。同判決は，ルール10b-5に基づく訴訟は，その影響や行為に係わらず，取引が米国内で行われた場合にのみ提起可能であるという，**「取引」基準**を新たに採用した。同事件においては，オーストラリアの銀行の株式を米国外の取引所で購入した米国外の投資家が，ルール10b-5に基づく証券詐欺を主張して，米国連邦地方裁判所にクラス・アクションを提起した。原告は，虚偽の表明がフロリダで行われたと主張したが，最高裁は，当該証券は米国取引所に上場しておらず，米国内で証券の売買が行われたものでもないから，取引が米国で行われたものではないとして，管轄権を否定した。

　その後の下級審では，「取引」が行われたという意味を明確にするものとして，証券が米国証券取引所で取引されたものでなかったとしても，米国内で証券の所有権が移転した（title was transferred）か，撤回不能の責任（irrevocable

---

311) Morrison v. Nat'l Australia Bank Ltd., 130 S. Ct. 2869 (2010). 日本語による解説として，『別冊ジュリスト　アメリカ法判例百選』（有斐閣・2012）250-51頁（松尾直彦教授）が詳しい。

liability）が米国内で生じたものであれば，米国連邦裁判所が管轄権を有すると判示されている[312]。

③ドッド・フランク法

Morrison 判決を受けて議会は迅速に行動し，数週間のうちにドッド・フランク法による改正（929P条（b））が行われ，SEC の民事訴訟と，連邦刑事訴訟については**影響基準**と**行為基準**が復活した（つまり，取引，影響，行為基準のいずれかを充たせば連邦裁判管轄が生じる）。

　同条は，詐欺防止条項である証券法17条又は取引所法10条に基づいて政府が提起する訴訟は，（1）証券取引が米国外で行われたもの又は外国投資家のみが存在する場合であっても，米国内の行為が違反行為の遂行において重要な段階を構成するもの，又は，（2）米国外の行為が米国内において予見可能な実質的な影響を及ぼすものであれば，管轄権が生ずると規定している。

　もっとも，同法により Morrison 判決の有効性を否定されたのは，あくまで SEC 又は法務省による連邦訴訟に関してのみであり，その他の，たとえば一般投資家による訴訟については，Morrison 判決の取引基準が引き続き有効である。

4. クロスボーダー不公正取引

①SECの機能と権限

　SEC や法務省が海外での証券取引について法執行を行う場合，国際協力の枠組みを利用している。SEC は，1974年に設立し，現在約200の政府機関が所属する国際機関である **IOSCO**（**International Organization of Securities Commissions**）のメンバーでもある。IOSCO は，各国の証券規制機関の協議の場であるとともに，様々なガイドラインを発表している。

　特に，IOSCO が策定した国際協力の枠組みである **MMoU**（**Multilateral Memorandum of Understanding**）は，非拘束的な協定として，SEC や，日本の金融庁及び証券取引等監視委員会を含む世界各国の多数の政府機関が調印して，相互に情報提供や調査協力を行っている。

　SEC は，連邦証券取引法上，国際協力に関して以下の権限を有する。2011年

---

312) Absolute Activist Value Master Fund ltd. v. Ficeto, 677 F. 3d 60 (2d Cir. 2012).

度には，海外当局に対して772の援助要請を行うとともに，海外当局からの492
の援助要請に対処した[313]。

- 行為が米国法に違反していなくても，海外当局を援助することができる（取引所法21条(a)(2)(1988年**証券不正執行法**（**Securities Fraud Enforcement Act** of 1988））により追加）。
- 自らが保有している非公開情報を，海外当局からその必要性が示され，機密性を保持する手段がとられることを条件として，海外当局に提供できる（取引所法24条(c)，ルール24c-1)。
- 行為が米国法に違反していなくても，証券業者が外国の裁判所で違法と判断された行為を行っていた場合には，米国内でも処分をすることができる（取引所法15条(b)(4)(G)(1990年**国際証券法執行協力法**（**International Securities Enforcement Cooperation Act** of 1990））により追加）。

そして，米国**法務省**（**Department of Justice**）は，米国外の行為者に対しても刑事法の執行を行う権限を有するが，実際問題として，米国外の個人を逮捕したり，刑事罰を執行したりといったことには困難が伴っている。国際的な刑事協力は，**MLAT**（**Mutual Legal Assistance Treaties**）に基づいて行われているが，MLATは，当該行為が当事者となる2国のいずれでも刑事罰の対象になっていること（**dual-criminality**）を要求している。

②MMoU

MMoUは，証券取引に関する法執行についての国際協力の枠組みとして2002年5月に制定され，2015年3月現在，105の政府機関が正式に署名している。協定の概要は以下のとおりである。

- 定義（1条～5条）
- 原則（6条）：本協定は，法的拘束力を有すもの又は国内法に優先するものとして策定されたものではない。本協定は，規定された方法以外での協力を承認するものでも禁止するものでもない。協力の要請について，要請の内容が被要請国の国内法の違反を必要とする場合，被要請国で同一の対象者について刑事手続が開始されている場合，MMoUに違反して要請が行われた場合，又は公益や重要な国益を理由として，拒否することができる。

313) SEC Home Page, Office of International Affairs, International Enforcement Assistance, http://www.sec.gov/about/offices/oia/oia_crossborder.shtml.

VII．クロスボーダー証券取引の規制

- 協力の範囲（7条）：協力の内容は，被要請国が有する資料の提供，被要請国における証券取引に関する証券・銀行口座情報等の取得，被要請国における聴取の実施を含む。協力の原因となった行為が被要請国では違法行為にはならないということは，協力を拒否する正当な理由にはならない。
- 情報の使用と秘密保持（10条，11条）：被要請国から得た情報は，要請時に伝えられた目的の範囲内で，行政・民事・刑事手続に使うことができるが，それ以外の場合に第三者に開示してはならない。
- 自発的な協力（13条）：事前の要請がなくても，他の規制当局にとって有益であると思われる情報を提供するよう合理的な努力をする。

なお，MMoU について新たな規制・執行上の課題が生じていることから，資産凍結や情報提供に関する協力の枠組みを強化した **EMMoU（Enhanced Multilateral Memorandum of Understanding）** が2017年に策定された。2018年12月現在，10の政府機関が EMMoU に署名している[314]。

③MLAT

一方，刑事当局の協力については，多国間協定ではなく，2国間での条約が締結されている。たとえば，日米間で2003年8月5日に締結された **Treaty Between Japan and the United States of America on Mutual Legal Assistance in Criminal Matters** の概要は以下のとおりである。

- 協力の範囲（1条）：両当事者は，刑事調査，起訴及びその他の刑事手続において，供述又は証拠の取得，人・物・場所の調査，政府が有する物の提供，身柄引渡し，その他国内法で許容され当事者間が合意することについて協力を行う。
- 協力要請の拒否（3条）：被要請国は，要請が政治的犯罪に係る場合，協力が安全保障などの国益を脅かす場合，要請が本条約に則っていない場合，又は対象行為が被要請国の刑事罰の対象ではなくかつ協力に裁判所命令などの強制措置が必要な場合は，協力を拒否できる。
- 証拠等の使用（7条）：被要請国は，協力要請に明示された目的以外に証拠等を使用しないよう要請すること，及び提供情報の機密を守ることなど，使用に一定の条件を付すことができる。ただし，刑事手続について提供された情報や証拠について，異なる憲法上の義務が生ずる場合は，その限りではない。

314）https://www.iosco.org/about/?subsection=emmou.

4. クロスボーダー不公正取引

コラム　S.J.D.とは？

　筆者は2018年に，アメリカのロースクールで**S.J.D.**（エスジェーディー，Doctor of Juridical Science の略）という学位を取得した。これは，主に学者を目指す人向けの博士号で，学校によっては J.S.D.，稀に Ph.D. in Law とも呼ばれる。J.D. 及び LL.M. の上位に位置付けられ，「アメリカの法律の学位で最も進んだもの（the most advanced law degree in the United States）」とされている。

　S.J.D. を設けているロースクールは少なく（いわゆるトップ20ぐらいのロースクールでも，半数ぐらいの印象），指導に手がかかることもあり各校で毎年若干名しか入学できない。LL.M. を取得した留学生で，とくに研究に熱心な人がそのまま同じ学校の S.J.D. に進むのが通常であり，多くの学校が入学の条件として「当校の LL.M. を優秀な成績で卒業していること」を要求している。

　S.J.D. では，授業を履修することはほとんどなく，指導教授のもとで各自が設定したテーマについて研究する。入学するためには，過去の成績，エッセイ，履歴書，推薦状なども必要だが，なにより Dissertation Proposal（研究計画書）が評価されなければならない。要は，「この学生の研究は面白そうだ。私が指導してやろう。」と請け負ってくれる教授がいないと入学できない。ちなみに私は「LL.M. を優秀な成績で卒業」どころか，LL.M. すら持っていない。これも何かの縁で，私に興味を持ってくださったアイオワ大学ロースクールの R 教授が，LL.M. 無しでも入学を許可して下さったのだ。

　卒業には，一定期間内に博士論文を完成させて口頭試問に合格することが必要である。アイオワローの場合，1年間通学した後はどこで研究を続けても良い（本国に戻ったり，仕事についたりしてよい）が，その後5年以内に口頭試問に合格しなければならない。最短何年で取得できるのかは不明だが，某トップ校ではどんなに頑張っても5年以内には卒業させないらしい，と聞く。

　なぜ S.J.D. をこんな年になって取ろうとしたかには，多くの理由があり，ここでは書けないこともあるが，簡単にいうと，長年の夢とタイミングが合致した，というところである。いずれにせよ，研究と執筆に没頭し，英語で教える機会にも恵まれた2年間は，私の人生で最も幸せな時間だったかもしれない。今の私は現実の世界に戻って社内弁護士として働いているので，S.J.D. が何かの役に立ったり，それで給料が上がったりということは全くない。しかし，日本人で J.D. と S.J.D. の両方を持っているのは多分私だけで

VII. クロスボーダー証券取引の規制

はないかという，自己満足感だけはある（現在博士号取得中のあるアメリカ人教授は，「博士号を取るというのは，expensive hobbyなんだよ」と仰っていた）。

参考資料

- ■ インターネット資料
- ■ 参考文献
- ■ 事項索引（日本語）
- ■ 事項索引（英語）
- ■ 法令索引
- ■ 米国証券取引法用語集
- ■ 判例索引
- ■ 重要判例解説

参考資料

インターネット資料

　実務家や学生がインターネットで参照できる有益な資料として，以下を挙げる。ただし，網羅的なものではない。

1. Securities Lawyer's Deskbook（https://lawblogs.uc.edu/sld/）：制定法の最新版を網羅
2. SEC Website（https://www.sec.gov）
   特に以下のサイトが有用である。
   ① Regulatory Actions（http://www.sec.gov/rules.shtml）：SEC制定のルール，ガイドラインなど
   ② Press Releases（http://www.sec.gov/news/pressreleases）：法執行等のプレスリリース
   ③ EDGAR（http://www.sec.gov/edgar.shtml#.VOiI50_9mpo）：Filings & FormsのページでSECに提出された書類がサーチできる。
3. Legal Information Institute（https://www.law.cornell.edu/）：連邦法や連邦裁判例をはじめとする豊富な法律情報を無料で提供
4. Securities Law Prof Blog（https://lawprofessors.typepad.com/securities/）：Eric C. Chaffee教授による証券取引法に関するブログ

参考文献

　本書の脚注に記載しているものに加え，本書の内容は，以下の日本語書籍及び英語書籍によるところが大きい。

1. 黒沼悦郎『アメリカ証券取引法（第2版）』（弘文堂・2004）

2. マーク・I. スタインバーグ（著），小川宏幸（訳）『Lexis Nexisアメリカ法概説シリーズ④　アメリカ証券法』（レクシスネクシス・ジャパン・2008）

3. JAMES D. COX, ROBERT W. HILLMAN & DONALD C. LANGEVOORT, SECURITIES REGULATION, CASES AND MATERIALS (7th ed., Aspen 2013).

4. JOHN C. COFFEE JR. & HILLARY A SALE, COFFEE AND SALE'S SECURITIES REGULATION (UNIVERSITY CASEBOOK SERIES) (12th ed., Foundation Press 2012).

5. STEPHEN J. CHOI & ADAM C. PRITCHARD, SECURITIES REGULATION: CASES AND ANALYSIS (UNIVERSITY CASEBOOK SERIES) (3d ed., Foundation Press 2011)

6. ALAN R. PALMITER, SECURITIES REGULATION, EXAMPLES & EXPLANATIONS (6th ed., Wolters Kluwer Law & Business 2014)(7th ed., 2017)

7. STEPHEN J. CHOI & ADAM C. PRITCHARD, SECURITIES REGULATION STATUTORY SUPPLEMENT (Foundation Press 2013)

8. MICHAEL J. MISSAL & RICHARD M. PHILLIPS, THE SECURITIES ENFORCEMENT MANUAL: TACTICS AND STRATEGIES (2d ed., American Bar Association 2007)

参考資料

事項索引（日本語）

ア行

- アクセス権　35, 65, 70, 84, 85
- アグリゲーション　73
- 新たな観点　149, 154
- アルゴリズム　17, 18, 117, 137, 139, 140
- 安定操作　111
- 意見表明書　52, 62
- 意思表明書　62
- 一括登録　56, 57
- 一般的勧誘　22, 70, 71, 74, 175
- 意図的な　95, 134, 164
- イニシャル・コイン・オファリング　43
- 委任状説明書　32, 46, 75, 106
- 因果関係　82, 120
- インサイダー取引　128
- インサイダー取引及び証券詐欺執行法　134, 151
- インサイダー取引制裁法　104, 129, 151
- インダストリーレポート　62
- インテグレーション　73
- ウィリアムズ法　107
- 埋もれた事実理論　46
- 売付け　59
- 永久差止命令　161
- 影響基準　187, 188
- 英国金融行為規制機構　137
- 延長修正　58
- エンロン　27, 100
- オフショア取引　172, 174
- 終値関与　137, 140

カ行

- 海外不正行為防止法（FCPA）　101
- 会計事務所　15
- 外国民間発行体　57, 175, 178
- 開示・取引断念義務　130, 131
- 開示届用紙　23
- 蓋然性・規模基準　46
- 蓋然性が高い　45
- 回転ドア　28, 145

- 価格安定操作　96
- 確定数量（引受け）　48, 79
- 仮装取引　94, 136
- 家族の類似性基準　41
- 過大な罰金　153
- 株価大暴落　19
- 株式　36, 40
- 株式移転　179
- 株式交換　78, 179
- 株式分割　78, 180
- 株式併合　180
- 仮差止命令　161
- 仮募集回状　71
- 仮目論見書　59, 63, 82
- ガン・ジャンピング　59
- ガン・ジャンピング・ルール　59, 78
- 簡易な募集届出書　71, 77
- 関係者　79
- 勧告的議決権　32
- 還流　172
- 機関投資家　15
- 規制のとりこ　145
- 欺罔の意図　82, 88, 120
- 教唆・幇助　33, 165
- 教唆・幇助責任　124
- 強制的開示　26
- 行政手続　23, 82, 149
- 行政手続法　149
- 行政法判事　149, 159
- 業績連動報酬　32
- 共同和解（グローバル・セトルメント）　49
- 拒否命令　58, 150
- 金融危機　30
- 金融取引業規制機構　23
- 金融派生商品　16
- グーグル　50
- クラーク　8
- クラウドファンディング　13, 22, 76, 88, 111
- クラウドファンディング・ポータル　111
- クラス・アクション　22, 92, 187

196

事項索引（日本語）

- グラス・スティーガル法　20
- グラム・リーチ・ブライリー法　21
- グリーン・シュー・オプション　52
- クレジット・デフォルト・スワップ　32
- グローバル・オファリング　66, 171
- 経営者の議論と分析　85
- 継続開示　20, 98
- ゲートキーパー　27, 160
- 気配値　92
- 現実取引　94
- 行為基準　110, 187, 188
- 公益通報制度　32, 104
- 公開会社　20, 48
- 公開買付け　24, 107, 179, 185
- 交換所　92
- 公式調査命令　144
- 公衆投資家　80
- 控訴裁判所　6
- 肯定も否定もしない　146, 147, 148
- 交付　59
- 公募　13, 48, 66, 69
- 公募価格　49
- 公募制度改革　54, 57, 65, 82
- 公募の後の取引　78
- 合理的な蓋然性　161
- 効力発生後期間　54
- 効力発生の期間短縮　63
- コーポレートガバナンス　27, 28, 30, 31
- 小型株詐欺　126
- 顧客を精査すること　110
- 国際財務報告基準　176, 180
- 国際証券法執行協力法　189
- 個人投資家　15
- コマーシャルペーパー　67
- コメント・レター　59
- コモンロー　2, 39
- コンフォート・レター　52

サ行

- サーキット・ブレーカー　93
- サーベンス・オクスリー法（SOX法）　27, 92, 103, 123, 151, 161, 165, 178
- 最高裁判所　6
- 最終目論見書　82
- 最大努力義務　79

- 最大努力義務引受け　48
- サイバーユニット　44, 169
- 財務アドバイザーの意見書　181
- 債務担保証券　33
- 裁量上訴　6
- 詐欺防止条項　16, 47, 67, 88
- 差止命令　161
- 参照方式　56
- 暫定的差止命令　161
- 恣意的で気まぐれ　153
- 時効　123, 162
- 自己負罪　144, 166
- 資産凍結　161
- 指示　55
- 指示書　23
- 自主規制機関　24, 110, 112
- 市場調査の効果を有する行為　60
- 市場における詐欺理論　100, 122
- 市場における真実理論　45
- 私的な取引　81
- 支配者　124, 151
- 支配を及ぼす者　79, 80, 81
- 四半期報告書　99
- シビルロー　2
- 私募　13, 69
- 自由書面　64
- 自由書面目論見書　61, 64
- 州籍相違　7
- 重要性　44, 120
- 主幹事引受人　48
- 主要スワップ参加者　111
- 需要動向調査　49
- 巡回区　6
- 巡回裁判所　6
- 召喚権　33
- 召喚状　144, 161
- 小規模の報告発行体　57, 71
- 小規模の又は実績が少ない発行体　176
- 証券監督者国際機構　18, 136
- 証券業・金融市場協会　113
- 証券市場の規制　16
- 証券市場の機能　16
- 証券市場の効率性　17
- 証券取引委員会　4, 16
- 証券取引所　14

- 証券取引所法　20
- 証券取引法の目的　11
- 証券不正執行法　189
- 証券法　19
- 証券法執行救済・定額株改革法　151
- 上昇ルール　97
- 商品先物近代化法　111
- 商品先物取引委員会　16
- 商品先物取引法　140
- 情報公開法　144
- 情報更新の義務　121
- 情報受領者　132
- 情報提供者　131, 132
- 情報に基づいた判断　26
- 情報を開示する義務　121
- 将来指向記載　82, 85, 121
- 将来予測情報　61
- 書面による伝達　59
- 知りながら　125, 164
- 知る前契約　133
- 新興成長会社　22, 57, 98
- 真実義務　47
- 信任関係　121
- 信任義務　130
- 信任義務理論　130
- 信用格付会社　15, 32, 109, 116
- 信頼　82, 120
- スクイーズ・アウト　186
- スケジュール13D　108
- スケジュール14D-9　108
- スケジュールA　54
- スケジュールTO　108
- すずかけの木協定　112
- スタブ・クォート　93
- スピニング　49
- スプーフィング　137, 140
- スポンサー付き　177
- スポンサーなし　177
- スワップ・ディーラー　111
- スワップ執行所　111
- 制限証券　71, 72, 78
- 制限証券の保有者で支配権を及ぼさない者　80
- 制定法　2
- 成文法　2

- セーフハーバールール　12, 26
- 世界大恐慌　19
- 前科者　33, 71, 73
- 全部取得条項付き種類株式　186
- 全米市場システム　14
- 全米証券取引所　14, 112, 113
- 専門家が作成した部分　83
- 先例拘束性　2, 146
- 洗練された投資家　33
- 操縦意図　95, 139
- 相当な援助　124
- 相場操縦　94, 111, 136
- 損害　120

タ行

- ダークプール　14
- 第一次違反者　124
- 第一次分売　68
- 待機期間　54, 62
- 大規模期間短縮報告者　99
- 第二次違反者　124
- 第二次分売　79
- 大陸法　2
- 地方裁判所　6
- 注意書き　61, 63
- 注意表示の法理　86
- 仲介者　15
- 超高速取引　17
- 調整　176, 180
- 著名適格発行体　56, 57
- 沈黙期間　60
- 通算理論　68
- 通商及び支出条項　4
- 通報者　104
- ティアー1　185
- ディーラー　54, 68, 78, 79, 109
- 低価格証券詐欺　72
- 低額面株会社　62
- 停止命令　58, 150
- 適格機関投資家　58, 174
- 適格購入者　21
- 適格投資家　22, 58, 74, 178
- 適格報告発行体　56, 57
- 適合性の原則　114
- デュー・デリジェンスの抗弁　82, 83

事項索引（日本語）

- 店頭デリバティブ　111
- 店頭取引　14, 92
- 店頭取引市場　14
- 転売　172, 174
- 投資家　15
- 投資会社　15, 109
- 投資会社法　21, 115
- 投資家が自らを保護する　69
- 投資銀行　15
- 投資契約　36
- 投資決定における情報の総体　121
- 投資顧問　15, 21, 32, 109, 114
- 投資顧問法　21, 115
- 投資判断　78, 180
- 投資ファンド　109
- 登録クリアリング機関　113
- 登録証券協会　112, 113
- 登録届出書　20, 52, 54
- 特別目的会社　27
- ドッド・フランク法　27, 30, 33, 92, 140
- 届出前期間　54
- 取消し　66
- 取消責任　68
- 取引基準　187
- 取引禁止期間　29
- 取引しないか開示するか　129
- 取引所　92
- 取引停止　150
- 取戻し　135
- トレードスルールール　14

ナ行

- 内国歳入庁　42
- 内部通報者　30, 32, 144
- 内部統制　29, 102
- 馴合取引　94, 136
- 21条（a）レポート　144
- 二重処罰禁止条項　166
- ニューヨーク証券取引所理事会　112
- 任期別取締役　107
- 年次報告書　99
- ノーアクションレター　23

ハ行

- 排除命令　150

- 陪審裁判　7, 161
- 破壊的慣行　140
- 梯子を上る　103
- 8要素基準　107
- 発行市場　13
- 発行体　15, 54, 68, 78, 79
- 発行体に支配を及ぼす者　79
- 発展途上会社　62, 72
- パブリック・フロート　56
- 反対意見　6, 76
- 判例法　2
- 被害者救済ファンド　150
- 引受け　48, 79
- 引受契約書　52
- 引受人　48, 54, 68, 78, 79
- 引受人集団　48
- ビジネスジャッジメントルール　121
- 非上場証券取引特権　14
- ビットコイン　42
- 非適格投資家　73, 74
- 非適格報告発行体　55, 57
- 非報告発行体　55, 57
- ピラミッドスキーム　125
- ファンド・アドバイザー　109
- 風説の流布　94, 137
- フォーム　12, 55
- フォーム1-A　71
- フォーム6-K　174, 181
- フォーム8-K　99, 100
- フォーム10-K　99
- フォーム10-Q　99
- フォーム20-F　177, 181
- フォームADV　114
- フォームATS-N　117
- フォームBD　110
- フォームCB　182, 183, 186
- フォームF-1　56, 176
- フォームF-3　56, 176
- フォームF-4　56, 179, 181
- フォームF-6　177
- フォームF-X　182, 183, 186
- フォームS-1　55
- フォームS-3　56
- フォームS-4　56
- フォームS-8　56

不実表示　20, 81
不正流用　131
不正流用理論　131
不当利得吐出し　122, 150, 162
プライベート・エクイティ　116
プライベート・エクイティ・ファンド　32, 109
プライベート・ファンド　115
ブラックアウト期間　135
フラッシュ・クラッシュ　19, 93
フラッシュボーイズ　93
フリッピング　49
ブルースカイロー　19, 77
ブルーブック　38
プレイン・イングリッシュ　24, 29, 55, 115
ブローカー　109
ブローカー・ディーラー　15, 33, 109, 160
プロキシー・アクセス　106
プロキシー・アクセス権　32
分売　79, 80, 96
米国会計基準　176, 180
米国監査基準　180
米国市場に影響を与える可能性がある　173
米国に向けた募集努力　172
ペーパーカンパニー　62
ヘッジファンド　32, 109, 115
弁護過誤　36
弁護士　29, 103, 160
弁護士事務所　15
ベンチャー・キャピタル　13, 74, 115
ボイラールーム詐欺　126
放棄　75
報告会社　98
法執行部　23, 144
報奨金　32, 104
法定侮辱罪　144, 146, 150
法務省　23, 189
法律意見書　52
募集　59
募集及び売付け　180, 183
墓石広告　64
補足意見　6

ポンジースキーム　43, 125

マ行

マーケット・メーカー　93
丸紅　102
見せ玉　137
ミューチュアル・ファンド　21, 109, 115
民事制裁金　33, 134, 151, 162
民事手続　82, 161
無効にする　81
無謀にも　125
名義書換代理人　92
明示の訴訟原因　100
メリット規制　21
免除証券　20, 67
免除取引　20, 68
黙示の訴訟原因　88, 113, 120
目論見書　52, 55
文字による伝達　59

ヤ行

約束手形　36, 41
唯一の目的　95
誘引目的　94
郵便・通信詐欺　134
預金証書　41
預託銀行　176
預託契約　176
予備調査　58

ラ行

ライツ・オファリング　183
リサーチレポート　58, 62
リスクファクター　181
リミテッド・パートナーシップ　39
リミテッド・ライアビリティー・カンパニー　39
流通市場　13
流動性　13
臨時報告書　99
倫理規定　29, 104
ルール　12
ルックスルー分析　182, 183
レイヤリング　137
レギュレーション　12

- レギュレーションCF　13, 76
- レッド・ヘリング　63
- 連邦通信詐欺法　165
- 連邦取引委員会　20
- ロードショー　58

ワ行
- 和解　146

アルファベット
- ADTVテスト　182, 183
- F-4問題　179
- Howeyテスト　37, 126
- JOBS法　22, 71, 76, 88, 92, 111
- NSMIA法　21, 25
- PSLRA法　86
- RICO法　166
- SECに関する業務を行う　103
- SECに関する業務を行う者　160
- SLUSA法　22

事項索引（英語）

A

- abstain or disclose　129
- acceleration　63
- accredited investors　22, 58, 178
- accredited purchasers　21
- act　12
- administrative law judge　149
- Administrative Procedures Act　149
- ADR, American Depositary Receipt　176
- affiliate　79
- aiding and abetting　33, 165
- aiding and abetting liability　124
- antifraud provisions　16, 82
- appearing and practicing before the SEC　103
- arbitrary and capricious　153
- asset freeze　161
- ATS, alternative trading system　14

B

- bad actor　33, 71
- Bernie Madoff　126
- bespeaks caution doctrine　86
- best effort　48, 79
- beyond reasonable doubt　161
- Black Thursday　19
- blackout period　29
- blank check　72
- blank check company　62
- Bluebook　38
- boiler room operation　126
- book building　49
- buried facts　46
- Buttonwood Agreement　112

C

- case law　2
- CAT, consolidated audit trail　117
- causation　82, 120
- CD, certificate of deposits　41

- CDO, collateralized debt obligation　33, 148
- CDS, credit default swap　32, 111
- cease and desist order　150
- certiorari　6
- CFTC, Commodity Futures Trading Commission　16, 111, 137
- check a box　57
- chop stocks　126
- circuit　6
- circuit court　6
- civil law　2
- civil penalty　162
- clawback　135
- clearing house　92
- code of ethics　104
- Commerce and Spending Clauses　4
- Commodity Exchange Act　140
- Commodity Futures Modernization Act　111
- common law　2
- concurring opinion　6
- conditioning the market　60
- consent decree　146
- contemporaneous trader　135
- contempt for noncompliance with the court's order　144
- contract damages　123
- contribution　123
- controlling person　79, 80, 124, 151
- cover damages　122

D

- damages　120
- de novo　149, 154
- dealer　54
- delaying amendment　58
- deliveries　59
- Department of Justice　189
- depositary agreement　176
- depositary bank　176

事項索引（英語）

- directed selling effort　172
- disgorgement　122, 150, 162
- disruptive practice　140
- dissenting opinion　6
- dissenting statement　76
- distribution　79, 80, 96
- diversity of citizenship　7
- Division of Enforcement　23, 144
- DMA, Direct Market Access　139
- Dodd-Frank Act　27
- DOJ, Department of Justice　23
- double jeopardy　166
- dual-criminality　189
- duty of honesty　47
- duty to abstain or disclose　130
- duty to speak　121
- duty to update　121

E

- EDGAR, Electronic Data Gathering, Analysis and Retrieval　24, 99
- EGC, emerging growth company　22, 57, 98
- eight factor test　107
- EMMoU, Enhanced Multilateral Memorandum of Understanding　190
- exchange　14
- exempt securities　67
- exempt transactions　68
- expertized　83
- express private cause of action　100

F

- fair fund　150, 162
- fairness opinion　181
- family resemblance test　41
- FASB, Financial Accounting Standards Board　160
- FCA, Financial Conduct Authority　137
- FCPA, Foreign Corrupt Practices Act　91, 101
- fend for themselves　69
- fiduciary duty　130
- final prospectus　82

- Financial CHOICE Act　34
- FINRA, Financial Industry Regulatory Authority　23, 92, 110, 139
- firm commitment　48, 79
- flowback　172
- foreign private issuer　57, 175
- form　12, 23
- formal order of investigation　144
- forward-looking statements　82, 85, 121
- fraud on the market　100, 122
- free writing　64
- Freedom of Information Act　144
- FTC, Federal Trade Commission　20
- FWP, free writing prospectus　61, 64

G

- general solicitation　22, 70
- Glass-Steagall Act　20
- Gramm-Leach-Bliley Act　21
- graphic communication　59
- Great Depression　19
- gun jumping　59

H

- HFT, high frequency trading　17, 117, 136, 137

I

- ICO, initial coin offering　43, 169
- IFRS, International Financial Reporting Standards　176, 180
- implied private cause of action　88, 113, 120
- indemnification　123
- indication of interest　62
- informed decision　26
- injunction　161
- Insider Trading and Securities Fraud Enforcement Act　151
- Insider Trading Sanctions Act　104, 129, 151
- instruction　23, 55
- integration principle　68
- intermediary　15

203

- International Securities Enforcement Cooperation Act 189
- Investment Advisers Act 21
- Investment Company Act 21
- investment contract 36
- investment decision 78
- IOSCO, International Organization of Securities Commissions 18, 136, 188
- IPO, initial public offering 13, 49, 55, 98
- IRS, Internal Revenue Service 42
- issuer 54

J

- J.D. 3
- Jed Rakoff 148, 150, 157
- Jumpstart Our Business Startups Act 22

K

- know your customer 110
- knowingly 83, 96, 125, 164

L

- large accelerated filer 99
- leading or managing underwriter 48
- legend 61, 63
- letter of intent 52, 62
- LL.M. 3
- LLC 39
- look through analysis 182

M

- mail and wire fraud 165
- major swap participant 111
- Malony Act 91
- mandatory disclosure 26
- Mary Jo White 117, 148
- matched orders 94
- materiality 44, 120
- MD&A, Management's Discussion and Analysis 85, 181
- Michael Coscia 137
- microcap fraud 72
- might condition 173

- misappropriation 131
- MLAT, Mutual Legal Assistance Treaties 189
- MMoU, Multilateral Memorandam of Understanding 188

N

- NASD, National Association of Securities Dealers 91, 110
- national securities exchange 14, 112, 113
- National Securities Markets Improvement Act 21, 92
- negligently 96
- New York Stock and Exchange Board 112
- NMS, national market system 14
- non-control holder of restricted securities 80
- non-reporting issuer 55, 57
- note 36, 41

O

- offer 59
- offering statement 71, 77
- offers and sales 180
- OTC, over-the-counter 14
- out-of-pocket damages 123

P

- PCAOB, Public Company Accounting Oversight Board 28, 99, 103, 160, 178
- penny stock fraud / microcap fraud 126
- penny-stock company 62
- periodic disclosure 98
- permanent injunction 161
- person appearing or practicing before it 160
- post-effective period 54
- post-offering transactions 78
- prefiling period 54
- prejudice 166
- preliminary injunction 161

事項索引（英語）

- preliminary offering circular　71
- preliminary prospectus　59, 63
- preponderance of evidence　161
- primary market　13
- primary offering　68
- primary violator　124
- private offering　13
- private placements　69
- private transaction　81
- pro forma　181
- probability-magnitude　46
- prospectus　55
- proxy access　106
- proxy statement　32, 106
- PSLRA, Private Securities Litigation Reform Act　86, 92, 166
- public company　48
- Public Company Accounting Reform and Investor Protection Act　27
- public float　56
- public investors　80
- public offering　13, 48, 66, 69
- pump and dump　126
- purposely　96

Q

- QIB, qualified institutional buyer　174
- qualified institutional investors　58
- quiet period　60

R

- Racketeer Influenced and Corrupt Organization Act　166
- reasonable likelihood　161
- rebuttable presumption　41
- recklessly　96, 121, 125
- reconciliation　176, 180
- red herring　63
- reference　56
- refusal order　58, 150
- registered clearing agency　113
- registered securities association　112, 113
- regulation　12

- regulatory capture　145
- relationship of trust and confidence　121
- reliance　82, 120
- reporting company　98
- rescission　66
- rescission liability　68
- rescissory damages　123
- restricted securities　71
- restricted security　72
- Retail Strategy Task Force　168
- revolving door　145
- risk factor　181
- rule　12

S

- SA, Sponsored Access　139
- sales　59
- Sarbanes-Oxley Act　27
- say on pay　32
- scienter　82, 88, 120
- SDP, single dealer platforms　117
- seasoned reporting issuer　56, 57
- SEC, Securities and Exchange Commission　4, 16, 22
- secondary distribution　79
- secondary market　13
- secondary violator　124
- section　12
- Securities Act　19
- Securities Enforcement Remedies and Penny Stock Reform Act　91, 151
- Securities Exchange Act　20
- Securities Fraud Enforcement Act　189
- Securities Industry and Financial Markets Association　113
- Securities Litigation Uniform Standards Act　22, 92
- self-incrimination　144, 166
- Share Class Selection Disclosure Initiative　168
- shelf registration　56
- shell company　62
- S.J.D.　191

参考資料

- small reporting issuers 57, 71
- sole intent 95
- sophisticated investor 33
- SPC, special purpose company 27
- sponsored 177
- SRO, self-regulatory organizations 24
- stabilization 96
- staggered board 107
- stare decisis 2
- statutory law 2
- stock 36, 40
- stop order 58, 150
- subpoena power 33
- substantial assistance 124
- substantial likelihood 45
- suitability 114
- suitability letter 75
- Supreme Court of the United States 6
- swap dealer 111
- swap execution facility 111

T

- temporary restraining order 161
- test the waters 58
- tippee 132
- tipper 131, 132
- tombstone advertisement 64
- total mix (of information) 45, 121
- trade suspension 150
- trade-through 14
- transfer agent 92
- Treaty Between Japan and the United States of America on Mutual Legal Assistance in Criminal Matters 190
- truth on the market 45

U

- U.S. GAAP, Generally Accepted Accounting Principles 176, 180
- U.S. GAAS 180
- underwriter 48, 54
- underwriting 48
- underwriting syndicate 48

- United States Courts of Appeals 6
- United States District Courts 6
- unlisted trading privileges 14
- unseasoned 176
- unseasoned reporting issuer 55, 57
- unsponsored 177
- up the ladder (reporting) 29, 103, 160
- up-tick 97

W

- waiting period 54
- waiver 75
- Wall Street Reform and Consumer Protection Act 27
- wash sales 94
- whistleblower 104, 144
- willfully 95, 134, 164
- Williams Act 91
- without admitting or denying the allegation of the complaint 146
- WKSI, well-known seasoned issuer 56, 57, 61, 62, 64, 145
- written communication 59
- written law 2

206

法令索引

行政手続法
（Administrative Procedures Act）
- 706条·······155

刑法
- 1001条（a）·······165

憲法
- 修正第4条·······144
- 修正第5条·······144
- 修正第6条·······7
- 修正第7条·······7, 161
- 修正第8条·······153
- 第3章·······156

サーベンス・オクスリー法
（SOX 法，Sarbanes-Oxley Act，Public Company Accounting Reform and Investor Protection Act）
- 101条·······28, 103, 160
- 102条·······28
- 103〜105条·······28
- 105条（c）·······160
- 107条·······160
- 201条·······28, 103
- 202条·······28, 103
- 203条·······28
- 204条·······103
- 206条·······28, 103
- 301条·······28, 30, 103
- 302条·······29, 100
- 303条·······29
- 304条·······29, 135
- 305条·······29, 161
- 306条·······29
- 306条（a）·······135
- 307条·······29, 103
- 308条·······150
- 401条·······29
- 402条·······29
- 403条·······29

- 404条·······29, 30, 103
- 406条·······29, 104
- 407条·······28, 103
- 408条·······29, 100
- 409条·······29
- 501条·······30
- 602条·······28, 29
- 802条·······30
- 804条·······30
- 806条·······30, 104
- 807条·······30
- 903条·······30
- 906条·······30, 100, 165
- 1102条·······30, 165
- 1105条·······29
- 1107条·······30, 104

実務規則（rules of practice）
- 102（e）·······160
- 205·······160
- 233·······159
- 250·······159
- 320·······159
- 360·······159

証券法（Securities Act）
- 2条（a）（1）·······37, 41, 78
- 2条（a）（3）·······60, 62, 183
- 2条（a）（4）·······79
- 2条（a）（7）·······187
- 2条（a）（10）·······62, 64
- 2条（a）（11）·······71, 79
- 2条（a）（12）·······79
- 2条（a）（19）·······58, 99
- 3条（a）（2）·······41, 67
- 3条（a）（3）·······67
- 3条（a）（4）·······67
- 3条（a）（5）·······67
- 3条（a）（7）·······67
- 3条（a）（9）·······68, 77
- 3条（a）（10）·······68, 77

参考資料

- 3条 (a) (11)································68, 77
- 3条 (b) (1)··························25, 71, 73
- 3条 (b) (2)·································71
- 3条 (c)······································72
- 4条 (a) (1)··············54, 68, 78, 79, 81
- 4条 (a) (2)···68, 69, 70, 72, 80, 81, 174
- 4条 (a) (3)··································79
- 4条 (a) (6)···························76, 111
- 4A条 (c) (1)·······························88
- 4A条 (c) (2) (A)···························88
- 4A条 (c) (2) (B)···························88
- 4A条 (c) (3)·······························88
- 5条···············54, 66, 73, 77, 172, 180
- 5条 (a)······································60
- 5条 (b) (1)·························59, 63, 64
- 5条 (b) (2)·································59
- 5条 (c)·······················58, 59, 60, 62
- 7条··54
- 8条 (a)······································58
- 8条 (b)································58, 150
- 8条 (d)································58, 150
- 8条 (e)································58, 143
- 8A条···································82, 150
- 8A条 (e)··································150
- 8A条 (f)··································151
- 8A条 (g)·····························151, 152
- 10条··································62, 63, 64
- 10条 (a)·······························54, 64
- 10条 (b)·······························63, 64
- 11条··································55, 81, 82
- 11条 (a)······························82, 111
- 11条 (b) (3) (A)···························84
- 11条 (b) (3) (B)···························84
- 11条 (b) (3) (C)···························84
- 11条 (e)··································83
- 12条 (a) (1)···············68, 81, 87, 111
- 12条 (a) (2)···········41, 66, 81, 82, 87,
                                    88, 111
- 15条··81
- 16条 (c)··································22
- 17条································67, 82, 188
- 17条 (a)··································88
- 17条 (a) (2)·······························82
- 19条 (c)·····························143, 144
- 20条··82

- 20条 (b)·····························161, 166
- 20条 (d)··································162
- 20条 (e)··································162
- 24条···································82, 165
- 24条 (a)··································164
- 27A条·····································86
- 27A条 (b) (2)·····························87
- 28条··26

証券法に基づくルール

- 135···································61, 173
- 137··62
- 139 (a) (1)·······························62
- 139 (a) (2)·······························62
- 144··80
- 144A··································66, 81, 174
- 145··78
- 147··77
- 147 (b) (2)·······························69
- 163··61
- 163A·······································61
- 164··64
- 164 (b)··································64
- 164 (c)··································64
- 165··78
- 168··61
- 169··61
- 175··86
- 176··84
- 200 (g)··································98
- 201··98
- 242.100··································96
- 242.101··································96
- 242.102··································96
- 242.104··································96
- 251··71
- 255··71
- 262·······································163
- 405·································57, 59, 79
- 408···································45, 47
- 415··56
- 421 (d)································24, 55
- 424 (b)··································65
- 424 (b) (3)·······························65
- 430··63

208

- 430A————————65
- 433 (b) (1)————————64
- 433 (b) (2)————————64
- 433 (c) (1)————————64
- 433 (c) (2)————————64
- 433 (d)————————64
- 433 (d) (8)————————64
- 433 (f)————————64
- 433 (f) (1)————————64
- 433 (f) (2)————————64
- 460————————63
- 462————————65
- 473————————58
- 501 (a)————————74
- 501 (e)————————75
- 502 (a)————————69, 73
- 502 (b) (2) (ii)————————75
- 503 (a)————————72
- 504————————68, 72, 73
- 505————————68, 72, 73, 163
- 505 (b) (2) (iii)————————163
- 506————————68, 69, 72, 73, 174, 175
- 506 (c)————————74
- 506 (d)————————75
- 506 (d) (2) (ii)————————75
- 506 (e)————————75
- 508————————72
- 601————————72
- 701————————68, 72, 73
- 801————————183
- 802————————182
- 902 (c)————————173
- 902 (c) (3) (v)————————173
- 902 (c) (3) (vii)————————173
- 902 (g)————————174
- 902 (h) (1)————————172
- 902 (h) (1) (ii)————————172
- 902 (j)————————173
- 902 (k)————————173
- 903————————172
- 903 (b) (1) (i)————————173
- 903 (b) (1) (ii)————————173
- 903 (b) (1) (iii)————————173
- 903 (b) (1) (iv)————————173
- 903 (b) (2) (ii)————————174

- 903 (b) (2) (iii)————————174
- 904————————172, 174
- 904 (a) (1) (2)————————174

商品先物取引法
（Commodity Exchange Act）
- 4c条 (a) (5)————————140

投資顧問法 （Investment Advisers Act）
- 2条 (a) (11) (F)————————109
- 202条 (a) (11)————————109, 114
- 203条————————114
- 203A条————————114
- 205条 (a) (1)————————115
- 206条————————115

投資顧問法に基づくルール
- 205-3————————115

ドッド・フランク法
（Dodd-Frank Act, Wall Street Reform and Consumer Protection Act）
- 402条————————32, 109, 116
- 403条————————32, 116
- 404条————————116
- 701条～774条————————32
- 913条————————33
- 921条————————33
- 922条 (b), (c)————————104
- 922条～924条————————32
- 924条————————32, 104
- 925条————————33, 162
- 926条————————33
- 929E条————————33, 161
- 929M条————————33, 125
- 929N条————————33, 125
- 929O条————————125
- 929O条 (c)————————124
- 929P条————————33, 151
- 929P条 (b)————————188
- 932条～939条————————32
- 943条————————33
- 951条————————32
- 952条————————32
- 953条————————32

参考資料

- 954条 ································· 32, 135
- 971条 ································· 32, 106
- 989G条 ······························ 30, 32
- 1079A条 ································· 164

取引所法（Securities Exchange Act）
- 3条 (a) (1) ··························· 92
- 3条 (a) (4) ·························· 109
- 3条 (a) (5) ·························· 109
- 3条 (a) (9) ·························· 186
- 3条 (a) (10) ··············· 37, 41, 182
- 3条 (a) (17) ························· 187
- 3条 (a) (26) ························· 113
- 4条 (a) (2) ·························· 115
- 4c条 (a) (5) ························· 140
- 5条 ······························ 14, 92
- 6条 ································· 92
- 6条 (a), (b) ························ 113
- 9条 (a) ····························· 94
- 9条 (f) ····························· 95
- 10条 ································ 188
- 10条 (a) (1) ·························· 97
- 10条 (b) ························ 119, 124
- 10A条 (g) ··························· 103
- 10A条 (i) ··························· 103
- 10A条 (j) ··························· 103
- 10A条 (l) ··························· 103
- 10A条 (m) ··························· 103
- 11A条 (b) (1) ························ 92
- 12条 ····························· 98, 178
- 12条 (g) ····························· 98
- 12条 (g) (5) ·························· 98
- 12条 (h) ····························· 25
- 12条 (j) ···························· 150
- 12条 (k) ···························· 150
- 13条 (b) (2) ························· 102
- 13条 (d) ···························· 108
- 14条 (a) ····························· 32
- 14条 (d) ···························· 108
- 14条 (d) (6) ························· 108
- 14条 (e) ························ 109, 186
- 14A条 ······························ 32
- 15条 (a) ························ 110, 112
- 15条 (b) ························ 110, 113
- 15条 (b) (4) ························· 160
- 15条 (b) (4) (G) ····················· 189
- 15条 (b) (6) ························· 160
- 15条 (d) ····························· 99
- 15A条 (a), (b) ······················· 113
- 15C条 ······························ 26
- 15E条 ····························· 116
- 16条 (a) ···························· 135
- 16条 (b) ···························· 135
- 16条 (c) ···························· 135
- 17条 (a) ···························· 110
- 17A条 ······························ 92
- 18条 (a) ···························· 100
- 19条 ································ 113
- 19条 (a) ···························· 113
- 19条 (b) ···························· 113
- 19条 (b), (c) ························· 92
- 19条 (c) ···························· 113
- 19条 (d) ························ 92, 113
- 19条 (h) ··············· 92, 113, 160
- 20条 (a) ···························· 124
- 20条 (e) ···························· 124
- 20A条 ····························· 135
- 21条 ································ 120
- 21条 (a) ························ 143, 144
- 21条 (a) (2) ························· 189
- 21条 (d) ························ 161, 166
- 21条 (d) (2) ························· 162
- 21条 (d) (3) ························· 162
- 21A条 ····························· 133
- 21A条 (a) (2) ························ 134
- 21A条 (a) (3) ························ 134
- 21B条 (a) ··························· 151
- 21B条 (b) ··························· 152
- 21B条 (e) ··························· 150
- 21C条 ····························· 150
- 21C条 (c) (3) ························ 161
- 21C条 (f) ··························· 151
- 21D条 (e) ··························· 123
- 21F条 ····························· 104
- 21F条 (h) ··························· 105
- 24条 (c) ···························· 189
- 28条 ································ 123
- 28条 (f) (2) ·························· 22
- 30A条 (a) ··························· 101
- 30A条 (b) ··························· 101

210

- 32条 ··································· 165
- 32条（a） ·····················134, 164
- 36条 ··································· 26

取引所法に基づくルール

- 3b-4 ································· 175
- 3b-6 ·································· 86
- 10A-3 ································ 104
- 10b-5 ·······45, 55, 67, 82, 95, 100, 101,
  113, 119, 129, 131, 186, 187
- 10b-13 ······························· 96
- 10b-18 ······························· 96
- 10b5-1 ······························ 133
- 10b5-1（c） ························· 133
- 10b5-2（b） ························· 133
- 12b-2 ································· 99
- 12b-20 ······················· 45, 47, 99
- 12g-1 ································· 98
- 12g3-2（b） ························· 178
- 13a-11 ······························ 101
- 13a-14 ··························· 29, 100
- 13a-15 ··························· 29, 100
- 14a-3 ································ 106
- 14a-4 ································ 106
- 14a-8 ································ 106
- 14a-9 ································ 106
- 14a-11 ······························ 106
- 14a-12 ······························ 106
- 14d-1（c） ··························· 185
- 14d-7 ································ 108
- 14d-8 ································ 108
- 14d-10（a）（1） ····················· 108
- 14d-10（c） ·························· 108
- 14e-1 ···························108, 186
- 14e-1（a） ··························· 108
- 14e-2 ································ 186
- 14e-3 ································ 134
- 14e-5 ································ 108
- 15b1-1 ······························ 113
- 15b9-1 ······························ 117
- 15c2-8（b） ··························· 63
- 15c2-8（c） ··························· 63
- 15c2-12 ······························ 67
- 15c3-1 ······························ 110
- 15d-1 ································· 99

- 15d-14 ······························ 100
- 15d-15 ······························ 100
- 15d-17 ······························· 99
- 24c-1 ································ 189
- 100（a）（1） ························· 134
- 100（a）（2） ························· 134
- 101（e） ····························· 134
- 613 ·································· 117

模範刑法典（Model Penal Code）

- 2.02条 ································· 96

レギュレーション

- A ··························68, 71, 73, 163
- A+ ···································· 71
- AC ··································· 50
- D ······················22, 33, 68, 69, 71, 72
- E ·································· 68, 72
- FD ·························101, 110, 134
- M ································· 96, 111
- M-A ··································· 78
- S ···························66, 172, 174
- SHO ··································· 97
- S-K ······························ 57, 99
- S-K，Item 303 ························· 85
- S-K，Item 307 ························ 103
- S-K，Item 308 ························ 103
- S-K，Item 401 ························ 103
- S-K，Item 401（f） ···················· 163
- S-K，Item 406 ························ 104
- S-K，Item 512（i） ····················· 65
- S-T ··································· 99
- S-X ··································· 57
- 14D ································· 108
- 14E ·························108, 185, 186

連邦法

- 18 U.S.C. § 2 ························ 165
- 18 U.S.C. § 1001(a) ·················· 165
- 18 U.S.C. § 1341 ····················· 165
- 18 U.S.C. § 1343 ····················· 165
- 18 U.S.C. § 1348 ····················· 164
- 18 U.S.C. § 1350 ················100, 165
- 18 U.S.C. § 1513 (e) ················· 104
- 18 U.S.C. § 1514A ···················· 104

- 18 U.S.C. § 1962 ································166
- 18 U.S.C. § 1964(c) ···························166
- 28 U.S.C. § 2462 ································162

FINRA規則
- 2011 ··114

FINRAマニュアル
- 5110条（c）·····································111

JOBS法
（Jumpstart Our Business Startups Act）
- 102条 ··99
- 103条 ··99
- 201条 ·······································74, 175

NASDAQ規則
- 4350（n）···104

NYSE規則
- 303A条（10）··································104

米国証券取引法用語集

IPO，Initial Public Offering

初めての公募。公募価格は通常発行体と引受人の交渉で決定される。株式の割当てを受けた直後に市場で売り付けて利益を得ようとする，フリッピングが行われることがある。

インサイダー取引

証券取引法上の明確な定義はないが，判例の信任義務理論又は不正流用理論により，重要な未公開情報を，会社の内部者としての地位に基づき所有する者，信任関係に基づいて所有する者，情報提供者が信任義務に反していることを知りながら受領した者などが，開示・取引断念義務を負い，取引所法ルール10b-5違反の対象になる。何らかの便益を受けるために，重要な未公開情報を信任義務を有しながら他者に提供した者も，ルール10b-5違反の対象になる。

売付け (sales)

対価をもらって証券を売ること又は処分する契約 (証券法2条(a)(3))。

ADR，American Depositary Receipt

外国企業が米国市場で上場しようとする場合に，米国の預託銀行が発行する，外国証券の一定数を表示する譲渡可能な証書。

SEC，Securities and Exchange Commission

1934年に取引所法に基づいて設立された，証券取引法に関する行政，立法，司法の権限を持つ政府機関。

F-4問題

米国外において株式交換又は株式移転によるM&Aが行われる場合，対象会社に米国株主がいるとフォームF-4を使った登録が必要になる問題。米国株主が10%であれば，証券法ルール802免除の対象になる。

海外不正行為防止法 (Foreign Corrupt Practices Act)

1977年に制定された，海外の政府高官に賄賂を渡すとともに会計を操作してそれを隠ぺいするという行為を防止しようとした法律。

蓋然性・規模 (probability-magnitude) 基準

重要かどうかを，全体に鑑みて，ある事象が起こる蓋然性 (probability) と，その事象が起こった場合の規模 (magnitude) を考慮して判断する基準。

参考資料

■ 仮目論見書 (preliminary prospectus)
公募価格と引受けについての情報を記載しない，登録届出書と一緒に提出され，証券を売り付けてはならないという注意書き (legend) のついた目論見書 (証券法ルール430)。注意書きが通常赤字で書かれることから，通称レッド・ヘリングとも呼ばれる。

■ ガン・ジャンピング (gun jumping)
証券法5条の登録義務違反。

■ 行政手続
SECによって任命され雇用される行政法判事が主宰する，裁判類似の手続。

■ 刑事手続
SECから送付された事案について，連邦地方検事が刑事起訴を行う手続。

■ 行為差止
現在及び将来の違法行為の差止めを命ずる救済措置。

■ 公益通報制度 (whistleblower program)
ドッド・フランク法のもとで2010年に導入された制度で，一定の条件が充たされた場合に，SECが回収した金額の10％〜30％を報奨金として通報者に支払う。

■ 公開会社
公募を行った発行体。

■ 公募
対象を限定せず，一般の投資家に対して証券を発行すること。証券法5条により登録が必要とされる。

■ 効力発生後期間 (post-effective period)
登録届出書の効力が発生してから，募集が終了するまでの期間。売付けが可能になるが，書面での募集は引き続き規制を受ける。

■ サーベンス・オクスリー法 (SOX法，Sarbanes-Oxley Act，Public Company Accounting Reform and Investor Protection Act of 2002)
エンロン事件等の会計スキャンダルを契機として2002年に制定され，証券取引法の分野において，開示システムの統一性を高めるとともにコーポレートガバナンスの分野で積極的な改革を行った法律。

■ 詐欺防止条項

証券法17条(a)，取引所法ルール10b-5に代表される，証券の発行や取引における詐欺的な行為を禁止した条項。

■ 市場における詐欺 (fraud on the market) 理論

市場参加者は相場の信頼性に依拠しており，真実が開示されれば，投資家は不実表示に基づいて形成された株価では取引をしなかったであろうという理論。不実表示が市場で行われた場合，本理論に基づき信頼の要素が推定される。

■ 市場における真実 (truth on the market) 理論

省略された情報が，合理的な投資家が既に知っているものであったり，別の開示から推定できる内容であったりすれば，重要ではないとする理論。

■ 支配を及ぼす者 (control person)

議決権の所有その他の方法で，発行体の経営を直接又は間接的に方向づけることができる権限を有している者。

■ 私募

特定の投資家に対して証券を発行することであり，証券法4条(a)(2) 又は証券法ルール506に基づく登録免除の対象になる。

■ JOBS法 (Jumpstart Our Business Startups Act of 2012)

クラウドファンディングの導入，レギュレーションDにおける一般的勧誘の許可，新興成長会社に対する義務緩和などを行い，スタートアップ会社の資金調達に対する規制を緩和することにより，新たな雇用を生み出して経済を活性化させようとした法律。

■ 自由書面目論見書 (FWP, Free Writing Prospectus)

メディアの利用や，ロードショーに使われる，以下の条件を充たす，発行体又はその代理人によって作られた書面又は図表など：(i) 登録届出書の内容と矛盾せず，(ii) 注意書きが掲載され，(iii) 使用前にSECに提出され，(iv) 経験のある発行体及びWKSI以外は，仮目論見書を伴わなくてはならない。取引所法10条(b) の要件を充たす仮目論見書とみなされる。

■ 重要性 (materiality)

判例理論により，合理的な投資家が投資決定をするにあたって重要 (important) と考える蓋然性が高い事実が重要 (material) であるとされる。開示が省略されているケースにおいては，ある事実の開示が，合理的な投資家から見て，情報を総体としてとして大きく変えるものであるという可能性が高い場合には，重要である。

参考資料

■ 証券監督者国際機構 (IOSCO, International Organization of Securities Commissions)
1974年に設立された，約200の証券規制機関が所属する国際機関であり，国際協力の枠組みや様々なガイドラインを作成している。

■ 証券取引所
証券の売買の発注が集中管理され付き合わせが行われる場所。取引所法3条(a)(1)では，証券の売り手と買い手を付き合わせる，又は，通常証券取引所が有する機能を有する施設と定義される。米国にはNYSEやNASDAQなど18の全米証券取引所がある。

■ 将来指向記載 (forward-looking statements)
業績や事業計画など，将来の事項行動に関する予測，推測又は意見を述べたものであって，開示について一定のセーフハーバールールが設けられている。

■ 新興成長会社 (emerging growth companies)
JOBS法によって新たに設置された，収益が10億ドル未満の発行体であり，通常の会社よりも開示や募集に関する規制が少ない。

■ 制限証券 (restricted securities)
転売が制限されている，私募で売り付けられた証券。

■ セーフハーバー (安全港) ルール
SECの制定するルールの多くがこれにあたり，どのような行動をすれば証券取引法に違反しないとみなされるかを規定したルールであり，遵守していればSECによる法執行の対象や証券法違反を問われることはない。

■ 1933年証券法 (Securities Act of 1933)
初めての連邦レベルにおける証券規制法であり，証券の発行市場を対象として，証券の登録義務，不実表示や無登録の募集による民事責任，詐欺禁止等を定める。

■ 1934年証券取引所法 (Securities Exchange Act of 1934)
証券法に続いて制定された連邦証券規制法であり，証券の取引市場を対象として，SECの設立，証券取引所や証券業者の規制，詐欺的証券取引の禁止，公開会社の継続開示義務等を定める。

■ 相場操縦
証券市場において相場を変動させるような取引，情報の流布，不実の表示等をすること。取引所法9条(a)及びルール10b-5で禁止されているが，誘引目的の立証を必要としない後者が使われることのほうが多い。

米国証券取引法用語集

▨ 待機期間（waiting period）

登録届出書がSECに提出されてから，効力が生じるまでの期間。証券の募集が規制されるとともに，売付けが禁止される。

▨ 超高速取引（HFT，high frequency trading）

アルゴリズムを駆使した金融取引の一種で，市場で1秒間に数千回といった高頻度の取引を比較的小規模で行い，多くの取引を繰り返すことによって多額の利益を得ようとする取引。

▨ 著名適格発行体（WKSI，well-known seasoned issuer）

実績ある報告発行体であって，（a）世界で7億ドルのパブリック・フロートか，（b）非転換社債を発行する場合は，過去3年間に10億ドルの社債発行実績がある発行体。開示や募集の規制が緩和されている。

▨ ディーラー

自らの計算で，通常の業務として，証券の売買を行う者（取引所法3条（a）（5））。顧客のために証券取引を執行する証券会社は，SECの規制の中で，「ブローカー・ディーラー」として一体として扱われている。

▨ 適格機関投資家（qualified institutional investors）

一定規模の機関投資家，登録ブローカー・ディーラー，登録投資会社などであり，これらの投資家への売付けは証券法ルール144Aによる登録免除の対象となる。

▨ 適格投資家（accredited investors）

証券法ルール501（a）に定められた，機関投資家，大組織，富裕者，高額所得者，ベンチャー・キャピタルなどの特定の投資家で，証券法による保護の必要性が少ないと推定される。

▨ デュー・デリジェンスの抗弁

証券法11条違反について，無過失で責任を負う発行体以外の者が主張することができる，合理的調査を尽くしたという抗弁。

▨ 店頭取引

投資家や証券会社が取引所を介さずに，相対によりお互いの売買の注文を付き合せることにより行われる取引。

▨ 登録届出書

発行体，公募の方法，証券の性質等について説明した数百ページにもわたる書類で，公募の際にSECに提出される。

参考資料

■ドッド・フランク法 (Dodd-Frank Act, Wall Street Reform and Consumer Protection Act of 2010)

金融危機を契機として2010年に制定された，証券取引法の分野において，株主の議決権と企業の責任の厳格化等によってコーポレートガバナンスを高めることを目指した法律。

■届出前期間 (prefiling period)

発行体が証券募集の準備を始めてから届出を行うまでの期間。証券の募集及び売付けが禁止される。

■ノーアクションレター

特定の取引を行おうとする当事者が，SECに対して当該取引が違法でないと考える旨を主張し，SECが納得する場合には，取引が提案どおり行われたならば委員会に対して法執行を勧告しない，と回答するレター。

■Howeyテスト

投資契約の該当性を経済実態に基づいて判断する際に使われている、4要素の基準 (投資，共通性，利益の期待，他人の努力)。

■発行市場

企業が証券を公募又は私募により発行して資金調達をする市場。

■発行体

証券を発行又は発行することを提案するあらゆる者 (証券法2条(a)(4))。

■パブリック・フロート

内部者及び関係会社以外の，一般投資家が所有する株式の市場価格の総計。

■引受人 (underwriter)

証券の分売に関して発行体のために募集や売付けを行う代理人，証券を分売する目的で証券を発行体から購入する者，又は支配を及ぼす者に関してそのいずれか (代理人又は分売) を行う者 (証券法2条(a)(11))。

■FINRA, Financial Industry Regulatory Authority

2007年に設立された自主規制機関であり，独立した非営利機関として，証券会社の検査及び適用規則の制定並びに執行を行う。

■PCAOB, Public Company Accounting Oversight Board

SOX法によって設立された，監査基準と会計業界を規制する自主規制機関。

■ 不当利得吐出し（disgorgement）

不実表示や詐欺的行為等により得た利得を剥奪する救済措置。

■ ブルースカイロー

1900年初頭から青空商人を規制しようとして始まったといわれる州証券法の通称。

■ ブローカー

他人の計算で証券取引を執行することを通常の業務とする者（銀行を除く）（取引所法
3条(a)(4)）。顧客のために証券取引を執行する証券会社は，SECの規制の中で，「ブ
ローカー・ディーラー」として一体として扱われている。

■ 報告発行体（reporting issuer）

取引所法の届出義務を有する発行体。

■ 募集（offer）

対価をもらって証券を処分することを試みるか申し込むこと，又は，証券買付けの申
込を勧誘するか，証券への関心を調べること（証券法2条(a)(3)）。

■ 民事制裁金

SECが証券取引法違反に対して求める金銭的制裁・救済措置であり，民事訴訟でだけ
でなく，ドッド・フランク法により行政手続でも請求することが可能になった。

■ 民事手続

SECが証券取引法違反について連邦地方裁判所に民事訴訟を提起することによって開
始される手続。

■ 目論見書

投資家に配布される書類で，登録，売り出される証券，発行体，事業，財務状況，配
布計画及び手取金の使途等が記載されている。登録届出書に記載されている重要な情
報のダイジェスト版。

■ 流通市場

発行された証券を所有している投資家が，相対取引又は市場取引によって他の投資家
に証券を転売する市場。

■ ルール10b-5

証券取引に関する詐欺を一般的に禁止しており，情報開示違反，相場操縦，インサイ
ダー取引，業者の行為規制，証券詐欺など多くの問題に適用される。違反の立証の要
件は，重要性，欺罔の意図，信頼，因果関係，損害である。

参考資料

■ ルール144A

適格機関投資家にのみ売付けを行うことによって，売り手（引受証券業者など）が法律上の引受人になることを避け，登録免除を受けられるルール。

■ レギュレーションS

海外募集に関するセーフハーバールールであり，オフショア取引であって，米国に向けた募集努力を含まない発行体による募集及び他者による転売について登録免除を認めるもの。グローバル・オファリングにおいて，適格機関投資家に対する売付けの登録免除であるルール144Aと併用されることが多い。

判例索引（太字は特に重要な判例）

- Aaron v. SEC 88
- Absolute Activist Value Master Fund ltd. v. Ficeto 188
- **Affiliated Ute Citizens v. United States** 122, 227
- Arthur's Children's Trust v. Keim 124
- ATSI Communications, Inc. v. Shaar Fund, LTD 95
- Bandimere v. SEC 159
- **Basic, Inc. v. Levinson** 46, 121, 122, 226
- Blue Chip Stamps v. Manor Drug Stores 120
- Carpenter v. United States 166
- **Central Bank of Denver v. First Interstate Bank of Denver** 124, 227
- Charles Hughes & Co. v. SEC 113
- **Chiarella v. United States** 130, 228
- Chris-Craft Industries, Inc. v. Bangor Punta Corp. 61
- Collins v. SEC 153
- DeMaria v. Andersen 46, 82
- Dirks v. SEC 130
- Diskin v. Lomasney & Co. 87
- Doran v. Petroleum Management Corp. 70
- Ernst & Ernst v. Hochfelder 121
- **Escott v. BarChris Construction Co.** 84, 226
- Finkel v. Stratton Corp. 88
- Freeland v. Iridium World Communications 86
- Gabelli v. SEC 162
- GFL Advantage Fund, Ltd. v. Colkitt 95
- Greebel v. FTP Software, Inc. 121
- Gustafson v. Alloyd Co. 87
- Halliburton Co. v. Erica P. John Fund, Inc. 122
- Hertzberg v. Dignity Partners, Inc. 83
- Hill York Corp. v. American International Franchises, Inc. 70
- Hocking v. Dubois 39
- In re Athena Capital Research, LLC 140
- In re Danial Bogar 153
- In re JPMorgan Chase & Co. 149
- In re KPMG Peat Marwick LLP 150
- In re Michael Coscia 138
- In re Oppenheimer & Co., Inc. 75
- In re optionsXpress, Inc. 153
- In re Panther Energy Trading LLC and Michael J. Coscia 140
- In re Raymond J. Lucia Companies, Inc. 153
- In re Standard & Poor's Ratings Services 116
- In re Time Warner Securities Litigation 121

- Kardon v. National Gypsum Co. ⋯⋯⋯⋯⋯⋯⋯⋯⋯⋯⋯⋯⋯ 120
- Kohn v. American Metal Climax, Inc. ⋯⋯⋯⋯⋯⋯⋯⋯⋯ 46
- Kokesh v. SEC ⋯⋯⋯⋯⋯⋯⋯⋯⋯⋯⋯⋯⋯⋯⋯⋯⋯ 163, 169
- KPMG, LLP v. SEC ⋯⋯⋯⋯⋯⋯⋯⋯⋯⋯⋯⋯⋯⋯⋯⋯ 150
- Landreth Timber Co. v. Landreth ⋯⋯⋯⋯⋯⋯⋯⋯⋯⋯ 40
- Lorenzo v. SEC ⋯⋯⋯⋯⋯⋯⋯⋯⋯⋯⋯⋯⋯⋯⋯⋯⋯ 169
- Luce v. Edelstein ⋯⋯⋯⋯⋯⋯⋯⋯⋯⋯⋯⋯⋯⋯⋯⋯ 86
- Lucia v. SEC ⋯⋯⋯⋯⋯⋯⋯⋯⋯⋯⋯⋯⋯⋯⋯⋯⋯ 159
- Lustgraaf v. Behrens ⋯⋯⋯⋯⋯⋯⋯⋯⋯⋯⋯⋯⋯⋯ 124
- Marine Bank v. Weaver ⋯⋯⋯⋯⋯⋯⋯⋯⋯⋯⋯⋯⋯ 41
- Mark v. FSC Securities Corp. ⋯⋯⋯⋯⋯⋯⋯⋯⋯⋯⋯ 73
- Markowski v. SEC ⋯⋯⋯⋯⋯⋯⋯⋯⋯⋯⋯⋯⋯⋯⋯ 95
- Merck & Co. v. Reynolds ⋯⋯⋯⋯⋯⋯⋯⋯⋯⋯⋯⋯ 123
- **Morrison v. Nat'l Australia Bank Ltd.** ⋯⋯⋯⋯⋯⋯ 187, 228
- Musick, Peeler & Garrett v. Employers Insurance of Wausau ⋯⋯ 123
- Palsgraf v. Long Island Railroad Co. ⋯⋯⋯⋯⋯⋯⋯⋯ 6
- Parklane Hosiery Co. v. Shore ⋯⋯⋯⋯⋯⋯⋯⋯⋯⋯ 163
- Pinter v. Dahl ⋯⋯⋯⋯⋯⋯⋯⋯⋯⋯⋯⋯⋯⋯⋯⋯ 87
- Piper v. Chris-Craft Industries, Inc. ⋯⋯⋯⋯⋯⋯⋯⋯ 109
- Rapoport v. SEC ⋯⋯⋯⋯⋯⋯⋯⋯⋯⋯⋯⋯⋯⋯⋯ 152
- **Reves v. Ernst & Young** ⋯⋯⋯⋯⋯⋯⋯⋯⋯⋯⋯⋯ 41, 225
- Salman v. United States ⋯⋯⋯⋯⋯⋯⋯⋯⋯⋯⋯⋯ 132
- Sanders v. John Nuveen & Co. ⋯⋯⋯⋯⋯⋯⋯⋯⋯⋯ 87
- Santa Fe Industries, Inc. v. Green ⋯⋯⋯⋯⋯⋯⋯⋯ 120
- Schreiber v. Burlington Northern, Inc. ⋯⋯⋯⋯⋯⋯⋯ 109
- SEC v. Apuzzo ⋯⋯⋯⋯⋯⋯⋯⋯⋯⋯⋯⋯⋯⋯⋯⋯ 125
- SEC v. Citigroup Global Mkts., Inc. ⋯⋯⋯⋯⋯⋯ 148, 150
- SEC v. Continental Tobacco Co. ⋯⋯⋯⋯⋯⋯⋯⋯⋯ 70
- SEC v. Edwards ⋯⋯⋯⋯⋯⋯⋯⋯⋯⋯⋯⋯⋯⋯⋯ 38
- SEC v. Falcone ⋯⋯⋯⋯⋯⋯⋯⋯⋯⋯⋯⋯⋯⋯⋯ 149
- SEC v. Gupta ⋯⋯⋯⋯⋯⋯⋯⋯⋯⋯⋯⋯⋯⋯ 157, 158
- SEC v. Harbinger Capital Partners LLC ⋯⋯⋯⋯⋯⋯ 149
- SEC v. Jerry T. O'Brien, Inc. ⋯⋯⋯⋯⋯⋯⋯⋯⋯⋯ 144
- SEC v. Koscot Interplanetary, Inc. ⋯⋯⋯⋯⋯⋯⋯⋯ 38
- SEC v. Payton ⋯⋯⋯⋯⋯⋯⋯⋯⋯⋯⋯⋯⋯⋯⋯ 132
- **SEC v. Ralston Purina Co.** ⋯⋯⋯⋯⋯⋯⋯⋯⋯⋯ 69, 226
- SEC v. SG Ltd. ⋯⋯⋯⋯⋯⋯⋯⋯⋯⋯⋯⋯⋯⋯⋯ 126
- SEC v. Shavers ⋯⋯⋯⋯⋯⋯⋯⋯⋯⋯⋯⋯⋯⋯⋯ 43
- SEC v. Sloan ⋯⋯⋯⋯⋯⋯⋯⋯⋯⋯⋯⋯⋯⋯⋯⋯ 150
- SEC v. Texas Gulf Sulphur Co. ⋯⋯⋯⋯⋯⋯ 7, 46, 130
- **SEC v. W.J. Howey Co.** ⋯⋯⋯⋯⋯⋯⋯⋯⋯⋯⋯ 37, 224
- Smith v. Gross ⋯⋯⋯⋯⋯⋯⋯⋯⋯⋯⋯⋯⋯⋯⋯ 38
- Steadman v. SEC ⋯⋯⋯⋯⋯⋯⋯⋯⋯⋯⋯⋯⋯⋯ 161
- Superintendent of Insurance v. Bankers Life and Casualty Company ⋯⋯ 120
- **TSC Industries, Inc. v. Northway, Inc.** ⋯⋯⋯⋯⋯ 45, 225

- **United Housing Foundation, Inc. v. Forman** 40, 224
- United States v. Leonard 40
- United States v. Martha Stewart 144
- United States v. Martoma 132
- United States v. Mulheren 95
- United States v. Naftalin 88
- United States v. Newman 132
- **United States v. O'Hagan** 131, 228
- United States v. Quinones 157, 158
- United States v. Sherwood 80
- Wals v. Fox Hills Development Corp. 39
- Wartzman v. Hightower Productions, Ltd. 36
- Wellman v. Dickinson 107
- Wielgos v. Commonwealth Edison Co. 45
- Williamson v. Tucker 40
- Woolf v. S.D. Cohn & Co. 70

参考資料

重要判例解説

　米国のロースクールでは，本書のような概説本ではなく，判例を集めた「ケースブック」を教科書として使用する。ケースブックには，判例の解説があまり書かれていないため，重要判例の解説をした「ブリーフ」を参考書として購入する学生も多い。ここでは，そのブリーフをイメージして，本書で紹介した判例のうち特に重要性が高いと思われる12判例を選び，論点，事実及び判旨をまとめた上で，若干のコメントを記載している。

1. **SEC v. W.J. Howey Co., 328 U.S. 293 (1946)** ▷**本書37頁参照**
   ① 論点：証券（投資契約）の定義
   ② 事実：被告のHowey社は，フロリダに果樹園を所有し，その持分を投資家に販売した。Howey社の関係会社とそれぞれの投資家はサービス契約を締結し，当該関係会社のみが果樹を育てる権利を有し，投資家は育てる果実を選ぶことも果実を売ることもできなかった。そのような契約が証券であるかどうかが争われた。
   ③ 判旨：証券法2条(a)(1)の投資契約とは，ある者が共通の事業に投資し，他人の努力のみによって利益を得ることができる契約を意味する。本件において，投資家は果樹園を開発する能力は有さず，Howey社の関連会社の努力によって配当金を得ているから，本件契約は投資契約である。
   ④ コメント：本件の4つの基準（投資，共通性，利益の期待，他人の努力）は，Howey基準として，今日も投資契約の該当性を判断する際に使われている。経済実態に基づいて判断する方法は，後のForman判決（株式），Marine Bank判決（預金証書），Reves判決（約束手形）などにも受け継がれている。

2. **United Housing Foundation, Inc. v. Forman, 421 U.S. 837 (1975)**
   ▷**本書40頁参照**
   ① 論点：証券（株式）の定義
   ② 事実：被告のUnited Housing Foundation社は，アパートを開発，所有しており，住民に対して「株式」と呼ばれる商品の購入を義務付けていた。同株式には株数に関係なく1票の議決権が付いていたが，譲渡することはできず，退去の際には購入価格で同社に売らなければならなかった。賃料増加に対する開示がされていなかったとして，住人のFormanらがルール10b-5に基づいて訴訟を起こした。
   ③ 判旨：本件における商品は「株式」という名称はついているものの，通常の株式に付随する性質，すなわち収益に応じた配当を受け取る権利，譲渡性，株式数に応じた議決権，価格の変動といった性質を全く有していないことから，証券にはあたらない。購入者の目的は利益を得ることではなく，住む場所を得るということであった。

④ コメント：原告側は，住民が駐車場や洗濯機の貸出により収益を得ることができると主張したが，最高裁は，そうした利益には確実性がない（speculative）としている。

3. Reves v. Ernst & Young, 494 U.S. 56 (1990) ▷本書41頁参照
① 論点：証券（約束手形）の定義
② 事実：農協協同組合が，資金調達のために変動利息付きの投資商品として「約束手形（promissory note）」を発行した。農協協同組合が倒産し，約束手形が支払えなくなってしまったため，購入者のRevesらは，組合の財務諸表を監査していたErnst & Youngを，正当な監査をしていれば約束手形を購入することはなかったとして訴えた。
③ 判旨：約束手形は制定法に列挙されていることから証券であることが推定される。しかし，家族的類似性基準に基づき，4つの要素（売り手と買い手の動機，分売計画，買い手の合理的な期待，投資のリスク減少要因）を考慮して，証券ではないものとされている「家族」に属することが証明できればその推定は覆される。本件では，約束手形が事業の資金調達目的で，利子の形で収益を得ようとする投資家に販売していることから，推定は覆されない。
④ コメント：Howey基準テストとの類似性に留意されたい。家族的類似性基準おける4つの要素は，どれか1つが決定的というわけではなく，あくまで，総合考慮により，noteが投資なのかそれとも単に商業的な消費者取引の一部なのかを見分ける手段を提供している。

4. TSC Industries, Inc. v. Northway, Inc., 426 U.S. 438 (1976) ▷本書45頁参照
① 論点：重要性の意義
② 事実：被告のTSC Industries社とNational Industries社の合併に関する委任状説明書について，重要な不実表示が含まれていたとして，TSC Industries社の株主であるNorthway, Inc.が両社を訴えた。
③ 判旨：合理的な投資家が投資決定をするにあたって重要（important）と考える蓋然性が高い（substantial likelihood）事実は重要（material）である。投資家が当該情報によって実際に判断を変えたかどうかは，必要とされない。開示が省略されているケースにおいては，ある事実の開示が，合理的な投資家から見て，情報を総体（total mix）として大きく変えるものであるという可能性が高い場合には，重要である。
④ コメント：本判決の重要性の定義は，レギュレーションFD（公開会社が重要な未公開情報を一部の投資家，アナリスト等に選択的に提供することを禁止）における重要性の定義にも使われている。

225

5. **Basic, Inc. v. Levinson, 485 U.S. 224 (1988)** ▷本書46, 121, 122頁参照
   ① 論点：重要性の意義，ルール10b-5訴訟における重要性と信頼の要件
   ② 事実：被告のBasic社は，Combustion Engineering社との合併交渉を進めていたが，公表では当該交渉について否定していた。合併の成立後，Basic社の株主のLevinsonらが，不実表示によるルール10b-5違反を理由に集団訴訟を提起したが，Basic社は，合併が成立しない可能性もあったとして重要性を否定した。
   ③ 判旨：ルール10b-5において，ある事実は，合理的な投資家が，投資決定における情報の総体を変えると考えるであろう可能性が非常に高い場合に重要とされる。しかし，本件のような合併交渉はしばしば失敗するため，ケースバイケースの判断が必要であり，重要かどうかは，全体に鑑みて，ある事象が起こる蓋然性と，その事象が起こった場合の規模を考慮して決められる。また，不実表示が市場で行われた場合，市場参加者は相場の信頼性に依拠しており，真実が開示されれば，投資家は不実表示に基づいて形成された株価では取引をしなかったであろうから，ルール10b-5の要件である信頼は推定される。
   ④ コメント：重要性の判断について，蓋然性・規模 (probability-magnitude) 基準を確立した判例である。また，ルール10b-5訴訟において市場における詐欺理論を採用し，市場での重大な不実表示に関する多くのルール10b-5訴訟を可能にした。

6. **SEC v. Ralston Purina Co., 346 U.S. 119 (1953)** ▷本書69頁参照
   ① 論点：証券取引法4条(a)(2)(私募免除)の解釈
   ② 事実：被告のRalston Purina社は，役職員に同社株を購入することを奨励し，無登録で同社の株式を売り付けた。同社は，株の購入者は限定されているため公募ではないと主張した。
   ③ 判旨：証券法の目的は投資家の保護であり，免除が認められるのはそのような保護が必要ないと考えられる場合である。そのため，投資家が自らを保護する (fend for themselves) ことができるのであれば，4条(a)(2)の私募免除が適用される。本件において，登録届出書記載の情報を入手できる役職員は自らを保護できるが，一般的な職員はそうではないため，登録が必要であるとしている。
   ④ コメント：4条(a)(2)の解釈を最初に明確化したケースであり，その後の下級審によって，投資家が自らを保護できるかどうかについて，投資家の洗練度と情報へのアクセスを基準することが明確になっている。

7. **Escott v. BarChris Construction Co., 283 F. Supp. 643 (S.D.N.Y. 1968)** ▷本書84頁参照
   ① 論点：証券法11条違反に対するデュー・デリジェンスの抗弁
   ② 事実：BarChris社は，ボウリングのレーンを製造する会社であり，1960年

代前半にボウリング施設が過剰になったことにより，社債を発行して資金調達をしようとした。ところが，登録届出書や目論見書に記載された監査済み財務報告書は，同社が販売したボウリングのレーン数の過大報告や，信用の低い手形の割引により財務が悪化すること，手取金は事業拡大ではなく既存負債の返済に使われることなど，明らかな不実表示を含んでいた。投資家のEscottらは，同社の役員や会計士の11条責任を追及した。

③ 判旨：無過失で責任を負うBarChris社以外の被告は，11条責任に対するデュー・デリジェンスの抗弁を主張することができる。社長と副社長は，不実表示に直接関与しており免責されない。社内弁護士は，専門家作成部分については知らなかったことが抗弁となるが，それ以外については免責されない。主幹事証券会社は，会計士が作成した財務諸表については免責されるが，それ以外の部分は外部の弁護士に依拠しており，合理的な調査をしなかったため免責されない。監査法人は，提出された資料を合理的な調査をせずに信頼しており免責されない。

④ コメント：要求されるデュー・デリジェンスの程度が，情報に対する被告のアクセス権に関する状況（被告の経験及び発行体との関係，当該情報についての被告の役割等）によって異なっている。

8. Affiliated Ute Citizens v. United States, 406 U.S. 128 (1972) ▷本書122頁参照
① 論点：ルール10b-5における信頼の要件
② 事実：ネイティブ・アメリカンの部族のメンバーが原告となって，部族が設立した会社の株式を販売した代理人に対して，より高い価格で販売できたことや，代理人が個人的に利益を得ていたことを開示しなかったとして，ルール10b-5違反で提訴した。
③ 判旨：代理人は本件において開示義務を有しており，非開示の事実が重要な場合は信頼の要件は不要とされる。
④ コメント：情報が開示されなかったことについての信頼を証明するのは非常に困難であるため，信頼の要件を不要とすることによって，非開示のケースにおいて多くのルール10b-5訴訟を可能にした。

9. Central Bank of Denver v. First Interstate Bank of Denver, 511 U.S. 164 (1994) ▷本書124頁参照
① 論点：ルール10b-5と教唆・幇助責任
② 事実：Colorado Building Authorityは，社債の元本及び利息の160％の価値の土地を所有するという誓約付きの社債を発行した。社債がデフォルトを起こしたため，購入者のFirst Interstate Bankが，社債の受託者である被告のCentral Bankに対してルール10b-5上の教唆・幇助責任を求めて提訴した。
③ 判旨：ルール10b-5において，教唆・幇助責任は適用されない。10条(b)の「相場操縦的又は詐欺的策略又は計略 (manipululative or deceptive device or

contrivance)」という文言は，ルール10b-5の違反者が実際の違反行為を行ったことを要求していると解され，また，取引所法の他の私的訴訟原因条項は教唆・幇助責任を認めていない。

④ コメント：それまで財務諸表に関して虚偽の証明をした会計士や，証券取引法潜脱を助言した弁護士などの第二次違反者に対して，ルール10b-5違反の教唆・幇助責任を認めてきた下級審判決を，5対4の賛成意見で覆した。判決を受けて取引所法が改正され，SECはルール10b-5違反を知りながら重大な援助（substantial assistance）を行った者に対して，教唆・幇助による差止命令又は損害賠償を求める権利を与えられた。

10. Chiarella v. United States, 445 U.S. 222 (1980) ▷本書130頁参照

① 論点：インサイダー取引と信任義務理論

② 事実：公開買付けの資料の印刷を請け負った印刷会社の社員Chiarellaが，公開買付けの公表前に，公表後に市場価格よりも高い価格で買付けされることを期待して，株式を購入した。

③ 判旨：重要な内部情報を持っているだけでなく，証券の発行会社や株主に対して信任義務（fiduciary duty）を負っている者が開示・取引断念義務を負う。本件被告は，発行会社や株主に対して信任義務を負っていないから，違法なインサイダー取引にはならない。

④ コメント：信任義務理論を確立した判例であるが，責任を負う者の範囲が狭すぎるという批判を受けた。

11. United States v. O'Hagan, 521 U.S. 642 (1997) ▷本書131頁参照

① 論点：インサイダー取引と不正流用理論

② 事実：買収会社の顧問弁護士O'Haganが，対象会社の発行会社の株が上がると思って，買収の公表前に株取引を行った。

③ 判旨：ある者が情報源に対して負う信任義務に違反して，証券取引の目的で機密情報を不正流用した場合，証券取引に関する詐欺を行ったものとなる。本件被告は情報源である買収会社に対して信任義務を負っており，その情報を使って証券取引を行うのは不正流用である。

④ コメント：本件は信任義務理論を否定したものではなく，不正流用理論の採用により，インサイダー取引の規制範囲を拡大した。

12. Morrison v. Nat'l Australia Bank Ltd., 130 S. Ct. 2869 (2010) ▷本書187頁参照

① 論点：連邦裁判所の管轄権

② 事実：オーストラリアの銀行の株式を米国外の取引所で購入した米国外の投資家Morrisonらが，同銀行の米国子会社が会計操作を行ったことにより同銀行の財務数値も変わったとして，ルール10b-5に基づく証券詐欺を主張して米国連邦地方裁判所にクラス・アクションを提起した。

③ 判旨：ルール10b-5に基づく訴訟は，その影響や行為に係わらず，取引が米国内で行われた場合にのみ提起可能であり，証券は米国取引所に上場しておらず，米国内で証券の売買が行われたものでもないから，取引が米国で行われたものではなく，連邦裁判所の管轄権はない。

④ コメント：取引基準の採用により，下級審判決における影響基準と行為基準を否定した。判決の直後に，ドッド・フランク法による改正（929P条(b)）が行われ，SECの民事訴訟と，連邦刑事訴訟については影響基準と行為基準が復活した。

著者略歴

山本雅道（やまもと・まさみち）

ニューヨーク州弁護士，法学博士。日系事業会社，外資系事業会社，Milbank, Tweed, Hadley & McCloy LLP, Ropes & Gray LLP，金融庁・証券取引等監視委員会等を経て，現在，LINE株式会社法務室長を務めるとともに，慶応義塾大学法科大学院で国際資本市場法，The University of Iowa College of Law で International Securities Regulationを担当。

慶應義塾大学経済学部，法学部卒。Vanderbilt University Law School, Doctor of Jurisprudence（J.D.）取得，The University of Iowa College of Law, Doctor of Juridical Science（S.J.D.）取得。カリフォルニア州公認会計士試験及びニューヨーク州司法試験合格。Vanderbilt University Law Schoolに在学中はJournal of Transnational Law誌のExecutive Authorities Editorを務め，卒業後は同誌のBoard of Advisorsのメンバーに就任。

※本書は、2015年9月28日に初版第1刷としてレクシスネクシス・ジャパン株式会社
より刊行された『アメリカ証券取引法入門　基礎から学べるアメリカのビジネス法』
の改訂版です。

サービス・インフォメーション

――――――――――――――――――――通話無料――――

① 商品に関するご照会・お申込みのご依頼
　　　　　　　TEL 0120（203）694／FAX 0120（302）640
② ご住所・ご名義等各種変更のご連絡
　　　　　　　TEL 0120（203）696／FAX 0120（202）974
③ 請求・お支払いに関するご照会・ご要望
　　　　　　　TEL 0120（203）695／FAX 0120（202）973

● フリーダイヤル（TEL）の受付時間は、土・日・祝日を除く
　9：00〜17：30です。
● FAX は24時間受け付けておりますので、あわせてご利用ください。

アメリカ証券取引法入門
―基礎から学べるアメリカのビジネス法―（改訂版）

2019年7月25日　初版第1刷発行

著　者　山　本　雅　道
発行者　田　中　英　弥
発行所　第一法規株式会社
　　　　〒107-8560　東京都港区南青山2-11-17
　　　　ホームページ　https://www.daiichihoki.co.jp/

米証券取引法　ISBN 978-4-474-06761-5　C2032（1）